Nicolai Andler   Tools für Projektmanagement,
Workshops und Consulting

Nicolai Andler hat sich nach seinem Abschluss in Wirtschaftsingenieur-wesen (Technische Chemie) an der Technischen Universität Berlin an der französischen Grande Ecole Supérieure de Commerce de Toulouse für den Master of Management (entspr. MBA) auf die Bereiche „Strategisches Management multinationaler Gruppen" und „Internationale Geschäfts-strategien" spezialisiert.

In sein eigenes Unternehmen, die Ignite-Gruppe, konnte er bereits Erfah-rungen aus dem klassischen Unternehmensberatungsbereich und aus inter-nationaler Unternehmensberatung in Europa und Südafrika einbringen. Er arbeitet mit Kunden aus den Bereichen EDV, Finanzdienstleistung (Bank, Lebensversicherung), aus dem öffentlichen Sektor (Hochschulbildung, Finanzamt, Zoll, Regierungsbehörden), Abfall-wirtschaft, Multi-Level-Marketing, Chemie und Petrochemie. Gegenwärtig berät Nicolai Andler die EDV-Abteilungen von mehreren südafrikanischen Finanzdienstleistungsunternehmen und ist als Executive Coach tätig.

Tools für Projektmanagement, Workshops und Consulting

Kompendium der wichtigsten
Techniken und Methoden

von Nicolai Andler

PUBLICIS

Bibliografische Information der Deutschen Nationalbibliothek

Die Deutsche Nationalbibliothek verzeichnet diese Publikation in
der Deutschen Nationalbibliografie; detaillierte bibliografische Daten
sind im Internet über http://dnb.d-nb.de abrufbar.

www.publicis-erlangen.de/books

ISBN 978-3-89578-264-0

Verlag: Publicis Corporate Publishing, Erlangen
© 2008 by Publicis KommunikationsAgentur GmbH, GWA, Erlangen

Printed in Germany

Kurzübersicht aller Tools

Subjektive Einschätzung des Autors bzgl. der Benutzerfreundlichkeit und Effizienz (Aufwand/Nützlichkeit)

☺	☺☺	☺☺☺
Erhöhte Anforderungen an Wissen und Erfahrung	Durchschnittliche Anforderung	Kaum Vorkenntnisse erforderlich, einfach ausprobieren!

Zweck der Kategorie	Name des Tools oder der Technik	Seite	Benutzer-freund-lichkeit	Aufwand/ Nütz-lichkeit
Definition des Problems/ der Situation	Black Box	41	☺☺☺	☺☺
	Ist-Ist nicht	43	☺☺☺	☺☺☺
	Vogelperspektive	45	☺☺	☺☺
	Hypothesen	46	☺	☺☺☺
	Stakeholder-Übersicht	47	☺☺☺	☺☺
	Stakeholder-Erwartungsmanagement	51	☺☺	☺☺
	Stakeholdereinfluss-Matrix	54	☺☺	☺
	Stakeholder-Akkordeon	57	☺☺	☺☺
	Stakeholder-Tausch	58	☺☺	☺☺☺
	Kontext-Tool	60	☺	☺☺
	Silo	62	☺	☺☺
	Mind Map	63	☺☺☺	☺☺
Informations-beschaffung	Interview	72	☺	☺☺
	Klima-Test	74	☺☺☺	☺☺
	Dreigestirn	75	☺	☺☺☺
	Achteck	76	☺☺	☺☺
	Testgruppen	77	☺	☺☺☺
	Fragebogen	79	☺☺	☺☺
	Umfrage/Feldstudie	81	☺☺	☺☺
	Direkte Beobachtung (DILO)	83	☺☺☺	☺☺
	Expertenbefragung	85	☺☺	☺
	Schreibtisch-Forschung	86	☺	☺☺
	5 W	87	☺☺☺	☺☺☺
Kreativität	Brainstorming	89	☺☺	☺☺
	Kärtchentechnik	92	☺☺☺	☺☺
	6-3-5-Tool	93	☺☺☺	☺☺☺
	Nyaka (Defekt-Analyse)	94	☺☺	☺☺
	Bionisch	96	☺☺	☺
	Attribut-Liste	96	☺☺	☺

Zweck der Kategorie	Name des Tools oder der Technik	Seite	Benutzer-freund-lichkeit	Aufwand/ Nütz-lichkeit
	Morphologie	98	☺☺	☺
	Merlin-Technik	99	☺☺	☺☺☺
	Kräftefeld (Force Field)	101	☺☺	☺☺
	Übersicht zu alternativen Kreativitätstools	104	–	–
	Verwandtschaftsdiagramm	105	☺☺	☺☺☺
	Venn-Diagramm	107	☺☺	☺
	Fischgräten-Ursachenanalyse	109	☺☺	☺☺
	Pareto – 80:20-Regel	111	☺☺	☺☺☺
	ABC-Tool	114	☺	☺☺☺
Zielformulierung	Ziel-Katalog	118	☺☺	☺☺
	SMARTe Ziele	121	☺☺☺	☺☺
	Definierte Ergebnisse	122	☺☺	☺☺
	3P-Äußerungen	124	☺☺☺	☺☺☺
	Ziel-Mittel-Hierarchie	126	☺☺	☺☺☺
	Ziel-Gitter	128	☺☺☺	☺☺
	Charta	130	☺☺	☺☺☺
	SNAP	131	☺☺	☺☺
Organisationsanalyse	Organisationsstruktur	137	☺☺	☺☺☺
	Kontrollspanne	141	☺☺	☺☺☺
	Struktur und Prozess	143	☺☺	☺☺☺
	Organisations-Beurteilung	145	☺	☺☺
	Kräftebild	147	☺☺☺	☺☺
System-Analyse	Architektur-Analyse	150	☺	☺☺
	Funktionale Analyse	151	☺	☺☺
	Prozess-Analyse	154	☺☺	☺☺☺
	Relationales Datenmodell	158	☺☺	☺☺☺
	Logisches Datenmodell	159	☺	☺☺
	Technologie-Infrastruktur	161	☺	☺☺☺
	Anforderungskatalog	164	☺☺	☺☺☺
	Logische und funktionale Systemmodellierung	166	☺☺☺	☺☺
Strategie-Analyse	Wertschöpfungskette	170	☺☺	☺☺☺
	Kritische Erfolgsfaktoren	174	☺	☺☺
	SWOT und TOWS	177	☺☺	☺☺
	Lebenszyklus	184	☺☺☺	☺
	5 Marktkräfte	189	☺	☺☺
	Wettbewerber-Analyse	193	☺	☺☺
	Umfeld-Analyse (PEST)	197	☺	☺☺
	Strategische Marktsegmente	200	☺☺	☺☺
	Kundensegmentierung	203	☺	☺☺☺
	Geschäftsfelder-Matrix	208	☺☺	☺☺
	Produkt-/Markt-Mix	213	☺☺	☺
	Strategieentwicklungsoptionen	217	☺☺	☺☺☺
	Strategie-Matrix	222	☺☺	☺☺

Zweck der Kategorie	Name des Tools oder der Technik	Seite	Benutzerfreundlichkeit	Aufwand/ Nützlichkeit
Entscheidungsfindung ▷▷▷▷	Entscheidungsbaum	230	☺☺	☺☺
	Perspektiven[3]	233	☺☺	☺☺
	Argumenten-Waage	235	☺☺☺	☺☺☺
	Kreuz der Annahmen	236	☺☺	☺☺
	Polaritäten-Tool	237	☺☺	☺☺
	Nutzwertanalyse	239	☺	☺☺☺
	Nominales Gruppen-Tool	242	☺☺☺	☺☺☺
	100 Punkte	244	☺☺☺	☺☺☺
	Kartesische Koordinaten	245	☺☺	☺☺
	Vroom Yetton	247	☺☺	☺☺
	Risikoanalyse	250	☺	☺☺
	Schwerpunkt-Matrix	255	☺☺☺	☺☺
Projektmanagement ▷▷▷▷	Fähigkeiten-Radar (PM)	263	☺☺	☺☺
	Revision der Erwartungen	265	☺☺☺	☺☺☺
	Programm-Plan	266	☺☺	☺☺☺
	Gantt-Chart	268	☺☺☺	☺☺☺
	Arbeitsstrukturplan (WBS)	270	☺☺	☺☺☺
	Next Steps	273	☺☺☺	☺☺☺
	Projektmanagement: Rollen und Verantwortlichkeiten	274	☺☺	☺☺
	Verantwortlichkeiten-Matrix (CIDA)	277	☺☺	☺☺
	Projektstruktur	280	☺	☺☺
	Projekt-Kommunikationsplan	282	☺	☺☺
	Workshop	286	☺☺	☺☺
	6 De-Bono-Hüte	288	☺☺	☺☺
	Booz-Ball	289	☺☺☺	☺☺☺
Kontrollfragen	Kontrollfragen für den Projektbeginn	291	☺☺☺	☺☺☺
	Kontrollfragen für die Definition der Situation	292	☺☺☺	☺☺☺
	Kontrollfragen für die Zielformulierung	293	☺☺☺	☺☺☺
	Kontrollfragen für die Analyse	293	☺☺☺	☺☺☺
	Kontrollfragen für die Entscheidungsfindung	294	☺☺☺	☺☺☺
Szenarien („Einkaufsliste für Tools")	Machbarkeitsstudie	296	☺☺☺	☺☺☺
	Systementwicklung	297	☺☺	☺☺
	Organisationelle Restrukturierung	298	☺☺☺	☺☺☺
	Strategie-Workshop	298	☺☺	☺☺
	Verbesserung der Geschäftsprozesse	299	☺☺☺	☺☺☺
	Projekt-Definition (Start up)	300	☺☺	☺☺☺

Anwendungsbereiche der Tools

Name des Tools	Situationsdefinition	Informationsbeschaffung	Kreativität	Zielformulierung	Organisationsanalyse	System-Analyse	Strategie-Analyse	Entscheidung	Projektmanagement
Black Box	×								
Ist-Ist nicht	×			×					
Vogelperspektive	×								
Hypothesen	×			×					
Stakeholder-Übersicht	×				×				×
Stakeholder-Erwartungsmanagement	×		×	×					×
Stakeholdereinfluss-Matrix	×				×				
Stakeholder-Akkordeon	×								
Stakeholder-Tausch	×								
Kontext-Tool	×				×	×			
Silo	×				×	×			
Mind Map	×		×						×
Interview		×							
Klima-Test		×							
Dreigestirn		×							
Achteck		×							
Testgruppen		×							
Fragebogen		×							
Umfrage/Feldstudie		×							
Direkte Beobachtung (DILO)		×							
Expertenbefragung		×							
Schreibtisch-Forschung	×								
5 W	×			×					
Brainstorming	×								
Kärtchentechnik	×			×					
6-3-5-Tool	×				×				×
Nyaka (Defekt-Analyse)	×		×	×					×
Bionisch	×				×				
Attribut-Liste	×								
Morphologie	×								
Merlin-Technik	×				×	×			
Kräftefeld (Force Field)	×				×	×			
Verwandtschaftsdiagramm	×		×						×
Venn-Diagramm		×							
Fischgräten-Ursachenanalyse		×							
Pareto – 80:20-Regel		×							

Name des Tools	Situationsdefinition	Informationsbeschaffung	Kreativität	Zielformulierung	Organisationsanalyse	System-Analyse	Strategie-Analyse	Entscheidung	Projektmanagement
ABC-Tool		×							
Ziel-Katalog		×							
SMARTe Ziele		×							
Definierte Ergebnisse		×							
3P-Äußerungen		×							
Ziel-Mittel-Hierarchie		×							
Ziel-Gitter		×							
Chart									
SNAP		×	×					×	
Organisationsstruktur			×						
Kontrollspanne			×						
Struktur und Prozess			×						
Organisations-Beurteilung			×						
Kräftebild			×						
Architektur-Analyse			×						
Funktionale Analyse			×						
Prozess-Analyse			×	×					
Relationales Datenmodell						×			
Logisches Datenmodell									
Technologie-Infrastruktur	×							×	
Anforderungskatalog		×	×					×	
Logische und funktionale Systemmodellierung		×	×						
Wertschöpfungskette				×					
Kritische Erfolgsfaktoren				×			×		
SWOT und TOWS				×					
Lebenszyklus				×		×	×		×
5 Marktkräfte				×			×		×
Wettbewerber-Analyse				×					
Umfeld-Analyse (PEST)				×					×
Strategische Marktsegmente				×					
Kundensegmentierung					×		×		
Geschäftsfelder-Matrix					×				
Produkt-/Markt-Mix					×	×			
Strategieentwicklungsoptionen					×				
Strategie-Matrix					×			×	×
Entscheidungsbaum					×	×			
Perspektiven[3]						×			
Argumenten-Waage					×	×			

Name des Tools	Situa-tionsdefi-nition	Informa-tions-beschaf-fung	Kreati-vität	Ziel-formu-lierung	Organi-sations-analyse	System-Analyse	Strategie-Analyse	Ent-schei-dung	Projekt-mana-gement
Kreuz der Annahmen						×			
Polaritäten-Tool						×			
Nutzwertanalyse						×			
Nominales Gruppen-Tool						×			
100 Punkte			×			×			
Kartesische Koordinaten							×		
Vroom Yetton							×		
Risikoanalyse		×					×		
Schwerpunkt-Matrix							×		
Fähigkeiten-Radar (PM)							×		
Revision der Erwartungen							×		
Programm-Plan							×		
Gantt-Chart							×		
Arbeitsstrukturplan (WBS)							×		
Next Steps							×		
Projektmanagement: Rollen und Verantwortlichkeiten							×		
Verantwortlichkeiten-Matrix (CIDA)				×			×		
Projektstruktur-Komponenten							×		
Projekt-Kommunika-tionsplan			×					×	
Workshop								×	
6 De-Bono-Hüte								×	
Booz-Ball				×				×	

Geleitwort

Professor Dr.-Ing. Tom Sommerlatte ist Chairman der renommierten internationalen
Unternehmensberatung Arthur D. Little Consulting und wurde kürzlich
in die Hall of Fame der amerikanischen Kongress-Bibliothek aufgenommen.
Er ist Inhaber des Bundesverdienstkreuzes und vielfacher Buchautor.

Dieses Buch ist eins von denen, die man schon immer gern gehabt hätte, man aber nicht glaubte, dass sie jemals geschrieben würden: In diesem Fall ist es ein Universalkompendium über die Praxis des Problemlösens.

Meine Erfahrung in der wissenschaftlichen Arbeit (als Forscher auf dem Gebiet der chemischen Verfahrenstechnik) und im Management (als Unternehmensberater) erweckte über die Jahre bei mir den Eindruck, dass das Universum der Vorgehensweisen, Methoden, Werkzeuge (Tools) und Techniken des Problemlösens unendlich und in ständigem Fluss sei. Bei meinen beruflichen Aufgaben und Herausforderungen bestand die Überlebenschance darin, mir ein eigenes Repertoire von Problemlösungsheuristiken zurechtzuzimmern, die ich mir autodidaktisch und situationsbedingt aneignen musste.

Nicolai Andler, inspiriert von der „Denke" des Systems Engineering und ausgestattet mit einer bewundernswert systematischen Begabung, hat es auf sich genommen und dann auch durchgestanden, Ordnung und Struktur in die Fülle von Problemlösungs-Tools und -Techniken zu bringen.

Dabei ging er von seinem pragmatischen mentalen Modell aus Phasen und Iterationsschleifen aus, denen er neun Kategorien von Tools zuordnete. Er jagte alles, was er als Tools vor die Flinte bekam, und katalogisierte es auf so verständliche, logische Weise, dass daraus eine wirkliche Enzyklopädie für das Problemlösen aller Art wurde.

Erstaunlich und zugleich beruhigend ist, wie dieses Buch Klarheit über die Typen der vielzähligen Tools und ihre Eignung im Problemlösungsprozess schafft. Ja, es erheitert geradezu, vorgeführt zu bekommen, wie unproblematisch die Anwendung auf Probleme und Projekte erscheinen kann.

Der Autor spricht aber auch eine Warnung aus: Tools und Techniken richtig und wirkungsvoll anzuwenden, setzt Geschick und Erfahrung voraus. Kognitive und methodische Kompetenz sind eins – soziale und Umsetzungskompetenz müssen aber hinzukommen, um Meisterschaft im Problemlösen zu erlangen. Eins ohne das andere führt nicht weit.

Nicolai Andlers Buch enthält einen wahren Schatz von instrumenteller Information, den besonders Leser zu schätzen wissen werden, die schon langjährige Erfahrung im

Projektmanagement und Consulting gewonnen haben. Für Anfänger auf diesem Gebiet ist es eher eine wertvolle Orientierungshilfe auf dem Weg zur Meisterschaft.

Prof. Dr.-Ing. Tom Sommerlatte   Chairman der internationalen
Managementberatung
Arthur D. Little

Vorwort

„Die meisten Management-Ideen bestehen schon seit langer Zeit. Die Fähigkeit des Managers besteht darin, diese alle zu kennen und die Idee auszuwählen, die zum gegenwärtigen Zeitpunkt und für die Situation, in der er sich befindet, am angemessensten ist – genauso, wie man den angemessenen Golfschläger nach der jeweiligen Situation und Lage des Balles auswählen würde." So lautet in etwa die freie Übersetzung des folgenden Zitats von Sir Jonh Harvey-Jones:

„Most ideas on management have been around for a very long time, and the skill of the manager consists in knowing them all and, rather as he might choose the appropriate golf club for a specific situation, choosing the particular ideas which are most appropriate for the position and time in which he finds himself."

Dieses Buch entstand vor dem Hintergrund eines persönlichen Bedarfs nach einem einfachen, vollständigen und gut gegliederten Repertoire an Tools und Techniken für meine eigenen Beratungstätigkeiten. Immer wenn ich den „Hasen aus dem Beratungs-Zylinder" zaubern wollte, verbrachte ich unnötige Zeit mit der Durchforstung meiner früheren Projektdokumentationen, um Dinge zu finden, die ich schon einmal gemacht hatte. Um zu vermeiden, dass ich das Rad jedesmal neue erfinde, hatte ich ein Art „Spickzettel" entwickelt – eine Liste mit Namen an Tools und Techniken, die mir half, mich daran zu erinnern, welche Lösungsmöglichkeiten es gibt.

Im Rahmen der Implementierung einer unternehmensinternen Beratungsabteilung für einen Kunden hatte ich die Idee, mein Kompendium an Tools in das Projekt zu integrieren und die Angestellten darin auszubilden. Seitdem hat es einige Revisionen gegeben. Die Auseinandersetzung mit vielen unterschiedlichen Bereichen wie Psychologie, Ökonomie, Ingenieurwissenschaft, Systemtechnik, Strategischem Management, Coaching, Therapeutischer Beratung, Change Management, Arbeits- und Organisationspsychologie, Kundenbeziehungsmanagement (CRM), Systemanalysen, Unternehmens- u. EDV-Architektur, Organisationsentwicklung sowie Kommunikationswissenschaften und deren Kombinationen, haben dieses Buch geformt und beeinflusst.

Ich habe versucht, wo möglich und bekannt, die Urheber geistigen Eigentums zu nennen und zu wahren. Sollten Sie als Leser den Eindruck haben, dass wertvolle Referenzen und Quellen vergessen wurden, treten Sie bitte mit mir in Kontakt unter knowledge@ignite-group.net.

Dieses Buch wäre nicht ohne die Unterstützung zahlreicher Mitmenschen möglich gewesen, denen ich hier meinen Tribut, Anerkennung und Dank aussprechen möchte.

Ich möchte mich für die fachliche und freundschaftliche Unterstützung bei Carolin Hirschbiel, Tom Roegner, William van Zyl, Dominique le Roux, Harry Schmitz, Dirk Müller, Michael Gold und Dr. Hans-Otto Naumann auch für deren konstruktive Kritik, Vorschläge und Engagement bedanken. Die zahlreichen Diskussionen und Anregungen haben das Buch maßgeblich geformt.

Ich möchte dieses Buch meinen Eltern widmen und mich für ihre Unterstützung, Liebe, Vertrauen und den festen Glauben an mich bedanken.

Kapstadt, Oktober 2007   Nicolai Andler

Inhaltsverzeichnis

1 Einleitung

1.1 Aufbau des Buches

Das Buch beginnt mit einer kurzen Einführung in die Theorie der Kompetenzen, auf denen dieses Buch basiert. Der besondere Schwerpunkt dieses Buches ist die Verbesserung der Methodenkompetenz als Teil der Persönlichkeitsentwicklung.

Kapitel 2 erklärt das Konzept des Buches – Kategorien mit Tools und Techniken, die einem Problemlösungsprozess angegliedert sind. Danach folgt eine Anleitung, wie Sie das Buch am effektivsten und effizientesten nutzen können. Abschnitt 2.3 erläutert, wie Sie am besten nach einem geeigneten Tool suchen. Sie finden ebenfalls eine exemplarische „Einkaufsliste" an Tools und Techniken. Als weitere Hilfestellung für Sie wurden im Kapitel 9 Beispielaktivitäten und Tools im Hinblick auf typische Projekt- und Geschäftsszenarien zusammengestellt. Der Abschnitt 2.3 „Die Auswahl des richtigen Tools" verwendet einen Entscheidungsbaum, um Ihnen bei der Auswahl und dem Finden des richtigen Tools behilflich zu sein.

Die danach folgenden vier Kapitel (3–6) repräsentieren die vier Stufen des Problemlösungsprozesses dieses Buches. Jedes Unterkapitel untergliedert die relevanten Tools und Techniken in die entsprechenden Kategorien.

Diese Struktur verstärkt den prozessorientierten Gedanken und vereinfacht das Auffinden von Tools und das Orientieren innerhalb des Buches. Die Kurzübersicht aller Tools am Anfang erlaubt einen schnellen und direkten Zugang zu allen Tools.

1.2 Gebrauchsanweisung für das Buch

Blättern Sie im Buch herum, um sich zu orientieren und um herauszufinden, was Sie schon wissen und worüber Sie noch mehr erfahren wollen. Einige Tools und Techniken werden Ihnen bestimmt auf die eine oder andere Art bekannt vorkommen. Bauen Sie auf diesem Wissen und Vertrauen auf und kombinieren Sie Altes mit Neuem. Falls Sie relativ neu in diesem Bereich der Tools und Techniken sind, wäre es ratsam, das komplette Buch durchzulesen, um einen Eindruck zu bekommen, was das Buch alles beinhaltet. Der etwas erfahrenere Leser möchte sich vielleicht eher auf die Bereiche stürzen, die Ihn besonders interessieren. Wenn Sie nach einem bestimmten Tool suchen, begeben Sie sich zum Abschnitt 2.3 „Die Auswahl des richtigen Tools" oder zur Kurzübersicht am Anfang des Buches.

Verwenden Sie dieses Buch als Ihren ganz persönlichen Werkzeugkasten. Jeder erfahrene Berater hat sein eigenes Repertoire an Tools und Techniken. Dieses Buch soll Ihnen dabei helfen, Ihren persönlichen Werkzeugkasten (Toolbox) zu kreieren und mit der Zeit weiter zu entwickeln. Seien Sie innovativ, offen und kreativ – so werden Sie bestimmt neue interessante Anwendungsbereiche für die bereitgestellten Tools entdecken. Nehmen Sie neue Ideen auf und schaffen Sie Ihr eigenes Portfolio an Werkzeugen. Über Ideen und Anregungen zu weiteren Tools und Techniken für zukünftige Ausgaben würden ich mich als Autor und sich alle Leser freuen. Sie können mich unter knowledge@ignite-group.net erreichen.

Eine Anmerkung: Ich verwende die männliche Anrede oder Personenbezeichnung nur zur Vereinfachung.

1.3 Die Zielgruppe dieses Buches

Eine immer größere Zahl von Geschäftsleuten nutzt Beratungsdienstleistungen oder hat in irgendeiner Form mit Beratern agiert oder zumindest davon gehört. Die Beratungsdienstleistung wird jedoch nicht immer vollkommen verstanden. Wir befinden uns gegenwärtig in einer Phase, in der die Projekt- und Beratungsarbeit immer mehr hinterfragt und in Frage gestellt wird. Was steckt hinter dem Beratungsmythos? Dieses Buch gibt Ihnen einen Einblick in die Welt und Techniken der Projekt- und Beratungswelt. Das Buch soll helfen, diese Bereiche besser verstehen und hinterfragen zu können, ja vielleicht sogar, um den Job selber machen zu können.

Ein typischer Benutzer und Käufer dieses Buches wäre in meiner Vorstellung:

- Ein praktizierender Berater, der sich weitere Tools und Techniken aneignen möchte, um sein Portfolio zu erweitern und um eine Referenz und Quelle zu haben.

- Ein Angestellter in einer internen Beratungsabteilung, der die Beratungstools studieren und lernen möchte.

- Ein Manager, der mehr über die „Geheimnisse und Waffen" der Berater und ihren Fachjargon wissen möchte.

- Eine Person, die (Geschäfts-)Probleme selbst lösen möchte.

- Ein Student der Wirtschafts- oder Ingenieurwissenschaften, der ein paar clevere und effektive Tools für seine Fallstudien lernen möchte oder der sich für Systemtechnik oder Unternehmensberatung interessiert.

- Dozenten, Lehrbeauftrage und Studenten für den Wirtschaftsbereich, die ihr Wissen über die BCG-Matrix hinausgehend erweitern möchten.

- ... kein kompletter Anfänger in diesem Bereich.

1.4   Der inhaltliche Rahmen des Buches

Dieses Buch ist eine praktische und einfache Sammlung an Tools und Techniken, die für Sie direkt anwendbar sind, ohne dass Sie sich stundenlang mit trockener Theorie beschäftigen müssen.

Das Ist-Ist-nicht-Tool (siehe Abbildung 1 und Abschnitt 3.1.2) wurde verwendet, um zu definieren, was dieses Buch beinhaltet und was nicht. Die meisten Consultingbücher befassen sich hauptsächlich mit dem Management einer Beratung. Dieses Buch befasst sich exklusiv nur mit den Tools und Techniken, die Sie für Beratungsaktivitäten, Projekte, Problemlösungssituationen, Workshops u. a. benötigen und anwenden können. Dieses Buch soll zu Ihrem persönlichen „Werkzeugkasten" werden. Abbildung 1 soll also verdeutlichen, was innerhalb und außerhalb des Betrachtungsrahmens liegt.

Vor zwei Jahrzehnten meinte Peter Block in seinem berühmten „Handbuch für fehlerlose Beratung", dass es nicht ausreiche, allein die Techniken zu wissen. Obgleich er damit auch heute noch Recht hat, ist ein reichhaltiges Portfolio an Tools und Techniken als Wissensbasis inzwischen unentbehrlich.

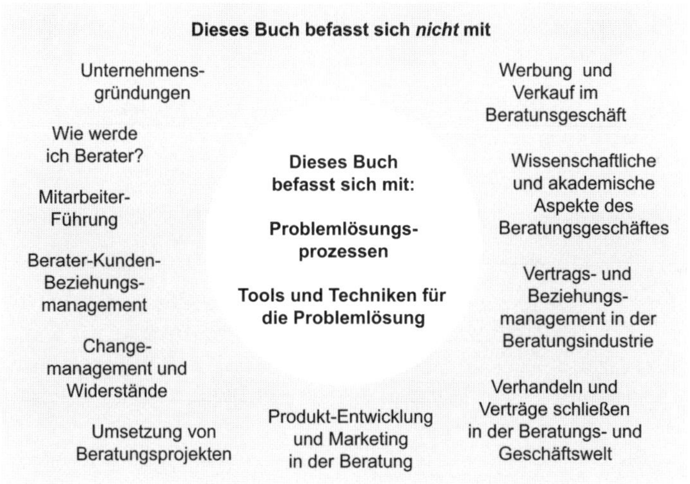

Dieses Buch befasst sich *nicht* mit

Unternehmens-
gründungen

Wie werde
ich Berater?

Mitarbeiter-
Führung

Berater-Kunden-
Beziehungs-
management

Change-
management und
Widerstände

Umsetzung von
Beratungsprojekten

**Dieses Buch
befasst sich mit:**

**Problemlösungs-
prozessen**

**Tools und Techniken für
die Problemlösung**

Produkt-Entwicklung
und Marketing
in der Beratung

Werbung und
Verkauf im
Beratungsgeschäft

Wissenschaftliche
und akademische
Aspekte des
Beratungsgeschäftes

Vertrags- und
Beziehungs-
management in der
Beratungsindustrie

Verhandeln und
Verträge schließen
in der Beratungs- und
Geschäftswelt

Abbildung 1   Was ist „in" und „out of scope"?

1.5   Fähigkeiten und Kompetenzen für die Persönlichkeitsentwicklung

Dieses Buch beabsichtigt, Ihnen bei Ihrer persönlichen Weiterentwicklung, besonders im Bereich der kognitiven und der Methodenkompetenzen, zu helfen.

Drei Dinge machen eine Kompetenz aus:

- Talent beschreibt die natürlichen Qualitäten und angeborenen Fähigkeiten und Begabungen in gewissen Bereichen oder für gewisse Tätigkeiten.

- Fähigkeiten werden beschrieben, als etwas, was Sie lernen, trainieren, studieren und sich somit aneignen können, z. B. Buchführung.

- Erfahrung ist die Ansammlung an Wissen und Fähigkeiten durch praktische Tätigkeiten. Erfahrung ist die Anwendung von Theorie in der Praxis und das daraus resultierende Lernen.

Alle drei Dinge zusammen machen eine Kompetenz aus (Abbildung 2). Im Bereich Persönlichkeitsentwicklung unterscheidet man zwischen vier unterschiedlichen Kompetenzen:

- Funktionale Kompetenz – Fähigkeiten und Wissen in einem bestimmen Gebiet oder Bereich, z. B. Marketing oder Finanzen, kombiniert mit Erfahrungen und industriespezifischem Wissen, z. B. in der Automobilindustrie. Diese Kompetenz ist fassbar und messbar und erscheint typischerweise im Lebenslauf in Form von Abschlüssen und Jahren.

- Sozialkompetenz – „People skills" oder „weiche Faktoren", z. B soziale Interaktionen, Führungsqualitäten, emotionale Intelligenz oder Konfliktlösung. Das Schlüsselwort ist emotionale Intelligenz.

- Methodenkompetenz – systemisches Wissen, verbunden mit der Fähigkeit, Tools, Techniken, Methoden u. a. anwenden zu können.

- Handlungskompetenz – Fähigkeit, Verantwortung zu übernehmen und entsprechend zu implementieren.

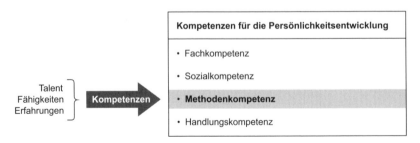

Abbildung 2   Vier Kompetenzen der Persönlichkeitsentwicklung – der Schwerpunkt dieses Buches liegt auf den Methodenkompetenzen

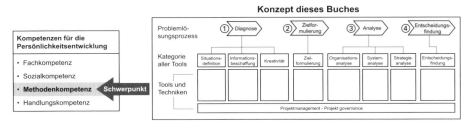

Abbildung 3 Die Verbindung zwischen Kompetenzen und dem Konzept dieses Buches

Der Schwerpunkt des Buches liegt auf den Methodenkompetenzen und liefert eine umfassende Liste an Tools und Techniken, damit Sie Ihr persönliches Repertoire entsprechend erweitern können.

> Das Konzept dieses Buch verbindet einen einfachen 4-stufigen Problemlösungsprozess mit einer Vielzahl von relevanten Tools und Techniken, die entsprechend ihrer Anwendbarkeit in Kategorien gruppiert wurden.

Die Anordnung der Kategorien folgt der Reihenfolge, in der Sie sich typischerweise durch die vier Prozessstufen des Problemlösungsprozesses durcharbeiten würden. Die Abbildung 3 ist eine grafische Repräsentation, wie das Kompetenzenmodell und das Konzept dieses Buches in Relation zueinander stehen.

1.6 Methodenlehre, Modelle, Tools, Techniken und Begriffe

Der Fokus dieses Buches liegt auf Tools und Techniken. Ich folgte in der Aufbereitung der Inhalte der KISS-Regel (*Keep It Simple and Stupid*). Damit dieses Buch frei von unnötigem akademischen Ballast und den zu Grunde liegenden Theorien

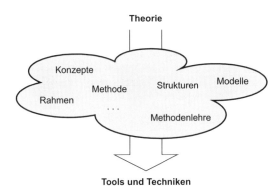

Abbildung 4 Herleitung für Tools und Techniken

bleibt, habe ich den Versuch unterlassen, die verwendeten Tools und Techniken wissenschaftlich herzuleiten, zu rechfertigen, zu beweisen oder zu diskutieren (siehe Abbildung 4).

> Wie auch immer Sie Ihre Begriffe und Modelle definieren und verwenden, es muss funktionieren und sollte Sie zufriedenstellen. Das ist alles, was zählt.

„Am Anfang war die Theorie und irgendwie ergaben sich daraus Modelle, Strukturen, mentale Gerüste, Methoden usw. ... und so entstanden Tools und Techniken." Tools und Techniken stellen Richtlinien dar, wie Sie bestimmte Aufgaben und Problemstellungen angehen, lösen und umsetzen können.

> Der Hauptzweck der Tools und Techniken ist, Ihnen eine Struktur und ein Gerüst für Ihre Gedanken und Handlungen zu bieten. Die Tools sind *kein Ersatz* für Ihre eigene Intuition, intellektuelles Hinterfragen, kritische Auseinandersetzung mit dem Thema und der Problemstellung. Verwenden Sie die Tools als Anregungen und Hinweise und passen Sie diese Ihren Anforderungen an.

Theorie und Praxis – leider ist die Anwendung der verschiedenen Tools und Techniken nicht so einfach und klar voneinander zu trennen, wie es die Theorie und dieses Buch vorsehen. Verwenden Sie deswegen immer die Querverweise am Ende jeder Toolbeschreibung als zusätzliche Hilfe, um sich einen guten Überblick über ähnliche Tools zu verschaffen. Viele Tools können in mehreren Zusammenhängen und Situationen zur Anwendung kommen. Die Übersicht „Anwendungsbereiche der Tools" auf Seite 8 kann Ihnen ebenfalls weiterhelfen.

2 Das Konzept und dessen Anwendung

Das Grundanliegen dieses Buches besteht darin, Ihnen ein Kompendium an Tools und Techniken zur Verfügung zu stellen, das Sie für Beratungs-, Projekt-, Arbeits-, oder Workshopsituationen anwenden können.

Das Konzept des Buches basiert auf einem universellen Problemlösungsprozess, der aus vier Stufen (Diagnose, Zielformulierung, Analyse und Entscheidungsfindung) besteht und für jede Art von Problem anwendbar sein sollte. Tools, die den gleichen Zweck und die gleiche Funktion haben, wurden in einheitlichen Kategorien zusammengefasst. Somit ist der Problemlösungsprozess das allumspannende Gerüst, welches im folgenden Kapitel näher untersucht wird. Die Tools und Techniken sind in neun verschiedene Kategorien unterteilt. Manche der Kategorien sind gezielt auf spezielle Fachbereiche wie z. B. Projektmanagement, strategische-, organisationelle- oder Systemanalyse zugeschnitten.

2.1 Problemlösung

Wenn wir Probleme lösen, dann wollen wir normalerweise mehr, als uns nur von einer unakzeptablen Situation zu befreien. Wir wollen das Problem lösen. Kurz gesagt, wir wollen uns von einem problematischen Zustand weg zu einem „gelösten" Zustand bewegen (siehe Abbildung 5). Dazu bewegen wir uns auf dem „Lösungsweg". Es scheint offensichtlich, dass wir unsere Aufmerksamkeit dem gelösten Endzustand schenken müssen. Typischer- und unglücklicherweise steht aber oft der problematische Zustand im Mittelpunkt des Interesses.

Das Buch stellt alle notwendigen Tools für den Lösungsweg zur Verfügung, jedoch dient dies letztendlich nur der Vorbereitung für die finale Handlung und Umsetzung. Tappen Sie nicht in die Analyse- und Planungsfalle. Die Arbeit ist erst mit dem Beenden der Implementierung und nicht bereits mit der Analyse und Planung vorbei.

Wie werden Probleme typischerweise in Unternehmen angegangen? Kurz und schmerzlos und unkompliziert? Leider sind die eingeschlagenen Lösungswege nicht immer sehr weitsichtig und damit auch dauerhaft. Es gibt oft eine Vielzahl an alternativen Optionen (Lösungswege), auch wenn sie selten in Erwägung gezogen werden. Prinzipiell gibt es drei Wege, mit Problemen umzugehen (Quelle: Ziegenfuss 2002):

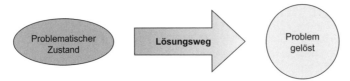

Abbildung 5   Der Lösungsweg zur Problemlösung

- Symptom bekämpfen – Mittel finden, die den problematischen Zustand beseitigen

- Ursache bekämpfen – Mittel finden, die den Ursprung des Problems ansprechen und beseitigen

- Umfeld der Ursache bekämpfen – Mittel finden, die das Umfeld des Problems so umgestalten, dass weder die Ursache noch das Problem wieder auftreten können.

Das letztgenannte Vorgehen benötigt den größten Aufwand und die meiste Kreativität, ist jedoch am nachhaltigsten und wird von den Tools und Techniken in diesem Buch unterstützt. Dies ist auch einer der Gründe, warum das Buch eine Kategorie „Kreativität" enthält.

Letzten Endes ist der Zweck der Problemlösung die zweckorientierte Untersuchung und Analyse zusammen mit dem lösungsorientierten Handeln und der Umsetzung.

2.1.1   Verschiedene Problemlösungsansätze

Problemlösungsansatze haben meist eine iterative und eine lineare Komponente. Es wird ein gewisses Maß an linearem (zielstrebigen) Vorgehen erfordert. Jedoch ist die Realität der heutigen Geschäftswelt und Gesellschaft so, dass Probleme nicht nur in einer geradlinigen Art gelöst werden können. Die komplexen Umstände des Problems erfordern eine immer neue Auseinandersetzung und Interaktion mit zahlreichen Aspekten, die gleichzeitig auf das Problem und das Umfeld einwirken. Aus diesem Grunde ist in diesen Fällen ein iteratives Vorgehen angemessen. Jede Wiederholungsschleife ergibt neue Einblicke und die Möglichkeit, das Problem und die Ursachen einzugrenzen.

Es gibt sicherlich Hunderte von Problemlösungsprozessen, wobei die meisten jedoch – unabhängig von ihrer technischen Richtung – sehr ähnlich aufgebaut und gegliedert sind. Sie variieren meist in der Anzahl der Schritte und der verwendeten Begriffe, gleichen jedoch dem grundlegenden Vorgehen in Abbildung 6:

- Was stimmt nicht? – Identifizieren Sie das Problem. *Diagnose*

- Wie sollte es eigentlich sein? – Bestimmen Sie die „ideale" Situation bzw. diesen Zustand. *Zielformulierung*

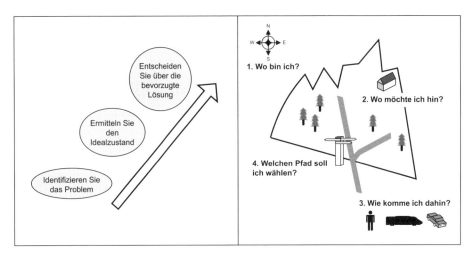

Abbildung 6 Der fundamentale Problemlösungsansatz

- *Analyse* *Entscheidung*
  Was könnten Sie tun und wie machen Sie das am besten? – Bestimmen
  Sie die bevorzugte Lösung und planen Sie das weitere Vorgehen.

Das rechte Bild in der Abbildung 6 verwendet die Metapher einer Reise oder eines
Ausfluges, um die Problemlösungsstufen 1 bis 4 darzustellen.

Vergleich von unterschiedlichen Problemlösungsansätzen

Dieser kurze Exkurs dient dazu, Ihnen einen Überblick über die Problemlösungsansätze der verschiedenen Disziplinen aufzuzeigen – Sie werden sehen, dass die
meisten dem gleichen Prinzip folgen.

Abbildung 7 zeigt, beginnend von oben, den systemtechnischen Ansatz mit seinen typischen Schritten, gefolgt von der Implementierungsphase (Haberfellner,
Nagel et al 1994). Darunter sehen Sie Ansätze, die von drei verschiedenen Unter-
nehmensberatungen verwendet werden. Es ist eine Kombination von Projektlebenszyklus und Problemlösungszyklus. Weiter unten finden Sie die therapeuti-
schen und humanwissenschaftlichen Ansätze, die in der Psychologie, Therapie,
im Change Management und im Coaching Verwendung finden.

2.1.2   Der verwendete Problemlösungsansatz dieses Buches

Mehrere Problemlösungsansätze und die typischen Tools und Techniken von unterschiedlichen Bereichen wurden miteinander verschmolzen, um den Ansatz,
den dieses Buch verwendet, zu formulieren. Er ist durch die graue Schattierung in
Abbildung 7 dargestellt. Der Ansatz vereint z. B. therapeutische Tools für die Ziel-
formulierungskategorie, Coaching-Tools für die Entscheidungsfindungs-Katego-
rie usw. Des Weiteren wurden Elemente des humanistischen Ansatzes mit dem
systemtechnischen Ansatz kombiniert.

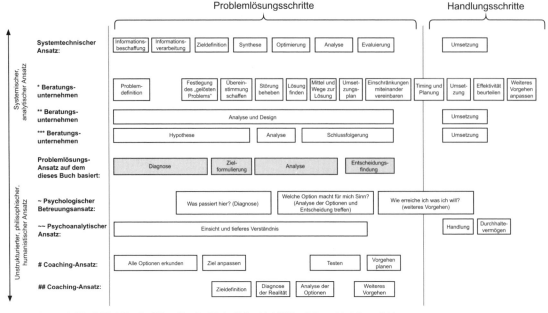

* Distance Consulting (Fred Nickols), ** Gemini Consulting, *** Bossard Consulting, # Togaine (The Foundation), ## Whitworth's Grow model, ~ G. Egan, ~~ C.G Jung

Abbildung 7   Übersicht von unterschiedlichen Problemlösungsansätzen

Abbildung 8 zeigt die vier grundlegenden Prozessstufen oder -schritte. Es ist wichtig, den unterschiedlichen Zweck jedes Schrittes zu verstehen und sich mit der zu Grunde liegenden Logik vertraut zu machen, warum eine Kategorie einem bestimmten Prozessschritt zugeordnet ist. Das nachfolgende Kapitel beschreibt die vier Prozessstufen und ihre unterschiedlichen Zwecke.

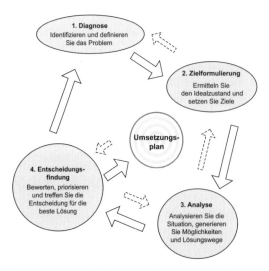

Abbildung 8   Der Problemlösungsansatz dieses Buches, iterativ dargestellt

1. Diagnose des Problems

Wurde das Problem beschrieben, definiert und richtig verstanden? Zu Beginn des Problemlösungsprozesses ist es wichtig, das Problem richtig zu beschreiben und einzugrenzen. Das Problem kann komplex oder vage sein, daher ist es essenziell, das wirkliche Problem exakt zu verstehen.

Als ersten Schritt (der Diagnose) muss man das Problem klar eingrenzen und beschreiben, um zu vermeiden, dass Lösungen geschaffen werden, die sich mit der Peripherie des Problems befassen. Oft wird viel Zeit vergeudet, ein peripheres Symptom zu bekämpfen, anstatt den Kern des Problems anzugehen. Daher ist einer der entscheidenden Schritte, alle Aspekte des Problems wie z. B. Abgrenzung, Charakteristiken, Funktionen oder Beschränkungen klar zu verstehen und zu definieren. Die Kategorien „Situationsdefinition, Informationsbeschaffung und Kreativität" befähigen Sie, genau das zu tun. Im Kapitel 3 finden Sie mehr Details hierzu.

2. Zielformulierung – Festlegung der Ziele und Ergebnisse

Der nächste Schritt, nachdem das Problem definiert und eingegrenzt wurde, ist die der Zielformulierung. Während dieser Stufe werden die beabsichtigten Ziele und Ergebnisse beschrieben und festgelegt. Typische Fragen sind: „Wo wollen wir hin und wie sollte das Ergebnis idealerweise aussehen"?

Sie werden feststellen, dass Ziele oft schon von anderen vorgegeben sind. Es ist jedoch sinnvoll, das Wissen und bessere Verständnis, das Sie durch die vorherige Prozessstufe erhalten haben, in die Zielformulierung erneut einfließen zu lassen. Sie werden sehen, dass die Qualität Ihrer Zieldefinition steigt.

3. Analyse der Situation und Entwicklung von Lösungswegen

Sobald die Ziele definiert wurden, kann die dritte Stufe des Problemlösungsprozesses beginnen, in der Lösungswege für das Problem gefunden werden. Die Hauptarbeit steckt allerdings in der Analyse und Synthese. Diese Prozessstufe ist beendet, wenn Sie angemessene Alternativen, Lösungswege, Vorschläge und Empfehlungen entwickelt haben, die das Problem beheben und die gesetzten Ziele erreichen.

4. Entscheidungsfindung – Bewerten, Priorisieren und Entscheidungen treffen

Der Zweck der vierten Stufe ist es, bei allen Aspekten von Bewertung, Festlegung der Rangfolge, Priorisierung, Risikobewertung, Einschätzungen, – kurz gesagt – bei der Entscheidungsfindung behilflich zu sein, damit die beste Lösung implementiert werden kann. Diese Stufe ist beendet, wenn eine angemessene Lösung ausgewählt und dieser zugestimmt wurde.

Implementierung – Umsetzungsplan

Dieser Aspekt bekommt selten genug Aufmerksamkeit. Es handelt sich um den Plan für das weitere Vorgehen und die Implementierung, damit die erarbeitete Lösungs zum entsprechenden Erfolg führt. Dieser Schritt ist nicht mehr Teil des Problemlösungsprozesses. Es ist jedoch sehr wichtig, dass relevante Aspekte der vorherigen Stufen in den weiterführenden Plan eingebracht werden. Tools und Techniken, die mit der Planung für die weiterführende Stufe helfen, sind in der Kategorie Projektmanagement enthalten. Es sind Tools wie z. B. Gantt-Chart, Arbeitsstrukturplan (WBS), Next Steps.

Auch wenn der Prozess, der in Abbildung 6 dargestellt ist, den Eindruck erwecken könnte, dass der Problemlösungsprozess linear und sequenziell abläuft, sollten Sie sich bewusst sein, dass Sie jederzeit zur vorherigen Stufe zurückgehen können. Sie sollten sogar Teile oder den gesamten Prozess nochmals durchlaufen, wenn Sie auf Informationen gestoßen sind, die vorherige Prämissen in Frage stellen. Abbildung 8 ist eine grafische Darstellung dieses Sachverhalts.

Ein anderer Gesichtspunkt, dessen Sie sich während des Problemlösungsprozesses bewusst sein sollten, ist die erforderliche Art und Weise des Denkens. Jede Stufe erfordert eine andere Art zu Denken (siehe Tabelle 1). Zum Beispiel erfordert die Analysestufe eine divergierende, auseinandergehende Art zu denken. Das be-

Tabelle 1 Erforderliche Art und Weise zu denken – abhängig von der Prozessstufe (Quelle: Glass, erweitert durch den Autor)

Problemlösungs-prozess-Stufe	Art und Weise zu denken	Achtung – typische Fallen ☹
Diagnose	Integrierend	Zu enge oder nur funktionale Sichtweise oder zu weit und unspezifisch.
Zielformulierung	Visionär und pragmatisch	Nur Top-down- oder Bottom-up-Denkansatz ohne Koordination und Einigung zwischen Top-Management und der operationellen Ebene bzgl. realistischer Ziele.
Analyse	Divergierend	Die Ausschau und Suche nach der *einzigen* Antwort auf die Lösung. Vorschnelle Ablehnung von Lösungen, die logisch erscheinen.
Entscheidungs-findung	Konvergent	Politische, persönliche oder emotionale Aspekte behindern das logische Vorgehen der Entscheidungsfindung. Ebenso kann sich die Fortsetzung des kreativen Denkens und eine zu kurze Analyse- oder Bewertungsphase als nachteilig erweisen.

deutet, für neue Wege und Möglichkeiten offen zu sein, diese geradezu zu suchen. Es geht darum, alle Ideen und Vorschläge zuerst einmal anzunehmen, kein Urteil zu fällen, keine Bewertung vorzunehmen, zu diskutieren und zu expandieren. Erst wenn keine weiteren Ideen und Kombinationen mehr entstehen, sollten Sie zu einer konvergierenden Art umschwenken. Konvergentes Denken – als Teil der Entscheidungsfindungsstufe – bedeutet Ähnliches zu suchen, d. h. Gruppen und Kategorien zu etablieren, Bewertungskriterien zu finden, Konzentration auf das Wesentliche und die Stärken, jedoch vorschnelle Urteile zu vermeiden.

Abbildung 9   Symbol für Kategorien, hier erste Stufe „Diagnose"

Warum sich mit der Problemlösung befassen, wenn doch das erklärte Ziel des Buches Tools und Techniken sind? Wie schon erwähnt, bildet der Problemlösungsprozess das Gerüst oder Skelett. Jede Prozessstufe erfordert normalerweise spezifische Typen von Tools und Techniken. Deswegen sind alle ähnlichen Tools in der gleichen Gruppe (Kategorie) zusammengefasst. Diese Kategorie ist dann der Prozessstufe zugeordnet, die diese Tools und Techniken typischerweise benötigt. Um weitere Klarheit zu schaffen, wurde ein Symbol (Abbildung 9) für jede Kategorie eingeführt. Dieses Symbol soll andeuten, in welcher(n) Prozessstufe(n) die Tools und Techniken dieser Kategorie normalerweise verwendet werden. In dem verwendeten Beispiel repräsentiert der grau schattierte Pfeil die erste Stufe „Diagnose".

2.2   Kategorien von Tools

Wie in Abbildung 10 veranschaulicht, wurden alle Tools und Techniken den neun verschiedenen Kategorien zugeordnet, die nachfolgend beschrieben werden.

Situationsdefinition

Der Zweck der Tools in der Kategorie „Situationsdefinition" ist, die gegenwärtige Situation, den Kontext und das Umfeld abzubilden. Dies kann mit der Initiierung eines Projekts und der Analyse der gegenwärtigen Situation (As-Is-Analyse) überlappen (siehe Abschnitt 3.1).

Informationsbeschaffung

Der Zweck der Tools in der Kategorie „Informationsbeschaffung" ist die wichtige Vorbereitung für viele weitere Aktivitäten. Die Beschaffung aller relevanten Informationen gibt Ihnen ein besseres Verständnis, neue Ansichten und Fakten und

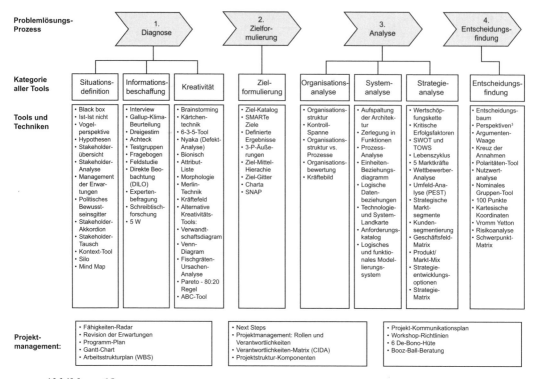

Abbildung 10
Übersicht über Problemlösungsschritte und relevante Kategorien von Tools

ist eine gute Vorbereitung für die weiterführende Analyse. Tools und Techniken dieser Kategorie kommen in den Prozessstufen 1 „Diagnose" und 3 „Analyse" zur Anwendung (siehe Abschnitt 3.2).

Kreativität

Der Zweck der Tools in der Kategorie „Kreativität" ist es, neue Dimensionen und Aspekte zu entdecken, neue Ideen zu entwickeln, und „über den Tellerrand hinaus zu schauen" – basierend auf unkonventionellem und kreativem Denken und Handeln. Die Tools dieser Kategorie kommen in den Prozessstufen 1 „Diagnose" und 3 „Analyse" zur Anwendung (siehe Abschnitt 3.3).

Zielformulierung

Der Zweck der Tools in der Kategorie „Zielformulierung" ist es, den gewünschten Endzustand nach Implementieren und Erreichen der Lösung zu definieren. Die Tools und deren Anwendung sind entscheidend für den Erfolg des Projektes. Ein guter Zieldefinitionsprozess schafft Klarheit und gibt die Richtung vor (siehe Kapitel 4).

Analyse

Der Zweck der Tools in der Kategorie „Analyse" ist, die gegenwärtige Situation zu untersuchen, die beschafften Informationen näher zu betrachten und daraus Schlussfolgerungen zu ziehen, um Lösungswege zu entwickeln, die das Problem beheben und das gesetzte Ziel erreichbar machen (siehe Kapitel 5). Die Fähigkeit, etwas zu untersuchen und angemessene Lösungswege zu generieren, bedarf eines gewissen Maßes an interdisziplinärer Kompetenz. Das ist auch der Grund, warum die Analysestufe in verschiedene Unterkategorien unterteilt wurde. Jede Unterkategorie enthält spezielle Werkzeuge gemäß der „Art des Problems". Zum Beispiel benötigen strategische Problemstellungen auch den gezielten Einsatz von Werkzeugen und Techniken zur strategischen Analyse. Aus der Gesamtheit der elf „Analyse-Unterkategorien" befasst sich dieses Buch nur mit den in der Abbildung 11 grau unterlegten Modulen:

- Organisationsstruktur-Analyse
- System-Analyse
- Strategie-Analyse.

Organisationsstruktur-Analyse

Der Zweck der Tools in der Kategorie „Organisationsstruktur-Analyse" ist es, eine Organisation im Bezug auf ihre Struktur zu analysieren (siehe Abschnitt 5.1).

System-Analyse

Der Zweck der Tools in der Kategorie „System-Analyse" ist es, – typischerweise in einem Geschäftsumfeld – die funktionalen Anforderungen an die technischen Systeme zu analysieren, zu definieren und in eine technische Nomenklatur zu übersetzen. Daher beschäftigen sich die meisten Tools in dieser Kategorie mit Aspekten von Technologie und Systemen wie z. B. Prozessen, Daten, Events (siehe Abschnitt 5.2).

Strategie-Analyse

Der Zweck der Tools in der Kategorie „Strategie-Analyse" ist es, die gegenwärtigen und zukünftigen Möglichkeiten eines Unternehmens zu prüfen, um eine starke Marktposition aufrechtzuerhalten oder auszubauen. Die meisten Tools haben eine Nähe zur strategischen Unternehmensberatung (für ein Wirtschaftsunternehmen), wobei die Anwendung nicht auf einen Geschäftszusammenhang begrenzt werden muss (siehe Abschnitt 5.3).

Entscheidungsfindung

Der Zweck der Tools in der Kategorie „Entscheidungsfindung" ist es, zu bewerten, zu priorisieren, zu vergleichen und die Beweggründe zu verstehen, um die Entscheidungsfindung besser zu unterstützen (siehe Kapitel 6).

Projektmanagement

Der Zweck der Tools in der Kategorie „Projektmanagement" ist es, den Problem-lösungsprozess zu unterstützen, welcher sich oft in der Form eines Projektes ab-spielt. Deswegen wurde das Projektmanagement als eine eigene Kategorie einge-führt, um brauchbare Tools für die effiziente und effektive Führung von Projek-ten zur Verfügung zu stellen (siehe Kapitel 7).

Der Bereich „Fachwissensbereiche" des in der Abbildung 11 dargestellten Kon-zeptes deutet an, dass sich hinter jeder interdisziplinären Analyse-Unterkategorie weitere Fachbereichsthemen und oft damit verbundene Dienstleistungsangebote der Beratungsindustrie verbergen. Dieses Buch behandelt diese Gruppen nicht weiter im Detail. Es ist aber wichtig zu verstehen, dass die einzelnen Komponen-ten in Zusammenhang stehen. Im „Handbuch der Unternehmensberatung" Ka-pitel III (Sommerlatte, 2004) werden diese Themen detaillierter und fundierter behandelt.

Die Querschnittsfunktion „Projektmanagement" (Projektsteuerung und Kon-trolle) erstreckt sich in Abbildung 11 über die gesamte Länge des Problemlö-sungsprozesses. Damit soll angedeutet werden, dass diese Querschnittsfunktio-nen nicht nur viele andere Funktionen im Unternehmen unterstützen (→ Quer-

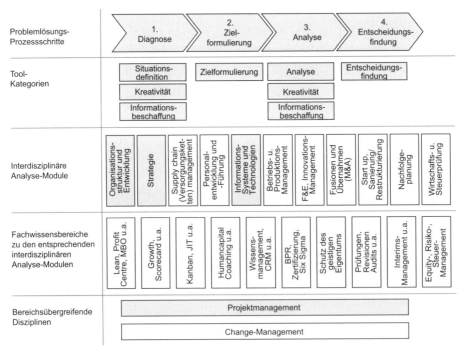

Abbildung 11 Überblick über das Konzept und seine Bestandteile.
Das Buch befasst sich mit den grau unterlegten Bereichen

schnitt), sondern auch, dass Querschnittsfunktion(en) an allen Prozessschritten unterstützend beteiligt sind. Die Tatsache, dass sich Projektmanagement schon als eine eigenständige berufliche Qualifikation etabliert hat, verdeutlicht die Bedeutung dieser Querschnittsfunktion.

2.3   Die Auswahl des richtigen Tools

Typische Fragen, die bei der Auswahl des richtigen Tools auftreten, sind: „Wie weiß ich, was es gibt und was ich benötige? Welche Kategorie ist für mich relevant?" Die Auswahl eines angemessenen Tools folgt den drei logischen Schritten, die in Abbildung 12 dargestellt sind.

Abbildung 12   Die zu Grunde liegende Logik für die Toolauswahl

Der Entscheidungsbaum in Abbildung 13 bietet eine Anleitung, wie Sie am besten das richtige Tool suchen, identifizieren und auswählen. Nutzen Sie den Ent-

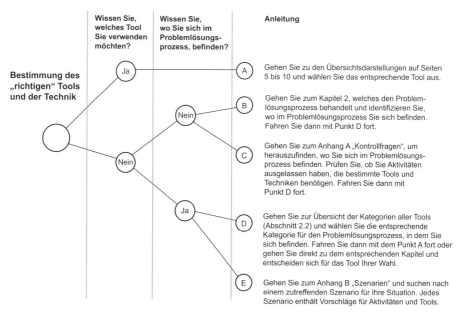

Abbildung 13   Entscheidungsbaum, um das richtige Tool zu finden

scheidungsbaum, um herauszufinden, in welcher Situation Sie sich befinden. Folgen Sie dann den Punkten A-E in der Anleitung, um zur richtigen Stelle im Buch zu gelangen. Falls Sie wissen, was Sie suchen, können Sie natürlich direkt zu der entsprechenden Seite gehen.

2.3.1 Kurzübersicht aller Tools (A)

Die Kurzübersicht auf Seite 5 oder Seite 8 bietet Ihnen eine tabellarische Übersicht über die Gruppierung der Tools, den Namen des Tools, die Seitenzahl und zwei Bewertungen, um Ihnen die Auswahl des für Sie richtigen Tools zu vereinfachen. Die erste Bewertung ist die der Benutzerfreundlichkeit. Die zweite Bewertung basiert auf der subjektiven Einschätzung des Autors zur Effizienz des Tools (Aufwand/ Nützlichkeit).

Eine alternative Übersicht über die Anwendungsbereiche der Tools finden Sie auf Seite 8. Diese tabellarische Darstellung gibt einen Überblick über die Bereiche, in denen die jeweiligen Tools zur Anwendung kommen können.

2.3.2 Definition der Stufe des Problemlösungsprozesses (B)

Wenn Sie nicht wissen, wo Sie sich – innerhalb des Problemlösungsprozesses – befinden, und daher auch nicht, welche Kategorie für Sie relevant ist, dann finden Sie im Kapitel 2.1 „Problemlösung" auf Seite 25 nützliche Hinweise. Stellen Sie fest, wo Sie sich innerhalb des Problemlösungsprozesses befinden und welche Kategorie daher für Sie in Frage kommt.

2.3.3 Kontrollfragen zur Identifizierung des benötigten Tools (C)

Während jeder Phase des Problemlösungsprozesses ergeben sich wichtige Fragen, die beantwortet werden müssen. Die Kontrollfragen im Anhang A sollen Sie dabei unterstützen und sicherstellen, dass Sie alle wichtigen Bereiche abdecken. Natürlich bestimmt die Komplexität und der Schwierigkeitsgrad des Problems, welches Tool am besten zur Anwendung eignet ist und wie viel Zeit, Aufwand und Ressourcen Sie benötigen, um das Problem (und die Kontrollfragen) zufriedenstellend zu lösen. Erst wenn Sie alle Kontrollfragen, die in Ihrer Situation von Bedeutung sind, beantwortet haben, sollten Sie sich mit der nächsten Phase des Problemlösungsprozesses befassen.

Die zur Verfügung gestellten Tools und Techniken spielen bei der Beantwortung der Kontrollfragen eine wichtige Rolle. Beginnen Sie mit den Kontrollfragen. Vielleicht haben Sie gewisse Fragestellungen und Aspekte übersehen? Die Kontrollfragen im Anhang A auf Seite 291 sollen Ihnen helfen, ein angemessenes Tool zu finden und Sie bei der Problemlösung zu unterstützen.

2.3.4   Welche Kategorie ist die richtige? (D)

Wenn Sie wissen, in welcher Phase des Problemlösungsprozesses Sie sich befinden, dann sollten Sie einschätzen können, welche Kategorie für Sie in Frage kommt und in welcher Kategorie Sie somit das benötigte Tool finden können. Schauen Sie im Abschnitt 2.2, um die richtige Kategorie zu finden. Um das richtige Tool innerhalb der identifizierten Kategorie zu finden, gehen Sie zur Kurzübersicht auf Seite 5 oder Seite 8 direkt zum entsprechenden Kapitel der Kategorie.

2.3.5   Zusammenstellen einer Einkaufsliste (z. B. für einen Workshop (E))

Um die Verwendung dieses Buches weiter zu veranschaulichen, habe ich in Kapitel 9 eine Liste für verschiedene Szenarien mit empfohlenen Tools und Aktivitäten zusammengestellt. In dem folgenden Beispiel wird exemplarisch ein Auswahlprozess für einen Workshop zum Projektstart dargestellt:

Stellen Sie sich vor, Sie würden gefragt, einen Workshop zu moderieren. Alles, was Sie wissen, ist, dass zahlreiche Personen aus verschiedenen Bereichen auf diesem Projekt zum ersten Mal zusammenarbeiten sollen. Das Projekt wurde innerhalb kürzester Zeit etabliert und der geplante Projektmanager hat zwischenzeitlich das Unternehmen verlassen. Eine exemplarische „Einkaufsliste" an Aktivitäten, Tools und Techniken für solch eine Situation könnte wie folgt aussehen (siehe auch Abbildung 14):

1. Sie wollen sicherstellen, dass Sie und alle Beteiligten wirklich verstehen, welches Problem dieses Projekt lösen soll. → Ist-Ist-nicht-Tool (Abschnitt 3.1.2) von der Kategorie „Situationsdefinition", um das wirkliche Problem einzugrenzen und innerhalb des Teams zu kommunizieren.

2. Sobald Sie den Projektauftrag durchgeschaut haben, wollen Sie überprüfen, ob andere oder zusätzliche Personen für dieses Projekt involviert werden sollten. → Stakeholder-Übersicht (Abschnitt 3.1.5)

3. Der Projektauftrag erscheint unvollständig und scheint sich sehr auf einen Bereich zu konzentrieren. Sie wollen überprüfen, ob andere dies genauso sehen und ob es nicht noch andere Einflussfaktoren gibt, die die Probleme verursachen. → Kräftefeld-Tool (Abschnitt 3.3.6) aus der Kategorie „Kreativität", um neue Perspektiven zu entdecken.

4. Nachdem Sie den Projektauftrag entsprechend mit weiteren Aktivitäten und Ergebnissen erweitert haben, wollen Sie diese mit den Projektzielen abgleichen. → SMART-Zielformulierungs-Tool (Abschnitt 4.3).

5. Sie wollen sich anschließend mit den Projekt-Aktivitäten befassen und diese näher festlegen. → Gantt-Chart-Tool und Arbeitsstrukturplan (WBS) (Abschnitte 7.5 und 7.6) aus dem Projektmanagement-Kapitel 7.

6. Sie wollen alle Rollen und Verantwortlichkeiten klar definieren und es nicht dem Projektplan überlassen, dass alle Aufgaben erledigt werden. Dies soll

vermeiden, dass alle wieder zu ihrer Arbeit zurückkehren und nichts weiter passiert. → CIDA-Tool (Abschnitt 7.9).

7. Am Ende des Workshops wollen Sie herausfinden, was alle Teilnehmer bzgl. der getroffenen Entscheidungen und Pläne denken. Sie verwenden das → 100-Points-Tool (Abschnitt 6.9), um eine Bewertung und Feedback einzuholen.

Beispielhafte Zusammenstellung einer „Einkaufsliste an Tools" für einen Workshop

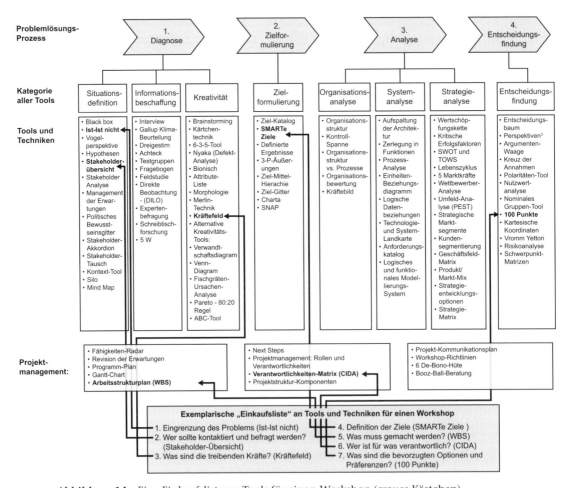

Abbildung 14 Eine Einkaufsliste an Tools für einen Workshop (graues Kästchen)

3 Diagnose

In vielen Geschäftsbereichen gibt es immer wieder Themen oder Problembereiche, die untersucht werden müssen. Weit verbreitet sind folgende typische Schwachstellen (nach: Harris, erweitert durch den Autor):

- Nicht funktionierende Organisationsstrukturen
- Schlechte Finanzkontrolle
- Zwischenmenschliche Konflikte
- Fehlende Qualitätskontrolle
- Schwaches Management oder schwache Führung
- Sicherheitsrisiken
- Ineffizientes Marketing
- Schlechte Kommunikation
- Taktische Fehleinschätzungen
- Fehlende Weitsicht/Visionen
- Kein Wettbewerbsgedanke
- Kein Eingehen auf Kundenwünsche
- Fehlende Anpassung an neue Technologien
- „Insel"-Zustand
- Angst vor Veränderung

3.1 Situationsdefinition

Den wahrscheinlich bekanntesten Schritt im Problemlösungsprozess halten die meisten Menschen für den einfachsten: Definition der Situation und des Problems. Dabei handelt es sich um den am häufigsten falsch verstandenen und somit oft am schlechtesten ausgeführten Schritt in diesem Prozess. Für viele bedeutet „Definition der Situation und des Problems" lediglich eine schriftliche Fixierung der Definition oder Beurteilung des Problems. Tatsächlich ist dieser Schritt jedoch viel weitgreifender zu sehen. Etwas zu definieren bedeutet, Grenzen aufzuzeigen, etwas zu lokalisieren, zu isolieren, zu unterscheiden, zu differenzieren, zu trennen. Den Problemstatus (oder Lösungsstatus) zu definieren bedeutet jedoch mindestens, das Folgende zu tun (Nickols 1994):

- Grenzen aufzeigen und festlegen (lokalisieren)

- Unterscheidende Merkmale herausstellen und isolieren

- Den Zustand mit exakten Beschreibungen feststellen und formulieren

- Die Bedeutung und die Definition herausstellen und erklären.

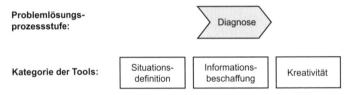

Abbildung 15   Die drei Kategorien der Tools während der Diagnose-Phase

Problem- oder Lösungszustände sind selten von Beginn an klar erkenntlich. Dies entwickelt sich meist im Prozess. In manchen Fällen ergibt sich die komplette

Tabelle 2
Wählen Sie Tools aus der Kategorie „Definition des Problems oder der Situation"

Zweck der Kategorie	Name des Tools oder der Technik	Seite	Benutzer-freund-lichkeit	Aufwand/ Nütz-lichkeit
Definition des Problems/ der Situation	Black Box	41	☺☺☺	☺☺
	Ist-Ist nicht	43	☺☺☺	☺☺☺
	Vogelperspektive	45	☺☺	☺☺
	Hypothesen	46	☺	☺☺☺
	Stakeholder-Übersicht	47	☺☺☺	☺☺
	Stakeholder-Erwartungsmanagement	51	☺☺	☺☺
	Stakeholdereinfluss-Matrix	54	☺☺	☺
	Stakeholder-Akkordeon	57	☺☺	☺☺
	Stakeholder-Tausch	58	☺☺	☺☺☺
	Kontext-Tool	60	☺	☺☺
	Silo	62	☺	☺☺
	Mind Map	63	☺☺☺	☺☺

Auch wenn die „Definition der Situation/des Problems" ein guter erster Schritt des Problemlösungsvorgangs ist, sollte man dies nur als Startpunkt ansehen und diesen Punkt regelmäßig wieder aufsuchen.

Definition des Problems oft erst nach der Lösung. Bis dahin ist diese ein sich ändernder und entwickelnder Teil des Prozesses.

Der erste Schritt im Problemlösungsprozess ist die Diagnose. Man beginnt üblicherweise mit den Tools aus der Kategorie „Definition des Problems/der Situation", gefolgt von den Tools „Informationsbeschaffung". Manchmal kommen dabei auch Kreativitäts-Tools ins Spiel, um das „Outside the Box"-Denken zu unterstützen (siehe Abbildung 15 und Tabelle 2). So ist es möglich, ein umfassendes Bild der Situation zu erhalten und ein besseres Verständnis für die Ursache des Problems zu erzielen.

3.1.1 Black Box

„Ich möchte verstehen, was passiert. Die ganze Situation wirkt zu verwirrend. Ich verliere den Überblick. Wer/was liefert den Input und den Output?"

Zweck und Absicht (Warum und wann anwendbar)

Das Black-Box-Tool dient dazu, die Komplexität eines Problems zu verringern, insbesondere, wenn man dazu neigt, sich in der Komplexität und den vielfältigen Aspekten und Stakeholdern des Problems zu verstricken. Das Augenmerk der Black Box liegt auf dem System (System nicht als technischer Ausdruck) und seiner Interaktion mit der Außenwelt. Nochmals: Die Black Box konzentriert sich nicht darauf, wie das Innere der Black Box funktioniert, sondern darauf, was sich um die Black Box herum befindet und was (nicht wie) mit der Black Box interagiert.

Funktion und Aufgabe (Wie funktioniert es)

Durch die Definition des Systems als Black Box sollte man sich nur auf die Interaktion (Input/Output) mit der Außenwelt des Systems oder der Situation konzentrieren und das Innere der Black Box außer Acht lassen. Das Black-Box-Tool reduziert die Komplexität, da man nicht abgelenkt wird vom „Wie, wo und was" des Inhalts der Black Box. Ein zusätzlicher, jedoch separater Vorgang ist, das Innere zu definieren. Dafür gibt es mehrere Techniken und Tools.

Anleitung (Wie gehe ich vor)

Definieren Sie die Situation/das Problem als „Black Box". Das zu betrachtende Problem befindet sich in der „Black Box", ist also nicht „ersichtlich". In der Ab-

Abbildung 16   Black Box am Beispiel Kartoffelernte

bildung 16 wird dieses Problem der Kartoffelernte ignoriert und es werden nur die Eingangs-/Ausgangsströme betrachtet (Quelle: Haberfellner).

- Stellen Sie alle Input- und Output-Ströme fest. Diese Ströme können Kommunikation, Information, Auskünfte und Wünsche von Systemen oder Menschen sein. Berücksichtigen Sie alle Daten, Ressourcen, Informationen, Prozesse usw. (Abbildung 17).

- Bedenken Sie Abhängigkeiten und ausgelöste Ströme (eine Forderung von der Black Box, die als Reaktion einen Input auslöst).

Tipps und Anregungen

Die Aktivitäten zur Sammlung relevanter Informationen können sich für ähnliche Tools, beispielsweise Kontext-Diagramm, Stakeholder-Übersicht oder Entity Relationship Tool (ERD), überschneiden. Sie unterscheiden sich aber in ihrer Tiefe. Das Tool, das die entgegengesetzte Logik benutzt, nennt man „Spotlight"-Tool, da es die betroffenen Punkte ins Licht des Scheinwerfers rückt. Man kon-

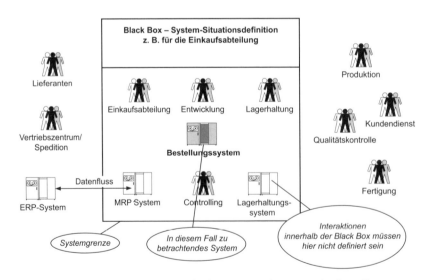

Abbildung 17   Schwerpunkt der Black-Box-Betrachtung ist das Bestellungssystem

zentriert sich auf den Inhalt der „Black Box", ohne sich darum zu kümmern, wo und wie diese Box mit der Außenwelt operiert.

Beispiel für die System- bzw. Situationsdefinition einer Einkaufsabteilung

Die Black Box in Abbildung 17 enthält alle Komponenten des Betrachtungsfeldes. Alle anderen Komponenten außerhalb des Betrachtungsfeldes interagieren über die Systemgrenzen hinweg mit dem für diese Situation definierten (Sub-) System und sind daher nicht Teil der betrachteten Situation und deren Komponenten.

Querverweis zu verwandten Tools in diesem Buch

Ein Kontext-Diagramm (siehe Abschnitt 3.1.7) stellt eine detailliertere Version des Black-Box-Diagramms dar. In ihm ist der Inhalt der Black Box erklärt, mit Details ausgestattet und dokumentiert. Ein Kontext-Diagramm betrachtet mehr als die Input-Output-Beziehungen der Black Box (Haberfellner, Nagel et al.). Andere zu erwägende Tools für ein späteres Stadium sind die Stakeholder-Übersicht (Abschnitt 3.1.5) und das relationale Datenmodell (ERD) (siehe Abschnitt 5.2.4).

3.1.2 Ist – Ist nicht

„Ich möchte zwischen relevant und nicht relevant unterscheiden. Manchmal kann man etwas besser definieren, wenn man weiß, was „es" nicht ist."

Zweck und Absicht (Warum und wann anwendbar)

Klären und Definieren des Umfangs eines Problems, beispielsweise für Mitglieder eines Projekts bei einem Workshop.

- Dieses Tool bringt das Denken auf den richtigen Kurs, ist aber bei komplexeren Problemstellungen nicht geeignet.

- Um ein Problem zu isolieren oder die wahre Natur eines Konflikts zwischen Gruppen oder Individuen zu klären, benötigt man bei diesem Tool gute Kommunikation und freie Kommunikationswege.

Funktion und Aufgabe (Wie funktioniert es)

Es zeigt, was sich innerhalb und außerhalb des Problembereichs befindet.

- Bei der Klärung, was *nicht* Teil des Problems ist, stellen die übrig bleibenden Punkte ziemlich wahrscheinlich die relevanten Teile (*Ist*) des Problems dar.

- Es funktioniert wie der Fischfang mit einem Netz: Die richtige Größe von Fischen bleibt im Netz hängen, die kleineren (*nicht* das Problem) schlüpfen durch die Maschen.

Anleitung (Wie gehe ich vor)

Benutzen Sie ein Flipchart mit zwei Spalten für „Ist" bzw. „Ist nicht".

- Stellen Sie den Workshop-Teilnehmern eine Reihe von Fragen, die ihre Situation betreffen, z. B. „Wo und wann tritt das Problem auf?", „Wie tritt es auf?", „Welche Prozesse und welche Menschen sind beteiligt?"

- Besprechen Sie dann die zu Grunde liegenden Fakten und Daten, um festzulegen, was jeweils in die Ist- und in die Ist-nicht-Spalte gehört. Falls benötigt, zeichnen Sie ein Diagramm entsprechend der Abbildung 18.

Tipps und Anregungen

Überprüfen Sie die Ursache des Problems mit Hilfe des Fischgräten-Ursachenanalyse-Tools (Abschnitt 3.3.13), um sicher zu gehen, dass die erkannten Probleme nicht nur Symptome sind, sondern dass Sie wirklich die Ursache erkannt haben. Benutzen Sie andere Kreativitäts-Tools, um Symptome und Ursachen voneinander zu differenzieren, zu erkennen und zu erforschen.

Beispiel für die Situation eines Service-Level-Problems in einem Call-Center

Abbildung 18 zeigt, was das wirkliche Problem ist.

Abbildung 18   „Was ist wirklich das Problem?"

Querverweis zu verwandten Tools in diesem Buch

Fischgräten-Ursachenanalyse (Abschnitt 3.3.13).

Bibliografie: Butler.

3.1.3 Vogelperspektive

„Wir haben uns in eine Sackgasse verrannt und wissen nicht mehr weiter. Wenn wir fliegen könnten und somit aus der Vogelperspektive alle Einblicke auf die anderen wichtigen und unbekannten (unsichtbaren) Dinge haben könnten, was würden wir von da oben sehen?"

Zweck und Absicht (Warum und wann anwendbar)

Um mit Veränderungen von Organisationsstrukturen umzugehen oder um die Gesamtsituation klarer zu erfassen und sich dabei nicht von zu vielen Details ablenken zu lassen, sollte man sich „über das Problem stellen" und es aus der Distanz betrachten.

- Um eine verfahrene Situation aufzulösen, stellen Sie sich einen Helikopter vor, der vom Boden abhebt und die Situation unter sich zurücklässt. Konzentrieren Sie sich dann auf die wirklich wichtigen und notwendigen Punkte.

Funktion und Aufgabe (Wie funktioniert es)

- Die Vogelperspektive ermöglicht neue Sichtweisen und Ansichtspunkte. Man sieht Aktionen der Mitbewerber, Ausführungspläne, Trends in benachbarten und verwandten Industriezweigen aus einem anderen Blickwinkel.

- Die Vogelperspektive unterstützt neue und weniger wahrscheinliche Vorgänge, ohne Probleme oder Drohungen vorwegzunehmen. In der NLP-Disziplin nennt man dies Dissoziation.

Anleitung (Wie gehe ich vor)

- Vor strategischen Sitzungen sollte man ein Vogelperspektiven-Diagramm benutzen, um die Notwendigkeit einer großen Übersicht und weiteren Betrachtungsweise klar zu machen. Zeichnen Sie ein Bild der aktuellen Situation aus der Vogelperspektive (Bigger Picture), um die Argumentation zu verdeutlichen.

- Stellen Sie die Frage: „Dürften wir nur eine Sache auswählen, was wäre dies? Was kann man von oben erkennen, was ist wirklich noch relevant und welche anderen neuen Dinge lasen sich auf einmal ebenfalls erkennen?"

- Zeichnen Sie ein Bild der Situation und erforschen Sie den Blickwinkel und die Perspektive aus verschiedenen „Höhen". Stellen Sie sich selbst im Pilotensitz des Helicopters vor und visualisieren Sie eine umfassende Sicht der Sachlage. Diese Vorgehensweise ist auch eine Teamkommunikationsübung, die gut in Verbindung mit Kreativitätstools wie beispielsweise der Fischgräten-Ursachenanalyse (Abschnitt 3.3.13) verwendet werden kann.

- Dokumentieren Sie Ihre resultierenden, strategischen Optionen und Erkenntnisse in einer Tabelle wie z. B. der Argumenten-Waage (Abschnitt 6.4), während Sie neue Perspektiven erforschen.

- Nehmen Sie externe Kräfte mindestens genauso wichtig wie interne Vorgänge und die innere Situation.

Tipps und Anregungen

Kombinieren Sie diese Übung mit Kreativitätstechniken, um noch mehr neue Perspektiven zu entdecken.

Querverweis zu verwandten Tools in diesem Buch

Entscheidungsfindung (inkl. Evaluierung, Priorisierung) in Kapitel 6.

Bibliografie: Grundy, Brown, Harris.

3.1.4   Hypothesen

„Ich hatte eine ähnliche Situation zuvor und habe eine ziemlich gute Vorstellung von diesem Problem. Ich möchte keine Zeit verschwenden und ‚das Rad neu erfinden'. Ich möchte meine Erfahrung und meine Intuition nutzen."

Zweck und Absicht (Warum und wann anwendbar)

Hypothesen beziehen sich auf Erfahrung, Intuition und Wissen über ähnliche Probleme und werden angewandt, um etwas in seinen Einzelheiten besser und schneller zu verstehen. Der Aufwand an Zeit und Nachforschungen kann somit deutlich verringert werden.

Funktion und Aufgabe (Wie funktioniert es)

- Das Hypothesen-Tool hilft dabei, die Analyse und Ihre Arbeit zu fokussieren – testen Sie die Annahmen der Hypothese und nichts anderes. So sparen Sie Zeit, weil Sie sich auf Daten konzentrieren, die die Hypothese stützen oder ablehnen, anstatt auf zeitaufwändiges Sammeln aller Informationen.

- Es schützt davor, in dem Daten-Überfluss der Analyse zu „ertrinken".

Anleitung (Wie gehe ich vor)

- Entscheiden Sie, was Ihrer Meinung nach wirklich vor sich geht. Benutzen Sie andere Tools, um Probleme statt Symptome, am besten aber Ursachen zu identifizieren (z. B. Fischgräten-Ursachenanalyse-Tool in Abschnitt 3.3.13).

- Entscheiden Sie, wie der Sachverhalt beschrieben werden soll. Entwickeln Sie Begründungen, basierend auf Ihrem Wissen, Ihrer Erfahrung, Annahmen und Intuitionen.

- Entscheiden Sie, welche Daten zu sammeln sind und wie man den Nachweis führt.

- Übereilen Sie die Formulierung der Hypothese nicht. Begutachten Sie das Problem und die grundsätzlichen Prozesse, bis Sie sich sicher sind, dass Sie die Situation verstanden haben und dass ihre früheren Erfahrungen und Ihr Wissen anwendbar sind. Stellen Sie dann Annahmen auf, die zu Hypothesen werden.

- Formulieren Sie Ihre Hypothese(n), die den wahren/wirklichen Kern der Situation/des Problems betreffen.

Tipps und Anregungen

Seien Sie sich Ihrer Annahmen nicht zu sicher, versuchen Sie, diese umzustoßen, anstatt sich selbst zu bestätigen, dass „man wieder einmal richtig lag". Bei diesem Tool geht es um Zeit- und Arbeitsersparnis, nicht um blinden Aktionismus oder „Selbstbeweihräucherung".

Beispiel einer möglichen Hypothese:

- „Die Verkaufsabteilung verbringt mehr als 40 Prozent ihrer Zeit mit Verwaltungs-Aktivitäten.

- 20 Prozent unserer Lieferanten machen 80 Prozent unserer Kosten aus.

- 80 Prozent unserer E-Mails könnten in der Hälfte der Zeit durch ein konstruktives Gespräch erledigt werden!"

Querverweis zu verwandten Tools in diesem Buch

Fischgräten-Ursachenanalyse (Abschnitt 3.3.13) oder das Ist-Ist-nicht-Tool (Abschnitt 3.1.2), Pareto-80:20-Regel (Abschnitt 3.3.14).

3.1.5 Stakeholder-Übersicht

„Diese Aktion wird größer und größer – ich muss mit immer mehr Leuten sprechen. Ich möchte sicher gehen, dass ich niemanden übersehe und alle Personen im Boot habe."

> Stakeholder sind diejenigen Personen, die ein maßgebliches Interesse, einen Anteil oder ein Anrecht an einem Ergebnis haben. Sie beeinflussen nicht nur dieses Ergebnis, sondern werden auch selbst davon beeinflusst.

Zweck und Absicht (Warum und wann anwendbar)

Mit diesem Tool lässt sich herausfinden und darstellen, welche Stakeholder Teile des zu untersuchenden Bereichs/Projektes sind, oder ob Sie eine spezielle Interessensgruppe darstellen und deswegen in ein Projekt oder eine Unternehmung eingebunden werden müssen. Die Stakeholder-Übersicht ist ein sehr nützliches Tool während der Startphase eines Projekts, da sie hilft, das Gesamtbild besser zu verstehen und zu erkennen, wer die „Mitspieler" sind.

Funktion und Aufgabe (Wie funktioniert es)

Es zeigt alle Stakeholder, die das Projekt beeinflussen und/oder von seinem Ergebnis beeinflusst werden.

Anleitung (Wie gehe ich vor)

- Stellen Sie fest, welche Stakeholder-Gruppe das Projekt beeinflusst und welche Stakeholder-Gruppe vom Projekt und dessen Ergebnis beeinflusst wird. Zum Beispiel sind die „Anwohner" eine Stakeholdergruppe bei einem Flughafenausbau, auch wenn Sie nicht Teil des Projektteams sind.

- Berücksichtigen Sie, welche Stakeholder-Gruppen sich innerhalb und außerhalb des Projekt-Bereichs befinden und stellen Sie dies in einem Diagramm dar, indem Sie verschiedene Farben oder Umrisse von Kästen oder Kreisen benutzen. Diese Information hilft zum Beispiel, eine Auflistung von Personen aufzustellen, um sie nach Informationen zu befragen.

- Gruppieren Sie die Stakeholder nach logischen Gruppen, z. B. alle internen Stakeholder nach Abteilungen links im Diagramm, alle außen stehenden auf der rechten Diagrammseite usw.

Tipps und Anregungen

- Benutzen Sie die Stakeholder-Übersicht, um die Erwartungen jeder Gruppe zu managen, nachdem Sie die einzelnen Gruppen identifiziert haben. Verwenden Sie dazu auch das Stakeholderanalyse-Tool (Abschnitt 3.1.6).

- Vergleichen und prüfen Sie auch alle Ihre Stakeholder mit der Black Box (Abschnitt 3.1.1), dem relationalen Datenmodell (ERD) (Abschnitt 5.2.4) und dem Kontext-Diagramm (Abschnitt 3.1.7), um die Konsistenz und Vollständigkeit sicherzustellen. Überprüfen Sie fehlende Informationen, indem Sie die unterschiedlichen Diagramme untereinander vergleichen. Dies verbessert die Qualität. Nichts ist ärgerlicher, als vom Sponsor eines Projekts daran erinnert zu werden, dass eine der Haupt-Stakeholder nicht berücksichtigt wurde.

Informationen zu Stakeholder-Rollen

Projekt-Stakeholder sind Personen und Organisationen, die aktiv in das Projekt involviert sind, oder deren Interessen positiv oder negativ vom gescheiterten oder erfolgreichen Ausgang des Projekts beeinflusst werden. Das Projektmanagement-Team muss die Stakeholder erkennen, Ihre Bedürfnisse und Erwartungen definieren, und dann diese Erwartungen beeinflussen, um eine erfolgreiche Projektarbeit durchzuführen. Das Erkennen von Stakeholdern ist oft sehr schwierig. Ist beispielsweise ein Arbeiter am Fließband, dessen zukünftige Anstellung vom Ausgang eines neuen Produkt-Design-Projekts abhängt, ein Stakeholder, oder nicht?

Stakeholder eines jeden Projektes sind:

- Der Projektmanager – die verantwortliche Person für das Projektmanagement.

- Der Kunde – die Person oder Organisation, die das Ergebnis des Projektes benutzt. Es gibt mehrere Schichten von Kunden. Die Kunden eines neuen pharmazeutischen Produkts beispielsweise können Ärzte sein, die es künftig verschreiben, die konsumierenden Patienten und die Krankenkassen, die dafür zahlen.

- Die ausübende Organisation – das Unternehmen, dessen Angestellte direkt mit der Arbeit im Projekt betraut sind.

- Besitzer oder Sponsor – die Person oder Gruppe innerhalb der Organisation, die für die die politische Unterstützung sowie für die finanziellen Ressourcen sorgt, mit Bargeld oder ideell.

Darüber hinaus gibt es viele verschiedene Namen und Kategorien für Projekt-Stakeholder, intern und extern: fachliche Experten und Sponsoren (Budgetverwalter), Zulieferer und Vertragsfirmen, Teammitglieder und ihre Familien, Regierungsagenturen und Medienhäuser, Bürger, zeitweilige oder permanente Lobby-Gruppen und grundsätzlich die ganze Gesellschaft. Die Benennung und Gruppierung von Stakeholdern ist primär eine Hilfe, um herauszufinden, welche Personen und Organisationen sich selbst als Stakeholder sehen. Die Rollen und Verantwortlichkeiten von Stakeholdern können sich überschneiden. Die Erwartungen der Stakeholder zu erarbeiten kann schwierig sein, da die Stakeholder oft unterschiedliche Ziele verfolgen, die untereinander im Konflikt und Gegensatz stehen können, wie beispielsweise:

- Der Abteilungsleiter, der ein neues Management-Informationssystem bestellt hat, besteht auf niedrigen Kosten, der Systemarchitekt legt Wert auf technische Qualität und der Programmierer möchte so viel wie möglich daran verdienen.

- Der Vizepräsident der Forschungsabteilung einer Elektronikfirma gründet den Erfolg des neuen Produkts auf dessen State-of-the-art-Technologie, der Vizepräsident der Herstellung bezeichnet es als besonders praktisch, und der Leiter der Marketingabteilung hauptsächlich an der zahlreichen Ausstattungsdetails interessiert ist.

- Der Besitzer eines Baugrundes achtet auf die Einhaltung der Zeitpläne, die örtliche Behörde möchte das Steuereinkommen maximieren und eine Naturschutz-Lobby will die Naturschäden so gering wie möglich halten, während Anlieger das ganze Projekt am liebsten an eine andere Stelle verlegen würden.

Beispiel einer Stakeholder-Übersicht für eine exemplarisches Projekt

Abbildung 19 zeigt, welche Stakeholder innerhalb und außerhalb des Projektrahmens liegen.

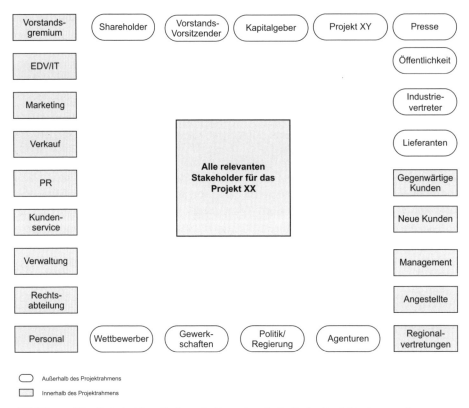

Abbildung 19   Stakeholder, die innerhalb und außerhalb des Projektrahmens liegen

Querverweis zu verwandten Tools in diesem Buch

Vergleichen Sie dieses Tool auch mit der Black Box und dem Kontext-Diagramm (Abschnitt 3.1.10) sowie später mit dem relationalen Datenmodell (Abschnitt 5.2.4). Hat man die Stakeholder festgelegt, kann man mit dem Stakeholderanalyse-Tool (Abschnitt 3.1.6) effektiv deren Erwartungen erfassen. Später kann das Booz-Ball-Tool (Abschnitt 7.14) für die Erfassung von Feedback benutzt werden.

Bibliografie: Projektmanagement Institute Handbuch (PMI), Silberman.

3.1.6 Stakeholder-Erwartungsmanagement

„Alle sind einverstanden mit den allgemeinen Zielen, doch später beschwert sich jeder, dass die Lösung nicht dem entspricht, was er erwartet hat. Ich möchte sicher gehen, dass ich jedermanns Erwartung erfasst habe und befriedigen kann – falls ich dies möchte."

Zweck und Absicht (Warum und wann anwendbar)

Bei jeder Informationsweitergabe „dekodiert" der jeweilige Empfänger die Information durch seinen individuellen „Filter" gemäß seiner Erfahrung, seinem Wissen, Glauben, dem kulturellen Hintergrund, bestehenden Bedürfnisse usw. Die interne, zukunftsorientierte Antwort oder die Annahme, dass meist nicht kommuniziert wird, könnte man eine „Erwartung" nennen.

Mit der Stakeholderanalyse können wir bestimmen, wen wir während des Projekts und der Problemlösungsphase berücksichtigen müssen. Stakeholder sind ständig präsent – doch sie müssen zunächst festgelegt werden, ihre Werte und Positionen müssen verstanden werden, denn sonst werden ihre Bedürfnisse nur zufällig und meist ungenügend erfüllt.

Funktion und Aufgabe (Wie funktioniert es)

Die Stakeholderanalyse erfasst die relevanten Erwartungen und Vorbehalte aller Stakeholder und dokumentiert und kommuniziert diese in einer transparenten Form. Jeder einzelne Stakeholder hat ein unterschiedliches Verständnis, abweichende Perspektiven und Interpretationen bezüglich eines Projekts. Versteht man diese Erwartungen und Vorbehalte im Vorfeld, kann eine proaktive Kommunikation diese unrealistischen Hoffnungen ausräumen. Es können somit Problempunkte behandelt werden, bevor sich Schäden und Enttäuschungen manifestieren.

Anleitung für eine Stakeholderanalyse-Tabelle, Tool-Option A (Wie gehe ich vor)

- Nutzen Sie ein erstes Meeting, um jeden Key-Stakeholder nach zwei Punkten zu fragen: Erwartungen und Vorbehalte. Halten Sie diese sofort in einer Tabelle fest (Tabelle 3). Idealerweise überprüfen Sie Ihr eigenes Verständnis der

Tabelle 3 Vorlage für eine Stakeholderanalyse-Tabelle

Stakeholderanalyse (Tool-Option A)		
Stakeholder	**Erwartungen**	**Vorbehalte**
Name		
Name		
Name		

vom Stakeholder geäußerten Aussagen während des Meetings und falls notwendig, besprechen Sie die aufgezeichneten Punkte mit jedem Einzelnen später nochmals.

- Untersuchen Sie das Projekt in Bezug auf:

  - Ziele, den vorgesehenen Rahmen (der nicht immer klar festgelegt ist), den Prozess, das Ergebnis oder andere Punkte, die mit dem Projekt verbunden sind

  - die Rolle des Stakeholders und seine Einbindung in das Projekt

  - die Beteiligung anderer Personen an diesem Projekt oder Stakeholder, die übersehen oder irrtümlich mit einbezogen wurden.

  - Vorbehalte (Widerstand) – frühere Projekte haben ähnliche Prozesse durchlaufen oder ähnliche Probleme beinhaltet. Finden Sie heraus, warum vorherige Versuche gescheitert sind, um wiederkehrende Fehler zu vermeiden. Bedenken Sie, dass es tatsachenbasierte und nicht-tatsachenbasierte Gründe gibt.

  - den aktuellen Prozess oder das System, das durch die Einführung des Projekts geändert wird. Welche Aspekte des laufenden Systems sind gut und was kann verbessert werden? Welche Aspekte funktionieren nicht? Es geht nicht darum, Details festzulegen, sondern darum, die Meinungen darüber aufzudecken.

**Anleitung für eine Stakeholder-Wertigkeitstabelle
(Tool-Option B: Wie gehe ich vor?)**

Nach dem zuvor beschriebenen Prozess werden die Rollen und Positionen aller relevanten Stakeholder untersucht. In diesem Fall wird genauer analysiert, wie sich die verschiedenen Aspekte auswirken, wie z. B. „Einfluss vs. Wichtigkeit" oder „Stärken und Schwächen der Stakeholder", „Rolle im Projekt vs. Rolle im Unternehmen" u. a. Man findet heraus, wie passende Win-Win-Situationen konstruiert werden könnten, um mit diesen Stakeholdern umgehen zu können

Tabelle 4 Vorlage für eine Stakeholder-Wertigkeitstabelle

Stakeholder-Wertigkeit (Tool-Option B)							
Stakeholder	Ziele, Motivation, Interessen, Ansprüche	Einfluss des Stakeholders	Bedeutung und Auswirkung auf das Projekt	Projektrolle	Stärke des Stakeholders	Schwäche des Stakeholders	Win-win Strategie
Name							
Name							
Name							

Tabelle 5   Vorlage für eine Stakeholder-Punktetabelle

Stakeholder-Punktetabelle (Tool-Option B) (1 = niedrig, 5 = hoch, sehr gut)					
Stakeholder	Interessens-ebene	Einfluss-ebene	Auswirkungs-ebene	Maß an Unterstützung	Gesamt-punktzahl
Projekt-sponsor	1 2 3 4 5	1 2 3 4 5	1 2 3 4 5	1 2 3 4 5	
z. B. Technik-Experten	1 2 3 4 5	1 2 3 4 5	1 2 3 4 5	1 2 3 4 5	
z. B. Kunden-dienst	1 2 3 4 5	1 2 3 4 5	1 2 3 4 5	1 2 3 4 5	
z. B. Vertriebs-manager	1 2 3 4 5	1 2 3 4 5	1 2 3 4 5	1 2 3 4 5	

(siehe Tabelle 4). Zusätzlich kann man die Stakeholder-Punkte-Tabelle benutzen (Tabelle 5), um ein Ranking der Stakeholder zu berechnen. Je höher dabei die Punktezahl ausfällt, desto wichtiger und wertvoller ist der Stakeholder und man muss ihm umso mehr Aufmerksamkeit und Beachtung schenken. Arbeiten Sie mit der Stakeholdereinfluss-Matrix (Abschnitt 3.1.7), um ein besseres Verständnis und bessere Strategien im Umgang mit Stakeholdern zu entwickeln.

Tipps und Anregungen

- Vermeiden Sie, bei untergeordneten Problemen zu sehr ins Detail zu gehen und sich in Diskussionen darüber verstricken zu lassen. Dies kann politisch behaftet sein und emotionale Aspekte an die Oberfläche bringen. Stellen Sie Fragen, hören Sie zu und notieren Sie alles, vermeiden Sie aber eigene Kommentare.

- Sorgen Sie dafür, dass die Key-Stakeholder von Beginn an die Erwartungen jedes anderen verstehen. Dies ist eine schwierige und möglicherweise hochpolitische Aufgabe. Recherchieren Sie die Hauptpersonen – um mögliche Minenfelder zu umgehen – und sorgen Sie dafür, so früh wie möglich unrealistische Erwartungen zu korrigieren. Sonst verwandeln sich diese in „tickende Zeitbomben", die spätestens im letzten Performance-Meeting hochgehen.

- Identifizieren Sie Interessenkonflikte von Stakeholdern in Bezug auf das Problem und unterstützen Sie die Bildung von Koalitionen, um die Erfolgsaussichten zu verbessern.

- Man sollte nicht alle Details eines Projekts mit allen Teammitgliedern austauschen, da manche der Informationen zu brisant sein können.

Mitroff hat sieben Kategorien von Einschätzungen und Perspektiven von Stakeholdern festgelegt, mit deren Hilfe man ein Beziehungsnetz von interessierten Personen entwickeln kann:

- Der *imperative* Ansatz bestimmt Stakeholder, die sich gefühlsmäßig stark für eine Richtung oder für Aktionen von Organisationen engagieren.

- Der *positionale* Ansatz bestimmt Stakeholder, die eine Position in einer politikbestimmenden Struktur einnehmen, egal ob intern oder außerhalb der Organisation (z. B. Regierung).

- Der *reputative* Ansatz bestimmt Stakeholder nach sozial-metrischen Gesichtspunkten. Dazu werden Personen mit unterschiedlichen Kenntnissen oder unterschiedlich wichtige Personen gebeten, diejenigen zu bestimmen, von denen sie annehmen, dass sie berechtigte Interessen in diesem System vertreten.

- Der *soziale Beteiligungsansatz* legt Personen oder Organisationen als Stakeholder fest, die einen regulatorischen oder politischen Einfluss haben.

- Der *Meinungsführer*-Ansatz bestimmt diejenigen, die die Meinung anderer Stakeholder prägen.

- Der *demografische* Ansatz bestimmt Stakeholder nach Kriterien wie Alter, Geschlecht, Rasse, Beruf, Religion, Bildungsniveau u. a.

- Der *organisationsorientierte* Ansatz versucht, die Personen und Gruppen zu bestimmen, die wichtige Beziehungen zu anderen wichtigen Organisationen besitzen.

Querverweis zu verwandten Tools in diesem Buch

Organisationsstruktur-Tool (Abschnitt 5.1.1) und andere Stakeholder-bezogene Tools in diesem Kapitel.

Bibliografie: Ziegenfuss, Mitroff, Fleischer, Silberman.

3.1.7 Stakeholdereinfluss-Matrix

Zweck und Absicht (Warum und wann anwendbar)

Das Tool ist nützlich, um den möglichen Einfluss verschiedener Personen auf den Erfolg der vorgeschlagenen Änderungen/Projekte zu bestimmen.

Funktion und Aufgabe (Wie funktioniert es)

1. Das Tool entschärft das politische firmeninterne Ränke- und Machtspiel und hilft dabei, wichtige Punkte diskutieren zu können.

2. Die Machtpositionen auf beiden Seiten werden klar dargestellt, um aktiv schwierige Entscheidungen treffen zu können.

3. Politisches Bewusstsein kann definiert werden als der Prozess, sich der politischen Umgebung um einen selbst und über den eigenen Einfluss auf die politische Umgebung bewusst zu werden.

Anleitung (Wie gehe ich vor)

- Bestimmen Sie diejenigen, die Sie für Key-Stakeholder halten.

- Evaluieren Sie, ob diese Stakeholder hohen, mittleren oder geringen Einfluss auf die betroffenen Punkte haben. Sie müssen dies von deren generellem Einfluss im Unternehmen trennen. Erforschen Sie deren Einfluss – in welchem Ausmaß können die Stakeholder aufgrund ihrer Position/Macht auf den Veränderungsprozess Einfluss ausüben? Dieser Einfluss kann entweder unterstützend oder hemmend ausfallen, je nach ihrer Einstellung.

- Um die mögliche Auswirkung auf das Projekt zu untersuchen, betrachten Sie alle Aspekte – werden sie unterstützen oder bremsen, sich ablehnend verhalten, dafür oder gegen die Veränderung sein, oder bleiben Sie etwa in der neutralen Mitte?

- Berücksichtigen Sie bei Ihrer Beurteilung die Stakeholdereinfluss-Matrix und Stakeholder-Gitter (Abbildung 20), um zu entscheiden wie man die verschiedenen Stakeholder in Bezug auf Ihre eigene aktuelle Einflussposition „verschieben" oder neu positionieren muss.

Tipps und Anregungen

- Benennen Sie Bereiche und Stakeholder, die man am ehesten motivieren kann. Entweder durch Anreize für ihre Arbeit, oder indem man ihnen ärgerliche und hinderliche Dinge aus dem Weg räumt. Mit welchem unwiderstehlichen Anreiz kann man jemanden positiv motivieren?

- Falls Sie selber nicht in der Einfluss- oder Machtposition sind, um Dinge durchzusetzen, sollten Sie entweder eine größere Machtposition entwickeln oder Stakeholder in der Firma finden, die Ihnen helfen.

Beispiel für eine Stakeholdereinfluss-Matrix und ein Stakeholder-Gitter

Abbildung 20 zeigt eine Stakeholdereinfluss-Matrix und ein Stakeholder-Gitter.

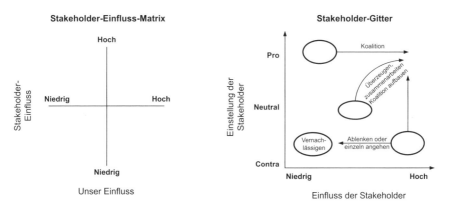

Abbildung 20   Stakeholdereinfluss-Matrix und Stakeholder-Gitter

Alternative Stakeholder-Bewertungsmatrix

Abbildung 21 zeigt eine alternative Stakeholder-Bewertungsmatrix.

Stakeholder-Bewertungs-Matrix

	Niedrig	Hoch
Hoch	A	B
Niedrig	C	D

Einfluss (vertikale Achse) – Bedeutung (horizontale Achse)

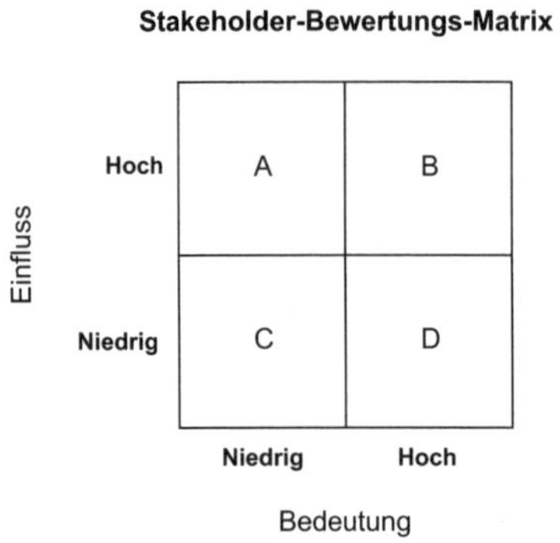

Abbildung 21   Einfluss – Wichtigkeit/Bedeutung

Welche Art von Stakeholder findet man in welchem Quadranten der Stakeholder-Bewertungsmatrix?

- A – Stakeholder mit großem Einfluss, die deshalb den Ausgang steuern können, aber deren Interessen nicht mit dem Ziel der Initiative übereinstimmen. Diese Gruppe der Stakeholder stellt möglicherweise einen erheblichen Risikofaktor dar und sollte gut beobachtet und betreut werden. Key-Stakeholder kann man betreuen, indem man sie konsultiert oder informiert (siehe CIDA-Tool Abschnitt 7.9).

- B – Stakeholder mit großem Einfluss, mit Macht oder großer Wichtigkeit, zu denen man gut funktionierende Arbeitsbeziehungen benötigt, um sich ihre Unterstützung zu sichern. Sie bilden die Basis der Unterstützungskoalitionen.

- C – Stakeholder mit geringem Einfluss oder niedriger Wichtigkeit, die geringere Beachtung benötigen.

- D – Stakeholder mit hoher Wichtigkeit für die Initiative, aber mit geringen Einflussmöglichkeiten. Sie benötigen spezielle Aktionen, um ihre Interessen zu schützen.

Querverweis zu verwandten Tools in diesem Buch

Stakeholder-Übersicht (Abschnitt 3.1.5) oder Stakeholder-Erwartungsmanagement (Abschnitt 3.1.6).

Bibliografie: Grundy, Elkin.

3.1.8 Stakeholder-Akkordeon

„Worin bestehen die Rollen der Organisation/Firma und der Einzelpersonen in einem Team und was können ich und das Team von beiden erwarten?"

Zweck und Absicht (Warum und wann anwendbar)

Ein gut funktionierendes Team ist wichtig, und das Verständnis von Rollen und Erwartungen jedes Einzelnen ist ein essenzieller Teil davon. Bei einer Team-Zusammenstellung sollte man dieses Tool benutzen, damit jeder weiß, was er zu erwarten hat und was von ihm erwartet wird.

Funktion und Aufgabe (Wie funktioniert es)

Durch die zwei Dimensionen eines Teams – Einzelperson und Firma – erfährt das Team, was von ihm erwartet wird, und was es für die Firma und die Einzelnen leisten soll.

Anleitung (Wie gehe ich vor)

Es ist wichtig, die Bezeichnungen immer parallel zu platzieren, wie in Abbildung 21 gezeigt. Beginnt man mit der Frage „Was erforderst (1) du (Person) von der Firma, um Mitglied des Teams zu sein?", muss die entgegengesetzte Frage lauten: „Was erwartet (6) die Firma von den Teammitgliedern, die in einem Team arbeiten?"

- Fragen Sie paarweise 1-6, 2-5, 3-4 – das Akkordeon auf beiden Seiten spielen (siehe Zahlen in der Vorlage).

- Die Person erfordert vom Team (1) – eine gewisse Qualität der Arbeitsatmosphäre.

- Person wünscht sich vom Team (2) – was die Person vom Team erwartet, wobei sie merkt, dass Kompromisse für die Arbeit im Team erforderlich sind.

- Einbringen in das Team (3) – die Fähigkeiten der Person wie Wissen, Ausbildung und Einstellungen, die zur Teamkompetenz beitragen.

- Unternehmen erwartet vom Team (6) – die finanzielle Situation des Unternehmens erlaubt es nicht, dass das Team nicht arbeitet.

- Unternehmen erbittet vom Team (5) – was das Unternehmen von den Teammitgliedern erbittet, da es weiß, dass für das Team Kompromisse notwendig sind, um zu arbeiten (z. B. Überstunden).

- Unternehmen beliefert das Team (4) – was die Firma den Teammitgliedern zur Verfügung stellt, um die Arbeit durchführen zu können (z. B. Arbeitsräume, Computer).

Vorlage für ein Stakeholder-Akkordeon

Abbildung 22 zeigt ein Stakeholder-Akkordeon.

1	2	3		4	5	6
Erfordert von dem Team	Wünscht sich von dem Team	Einbringen in das Team	**T E A M**	Beliefert mit	Erbittet von	Erwartet von
	Person				Unternehmen	

Abbildung 22   Das Stakeholder-Akkordeon

Querverweis zu verwandten Tools in diesem Buch

Stakeholder-Erwartungsmanagement (Abschnitt 3.1.6), Verantwortlichkeiten-Matrix (CIDA) (Abschnitt 7.9).

Bibliografie: Silberman.

3.1.9   Stakeholder-Tausch

„Ich möchte, dass jeder die Erwartungen des anderen versteht, anstatt Zeit damit zu verschwenden, Konflikte oder Machtkämpfe zu regeln."

Zweck und Absicht (Warum und wann anwendbar)

Ursprünglich in der Konfliktbewältigung und Mediation eingesetzt, ist der Stakeholder-Tausch ein hervorragendes interaktives Tool, um alle Stakeholder zusammenzubringen, die Kommunikation zu beginnen und die Ansichten jedes einzelnen zu erweitern, wenn eine Situation festgefahren ist und keiner von seiner Position ablassen will. Es funktioniert auch, wenn politische Ränkespiele die Diskussion beherrschen.

Funktion und Aufgabe (Wie funktioniert es)

Ein Stakeholder-Tausch verringert Konflikte, unterstützt Partnerschaften, ändert Ansichten und öffnet die Kommunikationswege durch eine Art Rollenspiel. Die

Rollen der Stakeholder zu tauschen, bringt so die unbewussten Gefühle wie Angst, aber auch Bedürfnisse hervor.

Anleitung (Wie gehe ich vor)

- Benutzen Sie eine Stakeholder-Übersicht (siehe Abschnitt 3.1.5), um sicher zu gehen, alle relevanten Beteiligten eingeladen zu haben.

- Vergewissern Sie sich der Bereitschaft aller Teilnehmer („Ja, ich möchte eine Lösung finden") und sorgen Sie für eine ausgeglichene Umgebung (eher am runden Tisch, die Stakeholder gemischt, anstatt in Fronten gegenüber).

- Definieren Sie das Thema, den Diskussionspunkt oder die Projektaspekte, die objektiv gelöst werden müssen (benutzen Sie vielleicht das Ist-Ist-nicht-Tool in Abschnitt 3.1.2) – machen Sie nicht eine Person/Gruppe zum Thema.

- Nehmen Sie ein großes Blatt und malen Sie einen Kreis in die Mitte, in den Sie das Thema und die Stakeholder in unterschiedliche Bereiche eintragen (siehe Abbildung 23).

- Alle Stakeholder B-E formulieren ihre Bedürfnisse (Wünsche) und Befürchtungen (Vermeidung), als ob sie in der Rolle des Stakeholders A wären. Somit tauschen alle Stakeholder B-E ihre Rollen mit der des Stakeholders A. Dann erklärt Stakeholder A, was er möchte (braucht) und was er nicht möchte (befürchtet).

- Dies wiederholt man mit den Stakeholder B-E und hält die Unterschiede in den Erwartungen jedes Stakeholders fest.

- Notieren Sie die Kommentare und Annahmen der einzelnen Personen. Die Wirksamkeit dieses Tools liegt im Aufdecken von Annahmen und unterschiedlichen Sichtweisen, die durch das Tauschen der Rolle aufgedeckt werden.

Tipps und Anregungen

- Stellen Sie eine gemeinsame Basis her – vor allem in Konfliktsituationen – indem Sie Gemeinsamkeiten herausstellen, die vielleicht nur unterschiedlich gesehen werden, und indem Sie ein Gefühl für Partnerschaft herstellen, aus dem heraus unterschiedliche Bereiche betrachtet werden können.

- Zuweilen ist es schwierig, die „Bedürfnisse und Ängste" jedes Stakeholders herauszufinden. Bedürfnisse beinhalten Interessen, Werte, Hoffnungen, Wünsche und Motivationen. Ängste beinhalten Befürchtungen, Sorgen und Anliegen – die Dinge, die uns dazu bringen, uns zu distanzieren, egal ob dies realistisch oder irrational ist.

- Die festgestellten Bedürfnisse (und Ängste) verwendet man dann weiter, um mit ihnen die Ziele in Kapitel 4 zu erarbeiten und festzulegen.

Beispiel für Stakeholder-Tausch-Diagramm

Abbildung 23 zeigt ein Stakeholder-Tausch-Diagramm.

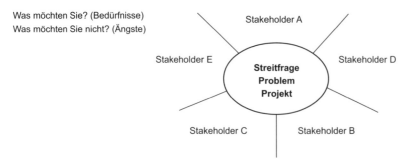

Abbildung 23 Perspektiventausch

Querverweis zu verwandten Tools in diesem Buch

Alle auf Stakeholder bezogenen Tools in diesem Kapitel.

Bibliografie: Crum.

3.1.10 Kontext-Tool

„Wer interagiert mit wem. Ich möchte etwas über den Prozess, die Menschen, den Informationsfluss und die Interaktion herausfinden, aber ein Flow Chart ist zu technisch und ich verliere den Überblick."

Zweck und Absicht (Warum und wann anwendbar)

Dieses Tool hilft, die Komplexität einer Situation und die Verbindung mehrerer Einheiten und Systeme untereinander zu verstehen. Ein Diagramm zeigt das „Bigger Picture" und den Kontext eines Projekts oder einer Situation. Während sich eine Stakeholder-Übersicht stärker auf Personen und Gruppen bezieht, zeigt ein Kontext-Diagramm zusätzlich technische oder inhaltliche Einheiten wie z. B. ein Call Center, Gewerkschaften, eine Marketing-Kampagne oder Strukturen, die in einem Kontext zu betrachten sind.

Funktion und Aufgabe (Wie funktioniert es)

* Es werden Situationen, Einheiten und Abhängigkeiten ähnlich zu einer Mind Map (Abschnitt 3.1.12) im Diagramm aufgezeigt, aber stärker strukturiert und untereinander verbunden. Es liefert einen einfachen Überblick zu einem System und sollte sich auf die Frage konzentrieren: „Welche der zehn lebens-

notwendigen Systeme und Untersysteme dieses Unternehmens sind hier relevant?"

- Ein Kontext-Diagramm ist eine nicht-hierarchische Version einer Mind Map, also eine einfache Zusammenfassung von untereinander verbundenen Informationen, die in diesem spezifischen Kontext (Projekt/System) relevant sind.

- Das Tool zeigt den Kontext und die Verbindung aller Einheiten untereinander in einem Diagramm.

Anleitung (Wie gehe ich vor)

- Listen Sie alle Einheiten innerhalb und außerhalb der Problembereiche auf und identifizieren Sie die Abhängigkeiten untereinander. Eine „Einheit" steht für alles, was relevant ist und im Kontext des Problems/Systems/Vorgangs in Betracht gezogen werden muss. Zum Beispiel sind dies Abteilungen, externe Zulieferer, Webseiten, Schlüsselsysteme u. a.

- Stellen Sie den Daten- und Informationsfluss zwischen allen Einheiten (und Systemen) fest. Obwohl der Daten- und Informationsfluss festgehalten wird, wird dieser oft nicht aufgezeichnet. Dies tut man besser in einem relationalen Datenmodell.

- Fragen Sie: „Womit interagiert/worin integriert sich die Einheit?" und „Welche Informationen werden während der Interaktion übermittelt?"

- Stellen Sie Verbindungen zwischen allen Einheiten her.

- Entscheiden Sie, ob die Einheiten für den Kontext relevant sind. Falls ja, sind sie „im Bereich", falls nein, sind sie „außerhalb des Bereichs", können aber weiterhin dargestellt werden. Benutzen Sie beispielsweise Schraffierung, um die „im Bereich"-Einheiten zu kennzeichnen.

- Gleichen Sie dies mit relevanten Stakeholdern auf Genauigkeit und Vollständigkeit ab. Denken Sie daran: Ihre Arbeit besteht darin, den Prozess zu ermöglichen, nicht den kompletten Inhalt zu kennen.

Tipps und Anregungen

- Bereiten Sie Vorlagen in Ihrem bevorzugten Zeichenprogramm (z. B. MS Visio) vor, um z. B. die Zeichensymbole für Einheiten zu standardisieren.

- Benutzen Sie ein relationales Datenmodell (Abschnitt 5.2.4), um ein mehr technisch-orientiertes System darzustellen.

- Überprüfen Sie die Vollständigkeit mit Hilfe der Stakeholder-Übersicht (Abschnitt 3.1.5) und des Black-Box-Diagramms (Abschnitt 3.1.1), die bereits vorhanden sein sollten. Bringen Sie diese nötigenfalls auf den neuesten Stand.

Beispiel für ein Kontext-Diagramm in Abbildung 24

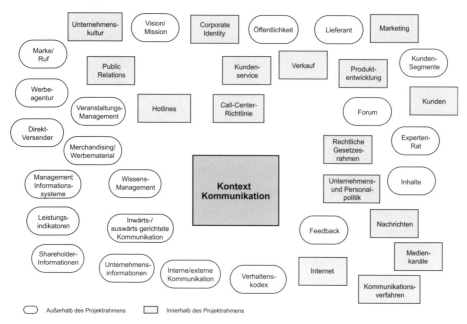

Abbildung 24   Kontext-Diagramm

3.1.11   Silo

„Ich möchte das Potenzial für mehr Integration in diesem Unternehmen aufzeigen, alles ist zerstückelt und voneinander isoliert."

Zweck und Absicht (Warum und wann anwendbar)

Das Silo-Tool ist ein einfaches Tool, um den Grad von Isolation und Integration von Geschäftseinheiten innerhalb eines Unternehmens zu verstehen und aufzuzeigen. Mangelnde Integration ist eine typische Ursache für schlechte Kommunikation, mangelnde Datenintegration, Prozessunterbrechung, lange Lieferzeiten, schlechten Service, lange Umschlagzeiten u. v. m.

Funktion und Aufgabe (Wie funktioniert es)

Ein Silo-Diagramm zeigt die Gruppen, Bereiche oder Einheiten, die isoliert arbeiten. Ein Silo kann einen Produkt/Servicebereich, Systeme, Geschäftsvorgänge, Datenbanken, Softwareanwendungen, Firmenabteilungen u. a. darstellen.

Anleitung (Wie gehe ich vor)

- Identifizieren Sie alle maßgeblichen Prozesse und Systeme in allen Geschäftsbereichen (Produkt- oder Service-Silo) innerhalb eines Unternehmens oder Bereichs. Zeigen Sie auf, wer Zugang hat, wer verbunden ist bzw. wer nicht verbunden ist und isoliert arbeitet. Dieser Bereich wird dann zum Silo.

- Legen Sie eine Matrix-Struktur fest, die das Unternehmen widerspiegelt und die Silos zeigt. Zeigen Sie gemeinsame Systeme oder Prozesse, die die Silos durchschneiden.

- Testen Sie, wie beispielsweise mit einer Kundenanfrage umgegangen wird und wie potenzielle Silo-Grenzen Probleme verursachen. Dieses Tool ist eng verbunden mit dem Organisationsanalyse-Bereich (Abschnitt 5.1).

Tipps und Anregungen

Alte, vorhandene Systeme oder Strukturen haben häufig ihren geschichtlichen Ursprung in einer Silo-Umgebung. Das System und die Strukturen umklammern den alten Status Quo. Untersuchen Sie die Ursprünge von Systemen, Abteilungen, Prozessen usw. vor allem nach Reorganisationen. Manchmal wurden nur Abteilungen zusammengelegt und Türschilder geändert, das System oder die Prozesse sind aber die alten geblieben.

Beispiel für eine Silo Diagramm für ein Finanzdienstleistungs-Unternehmen

Abbildung 25 zeigt ein Silo-Diagramm.

Querverweis zu verwandten Tools in diesem Buch

Organisationsstrukturen und Organisationscharts (Abschnitt 5.1.1) ebenso das Organisations-Design versus Prozess-Tool (Abschnitt 5.1.3).

3.1.12 Mind Map

„Ich möchte ein Brainstorming durchführen und gleichzeitig Notizen aufzeichnen, aber meine Gedanken sind zu schnell und unstrukturiert."

Zweck und Absicht (Warum und wann anwendbar)

- Mind Map lässt den Aufbau und alle Aspekte eines Problems erkennen und kann als alternatives Tool zu einem Kontext-Diagramm (Abschnitt 3.1.10) oder sogar zum Fischgräten-Tool (Abschnitt 3.3.13) eingesetzt werden.

- Um ein eigenes Brainstorming festzuhalten, z. B. einen Projekt-Plan, ein Strategiekonzept, Urlaubs- oder Hochzeitsvorbereitungen o. a.

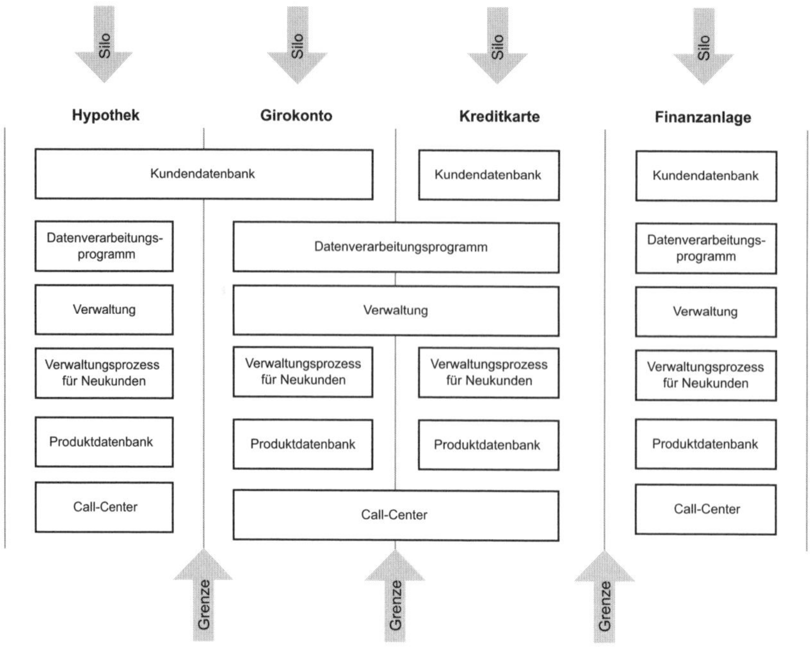

Abbildung 25 Silo-Diagramm – Kommt Ihnen dies bekannt vor?

- Informationen und Ideen organisieren für Berichte, Memos, Briefe, Erzählungen oder Gedichte, To-Do-Listen, Präsentationen, Meetings, Brainstorming Sessions, Projektverwaltung, Einkaufslisten, Urlaubsplanung, Aufzeichnungen, Notizen ... in anderen Worten für alles, was mit Menschen, Informationen oder Problemen zu tun hat.

- Wenn Sie das nächste Mal ein Memo oder eine Meeting-Agenda schreiben wollen, oder um ein komplexes Projekt aus der Vogelperspektive zu betrachten.

Funktion und Aufgabe (Wie funktioniert es)

- Es zeigt alle Aspekte und untergeordneten Aspekte (oder Ursachen und untergeordnete Ursachen) irgendeines Problems, die man in eine logische und grafische Struktur bringt.

- Es ist eine non-lineare Art, Informationen zu organisieren und eine Technik, mit der man den natürlichen Ideenfluss während des assoziativen Denkens festhält.

Anleitung (Wie gehe ich vor)

- Konzentrieren Sie sich auf die Mitte. Die oft lineare, auf die rationale Gehirnhälfte zielende Erziehung (in der westlichen Welt) hat uns beigebracht, Aufzeichnungen in der linkeren oberen Ecke einer Seite zu beginnen. Unsere Gedanken aber konzentrieren sich auf ein Zentrum. Mind Mapping beginnt mit einem Wort oder einem Bild, das symbolisiert, worüber man nachdenken möchte und dies steht in der Mitte des Blattes.

- Locker machen! Verabschieden Sie sich von der Idee, ein Krebsheilmittel zu finden, den Hunger auf der Welt zu beenden, ein Problem zu lösen oder einen Bericht zu schreiben, für den Sie Ihr Boss lieben wird. Mind Mapping ist eine einfache Entsorgungsanlage für das Gehirn, die dazu verhilft, neue Ideen und Verbindungen zu entwickeln und herzustellen. Beginnen Sie mit einer offenen, spielerischen Einstellung – seriös können Sie später immer noch werden.

- Freie Assoziationen. Wenn Ideen hochsteigen, notieren Sie die Beschreibung davon in ein oder zwei Worten auf Linien, die vom Zentrum ausgehen. Lassen Sie die Ideen weiter in Äste und Zweige wachsen. Schreiben Sie alle Ideen auf, ohne diese zu beurteilen oder zu werten.

- Schnell denken. Das Gehirn arbeitet am besten in 5-7-minütlichen Schüben, halten Sie also den Ideen-Schwall so schnell wie möglich fest. Schlüsselworte, Symbole und Bilder fungieren als mentale Hilfen, um die Ideen so schnell wie möglich aufzuzeichnen.

- Durchbrechen Sie Barrieren. Durchbrechen Sie die Vorstellung der A4-Mentalität, die besagt, dass man mit einem Bleistift oder Kugelschreiber auf A4-Papier zu schreiben hat. Benutzen Sie eine Tafel, Einwickelpapier oder beschreiben Sie eine ganze mit Papier verkleidete Wand ... je größer die Unterlage, desto mehr Ideen wird man entwickeln. Benutzen Sie alle möglichen Farben, dicke Filzstifte, Malkreiden oder dünne Bleistifte. Ihr Leben war bisher ohne Farbe, Sinn und Humor, wenn Sie noch nie einen Geschäftsbericht mit Grellpink und Leuchtorange als Mind Map entworfen haben.

- Kein Urteil. Schreiben Sie alles so auf, wie es Ihnen in den Sinn kommt, sogar, wenn es komplett bezugslos ist. Sie entwerfen eine Mind Map für einen Bericht über den Status von Karotten in Texas und plötzlich fällt einem ein, dass man seinen Anzug aus der Reinigung holen muss. Schreiben Sie Reinigung auf. Sonst bleiben Ihre Gedanken immer am Wort „Reinigung" hängen wie eine Platte mit Sprung, und Sie werden keine weiteren Ideen entwickeln können.

- Bewegen Sie Ihre Hände. Gehen die Ideen aus, malen Sie einfach Linien und beobachten Sie Ihr Gehirn dabei, wie es Ideen für diese Linien finden will. Oder wechseln Sie die Farbe, um Ihr Gehirn zu stimulieren. Stehen Sie auf und schreiben auf ein Board, um noch mehr Energie aufzubauen.

- Lassen Sie Organisation und Strukturen zu. Manchmal erkennt man Verbindungen und Bezüge sofort und kann untergeordnete Gedanken zu Ideen anfügen. Manchmal klappt dies nicht, also verbindet man die Eingebungen ein-

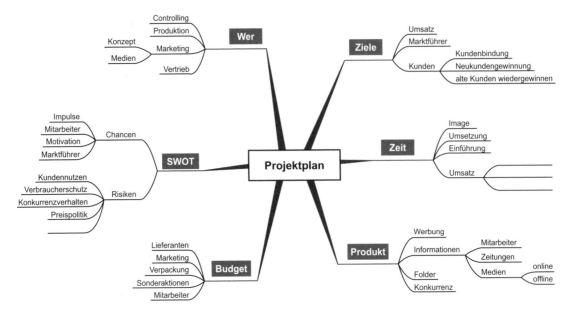

Abbildung 26   Mind Map für einen Projektplan

fach mit der Mitte. Ordnen kann man später, es geht zunächst darum, die Ideen aus dem Kopf und aufs Papier zu bringen.

Tipps und Anregungen

- Diese Technik lässt sich wahlweise auch mit Magnettafeln oder Post-it-Zetteln verwenden, ähnlich wie beim Brainstorming (Abschnitt 3.3.1).

- Benutzen Sie farbige oder punktierte Linien zwischen verwandten Elementen verschiedener Zweige, um die Verbindung aufzuzeigen.

Ein Beispiel für eine Mind Map für eine Projektplanung

Abbildung 26 zeigt Mind Map für einen Projektplan.

Querverweis zu verwandten Tools in diesem Buch

Mind Maps funktionieren hervorragend, um das Umfeld eines Problems, einer Situation oder eines ganzen Systems darzustellen. Mind Maps sind auch nützlich, wenn man an der Verbesserung verzweigter Geschäftsvorgänge mit mehreren Personengruppen arbeitet. Für einen stärker systembezogenen Blick sollten Sie jedoch das relationale Datenmodell (ERD) (Abschnitt 5.2.4) verwenden.

Bibliografie: www.mindmanager.com, www.inspiration.com, www.peterussell.com, ww.buzan.com. Tony Buzan ist der geistige Vater des Mind Mapping.

3.2   Informationsbeschaffung

Informationsbeschaffung ist einer der Schlüssel bei Problemlösungen und eine Grundvoraussetzung für die analytische Arbeit. Relevante Fakten zu finden und Meinungen effektiv und effizient einzuschätzen ist das Hauptziel der Informationsbeschaffung. Sie schafft Einblick für eine bessere Diagnose und hilft, das momentane und zukünftige Potenzial einschätzen zu können. Es führen jedoch nicht alle Daten zu einer effektiven Analyse. Analyse gründet sich auf Informationen, nicht auf blanke Daten. Die Aufstellung des Alters jeden Haushaltsbewohners einer Gegend über die letzten zehn Jahre sind Daten, keine Informationen. Das Wissen über die Veränderungen in diesen Haushalten über die Zeit – die Trends – sind jedoch Informationen. Dieses Wissen ermöglicht das Verständnis des Umfelds oder der Situation und kann einen wertvollen Input darstellen (Russell-Jones 2002).

Die Daten, die für die Bedürfnisse des Nutzers gesammelt wurden, müssen mit mehreren Kriterien beurteilt werden, bevor man die Informationen erkennen und zuverlässige Schlüsse ziehen kann. Ein Kriterium ist z. B. Genauigkeit – man erkennt, dass nicht alle Daten die gleiche Qualität besitzen. Beurteilen Sie Datenquellen nach Genauigkeit und Zuverlässigkeit – erkennen Sie den Ursprung (Lieferanten) der Daten, um die Zuverlässigkeit beurteilen zu können. Vergewissern Sie sich, dass Sie den Informationen (Quellen) vertrauen können, dies kann die Schlussfolgerungen in einer Präsentation stützen, falls Fragen gestellt und die Datenquellen angezweifelt werden (Fleischer 2003).

Die Theorie zur Daten- bzw. Informationsbeschaffung unterscheidet zwischen primären und sekundären Daten (indirekte Relevanz oder Quelle), sowie qualitativen und quantitativen Daten. Darüber hinaus gibt es einen zeitlichen Aspekt und die Frage, wie aktuell die Daten sind. Bezieht sich also die Sammlung der Daten auf die Vergangenheit, die Gegenwart oder die Zukunft? In einem typischen Geschäftsumfeld wird man meistens mit der primär aktuellen, interaktiven (Interviews, Befragungen) oder mit der sekundär-vergangenheits-persönlichen Informationsbeschaffung (Schreibtischrecherche) zu tun haben.

Hinweise zur Informationsbeschaffung

Einige allgemeine Punkte können bei Aufgaben zur Informationsbeschaffung nützlich sein (Quellen: Fleischer, Block, geändert vom Autor):

- Unterscheiden Sie zwischen „notwendig", „gut zu wissen" und „unnötigem Wissen", wenn Sie Informationen sammeln.

- Sammeln Sie Informationen auf „verschiedenen Ebenen", um Ihre Situation besser zu verstehen: erstens das aktuelle Problem und die darunter liegenden Probleme (Ebene 1), zweitens die Zusammenhänge, was und wie andere zu diesem Problem beitragen (Ebene 2) und letztlich wie ein Einzelner seinen

Anteil zu diesem Problem beiträgt „Was ist Ihre Rolle in diesem Problem?" (Ebene 3).

- Beurteilen Sie das Organisations- und Managementklima, in dem Ihre Ergebnisse vorgestellt werden.

- Bereiten Sie sich darauf vor, dass der Kunde nicht bereit ist, Informationen mit Ihnen zu teilen.

- Reduzieren Sie das Datenvolumen auf eine Menge von Informationen, mit denen man noch umgehen kann.

- Es greift immer die bekannte Regel: „Müll kommt rein → Müll geht raus" – Umfang bedeutet nicht Qualität.

- Quellen besitzen oft unterschiedliche Beweggründe und Absichten, wenn sie Daten liefern. Berücksichtigen Sie diese.

- Erkennen Sie die unvermeidbaren Löcher und „blinde Flecken" (blind spots).

- Seien Sie kreativ: Gestalten Sie die Entdeckung fürs Publikum spannend – vermeiden Sie trockene, akademische Forschung, falls Sie richtige Unterstützung und relevante Informationen von Ihrem Publikum benötigen.

- Benutzen Sie die unterschiedlichen Tools zur Informationsbeschaffung zur richtigen Zeit und zum richtigen Zweck.

- Sie sollten wissen, wann Sie die Recherche/Analyse beenden müssen, um die „Analyse-Paralyse" zu vermeiden – wenden Sie die 80-20-Regel (Pareto) bei Ihren Arbeiten an.

- Verwenden Sie das Hypothesen-Tool (Abschnitt 3.1.4), um fokussiert und am effizientesten zu arbeiten.

Abbildung 27 zeigt die unterschiedlichen Mittel – entweder eigenständig oder durch die Interaktion mit anderen – um Informationen zu beschaffen. Nicht alle werden in diesem Buch behandelt. Die kollaborative Informationsbeschaffung benötigt häufig eine bestimmte Struktur, um den Prozess für beide Parteien durchzuführen und trägt dazu bei, die Qualität der Daten zu verbessern. Die unstrukturierten Tools sind abhängiger von den persönlichen Fähigkeiten, den Prozess zu leiten, mit den beteiligten Parteien zu interagieren, die relevanten Informationen zu extrahieren und die Beziehungen zueinander zu steuern. Wurden alle relevanten Informationen gesammelt, beginnt die eigentliche Schwierigkeit der Daten-Analyse. Die Tools in der zweiten Kapitelhälfte „Kreativität und Gruppierung von Informationen" (ab Abschnitt 3.3) behandeln diesen Aspekt, Informationen auf einer einfachen Ebene zu gruppieren und zu strukturieren. Dieses Buch kann keine weiteren Details zum Thema (statistischer) Datenanalyse und -auswertung liefern. Recherchieren Sie in der einschlägigen Literatur nach Ausdrücken wie Wahrscheinlichkeit, statistische Verteilung, Datenplotting, Extrapo-

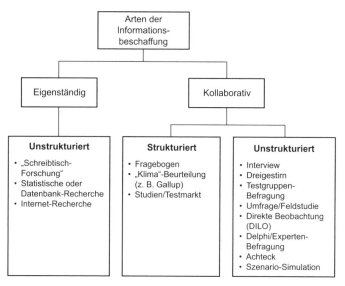

Abbildung 27 Optionen für die Informationsbeschaffung

lation, Korrelation und Regression, statistische Tests, Messmethoden, Charts, Analysebefindlichkeiten, Prognosen usw.

Ungeachtet der Art der Informationen, die man beschaffen möchte – Informationsfluss, Infrastruktur, Meinungen – gibt es ein paar allgemeine Schritte zur Informationsbeschaffung, die es zu befolgen lohnt:

1. Identifizieren Sie das sich darstellende Problem – wahrscheinlich haben Sie dies schon getan mit Hilfe der Tools in Abschnitt 3.1. Meistens ist das sich darstellende Problem nur ein Symptom für das echte Problem. Der Zweck des Datensammelns ist es nun, den Blickwinkel zu erweitern.

2. Wählen Sie die Dimensionen und den Bereich – man muss eine begrenzte Anzahl von relevanten Fragen entwickeln und auswählen. Befragen Sie Experten, um die Fragen auszuarbeiten und so zu formulieren, dass man die gewünschten Daten extrahieren kann. Beschränken Sie sich auf maximal 20 Fragen.

3. Bestimmen Sie das Publikum. Die Stakeholder-Tools in Abschnitt 3.1 helfen dabei, das Publikum festzulegen und dabei, welche Ebenen des Unternehmens, wie viele Personen/Gruppen in die Datenerhebung mit einbezogen werden. Bedenken Sie einen wichtigen Kommentar von P. Block (Flawless Consulting): „Vergessen Sie nicht, dass bei Menschen, denen man Fragen stellt, Erwartungen geweckt werden und diese Feedback über die Ergebnisse erwarten." Und die Personen werden erwarten, dass durch Ihr Vorgehen Verbesserungen entstehen. Man muss mit diesen Erwartungen im Vorfeld umgehen und sich auf alle möglichen Reaktionen vorbereiten. Hat man nicht

die Absicht, den Involvierten das Feedback mitzuteilen, sollte man sich auf mögliche negative Reaktionen und ein mögliches Sinken der Moral gefasst machen.

4. Wählen Sie das passende Tool zur Informationsbeschaffung. Benutzen Sie als Unterstützung Abbildung 27 und Tabelle 6. Das Tool ist abhängig vom Bereich der Befragung, der zur Verfügung stehenden Zeit, der Unterstützung durch das Management, Schwere und Umfang des Problems und anderen verfügbaren Ressourcen. Übertreiben Sie Ihr Engagement nicht, versprechen Sie nichts, was Sie nicht einhalten können.

5. Sammeln Sie Daten. Wenden Sie das Tool an und sammeln Sie Daten, bis sie sich wiederholen oder es langweilig wird.

6. Konzentrieren Sie die Daten und reduzieren Sie sie auf eine Größe, mit der man arbeiten kann. Dann analysieren Sie und suchen nach Mustern und verwertbaren Daten-Informationen. Fassen Sie die Daten zusammen und entwickeln Sie ein Verständnis: „Was bedeutet diese Information, welcher Teil davon ist wichtig und für wen?"

Tabelle 6   Übersicht über die Tools zur Informationsbeschaffung

Zweck der Kategorie	Name des Tools oder der Technik	Seite	Benutzer- freund- lichkeit	Aufwand/ Nütz- lichkeit
Informations- beschaffung	Interview	72	☺	☺☺
	Klima-Test	74	☺☺☺	☺☺
	Dreigestirn	75	☺	☺☺☺
	Achteck	76	☺☺	☺☺
	Testgruppen	77	☺	☺☺☺
	Fragebogen	79	☺☺	☺☺
	Umfrage/Feldstudie	81	☺☺	☺☺
	Direkte Beobachtung (DILO)	83	☺☺☺	☺☺
	Expertenbefragung	85	☺☺	☺
	Schreibtisch-Forschung	86	☺	☺☺
	5 W	87	☺☺☺	☺☺☺

Bereiche, zu denen man Fragen stellt, können folgende sein (nach Peter Block – Flawless Consulting –, bearbeitet und erweitert vom Autor):

- *Ziele* – Ziele der Gruppe und der Personen, mit denen man spricht, Zielklarheit und Einigung über das Ziel, gewünschtes Ergebnis, Punkte, in denen man übereinstimmt, spezifische Resultate, Schlüsseldaten, Bereiche, die verbessert werden sollen. Vergleichen Sie Ihre Ergebnisse mit Hilfe der Tools aus Kapitel 4.

- *Untergruppen* – Beziehungen zwischen betroffenen und Problem-beeinflussenden Gruppen, Ein/Ausschlüsse, Konflikte und Unterstützung.

- *Unterstützung* – Wer unterstützt wen und wie (oft auch durch stumme Zustimmung)?

- *Evaluation* – Wissen die Menschen, was von ihnen erwartet wird und ob sie den Erwartungen entsprechen? Worin bestehen die Normen und der Prozess, um Feedback und Evaluation zu erhalten?

- *Geschlechterrollen* – Worin bestehen die Rollen, die Männer und Frauen in diesem Unternehmen spielen und welche Auswirkungen hat dies auf das Problem?

- *Abbildung* – Die Zahlen und Fakten, Minima, Maxima, Durchschnitt, Trends, Volumen – alles, was man messen kann. Besorgen Sie sich Kopien der Unterlagen.

- *Dokumente* – Beachten Sie die unterschiedlichen Arten von Unterlagen (z. B. Input, Produktliste, Ablage, Preisverzeichnis, Output, Bestellung).

- *Vorgänge* – Beachten Sie die unterschiedlichen Arten von Vorgängen (normal – was heißt es, einen Job normal auszuführen, Kontrolle – was tut der Mensch, um zu beweisen, dass er den Job erledigt hat, Ausnahme – Fehler, saisonale Höhepunkte).

- *Status, Autorität, Macht und Herrschaft* – Wie bearbeiten Menschen mit unterschiedlichem Status, Autorität oder Macht das Problem? Wie drücken sich die Unterschiede aus und welche Auswirkung hat dies auf das Problem, die Einstellung der Menschen und mögliche Lösungen? Wird die Situation von einem oder mehreren beherrscht und wie äußert sich dies? Sind sie vom Problem beeinflusst oder beeinflussen sie das Problem?

- *Entscheidungsfindung* – Wie läuft die Entscheidungsfindung ab, wie sind die unterschiedlichen Rollen verteilt und wie bewerten Menschen ihren Standpunkt in der Entscheidung?

- *Management-Information* – Wie werden Quellen festgelegt, der Fortschritt verfolgt, der Vorgang evaluiert und die Probleme erkannt?

- *Führungsstil* – Wie äußern sich formelle und informelle Führungspersonen und wie ist ihr Einfluss auf das Problem?

- *Konflikt* – Wie wird mit Konflikten umgegangen, mit Konfrontation, Erlaubnis, geht man darüber hinweg, wählt man Kompromisse, übt man Druck aus oder ignoriert man sie?

- *Einstellungen* zum Projekt und Ihrer Beteiligung und Ihnen selbst – kennen Sie die Einstellung der Menschen, die Einstellung zu einem Problem und was sie von Ihrer Beteiligung daran, das Problem zu lösen, denken.

Zweck und Absichten der Tools zur Informationsbeschaffung in diesem Kapitel sind nicht, Informationen zu erhalten, die mit Angestellten-Performance für Beurteilungslisten, Leistungseinschätzung oder Potenzialentwicklung zu tun haben. Sie werden benutzt, um andere Daten, die mit dem Business verknüpft sind, zu eruieren. Man kann diese Tools zwar abwandeln, um auch diese Zwecke zu erfüllen, es gibt dafür jedoch spezifische Tools (z. B. 360°-Feedback).

3.2.1 Interview

„Unsere Meetings ermöglichen mir nicht, den gewünschten Grad an Informationen zu erhalten – die entscheidenden Personen nehmen nicht daran teil, plaudern nur oder taktieren."

Zweck und Absicht (Warum und wann anwendbar)

- Ein Interview ist das perfekte Mittel, um Informationen auch von den Personen zu erhalten, die nicht Ihre Meetings besuchen, oder wenn das Meeting zu kurz ist, um alle Informationen zusammenstellen zu können.

- Manche Informationen können effizienter auf einer Eins-zu-eins-Basis gesammelt werden.

Funktion und Aufgabe (Wie funktioniert es)

Ein Interview ist ein verbaler, direkter und unmittelbarer Austausch von Informationen zwischen wenigen Einzelpersonen, wobei meist eine Person Fragen stellt und die andere antwortet, um die gewünschten Informationen aus seiner Sicht zu liefern.

Anleitung (Wie gehe ich vor)

- Siehe Abschnitt 3.2 Informationsbeschaffung für Details zur Prozedur.

- Planen Sie den Ablauf (Logistik, gewünschtes Ergebnis, Punkte, die abzustimmen sind, spezifische Resultate, Schlüsseldaten, Verbesserungsthemen usw.) Zunächst werden die Interviewpartner festgelegt, anschließend wird vom oberen Management-Level nach unten interviewt. Informieren Sie sich über die Person, die Sie befragen. Sie sollten wissen, was genau deren Funktion ist, z. B. was ein Account-Manager macht.

- Gehen Sie zu zweit in ein Interview, bestimmen Sie, wer das Interview leitet und die Fragen stellt und legen Sie auch die zusätzlichen Aufgaben fest (z. B. wer macht Notizen).

- Sorgen Sie für eine gute Organisation. Dazu gehört z. B. der rechtzeitige Versand von Einladungen, die Reservierung genügend großer Räume, die Prüfung, ob die Ausstattung funktioniert usw.

- Zu Beginn des Interviews stellen Sie sich vor: „Ich bin ..., ich komme von Firma/Abteilung, ... ich bin hier, weil ... und ich möchte Informationen zu ...“ – präzise, einfach, kurz und klar.

- Nach Durchführung des Interviews überprüfen und evaluieren Sie Ihre Ergebnisse und verändern Ihren Ansatz, wenn notwendig.

Tipps und Anregungen

- Stellen Sie zuvor eine Schreibtisch-Forschung (Abschnitt 3.2.10) an. Sie sollten genügend über das Thema wissen. Benutzen Sie Interviews nicht, um sich allgemeine Informationen zu beschaffen.

- Obwohl die meisten Interviews unter vier Augen, als 1-zu-1-Situation geführt werden, kann es sehr nützlich sein, zwei Fragesteller pro Interviewpartner einzusetzen. Der zweite Interviewer kann Notizen machen und das Gespräch kontrollieren, Feedback zum Auftritt des Fragestellers/Interviewten liefern, die Körpersprache beobachten sowie seinen Eindruck vom Interview darstellen. Sie sollten aber eine „good cop-bad cop“-Atmosphäre vermeiden, in der der Interviewte sich ausgefragt und bedroht fühlt.

- Eine Alternative sind Telefon-Interviews, die sehr effektiv sein können. Zur Vorbereitung kann es sinnvoll sein, dem Interviewten zuvor einen Fragebogen zukommen zu lassen.

- Handelt es sich um eine große Zahl von Interviewten, benutzen Sie eher das Testgruppen-Tool (Abschnitt 3.2.5).

- Vermeiden Sie zu streiten, zu kritisieren oder von Annahmen auszugehen, und geben Sie gegenüber dem Interviewten keine Versprechungen ab.

- Vergewissern Sie sich, dass der Interviewte den Text autorisiert, wenn er namentlich und seine Aussagen wörtlich aufgeführt sind. Sie benötigen eventuell auch die Erlaubnis eines Vorgesetzten, um Mitarbeiter von ihm interviewen zu dürfen.

- Geben Sie dem Interviewten das Gefühl, wichtig zu sein und dass seine Aussagen wertvoll sind.

- Gehen Sie nicht davon aus, dass der Interviewte Ihnen vertraut und sich sofort öffnet. Er könnte annehmen, dass es versteckte Absichten oder Pläne gibt. Er könnte nur das antworten, von dem er glaubt, dass Sie es hören wollen, oder er will Sie an der Nase herumführen.

- Fertigen Sie klare Aufzeichnungen an und schreiben Sie die Ergebnisse unmittelbar nach Ende des Interviews auf – schnell können Einzelheiten vergessen werden.

3.2.2 Klima-Test

„Ich wüsste gern, was wirklich in den Angestellen vor sich geht."

Zweck und Absicht (Warum und wann anwendbar)

Die Klima-Beurteilung ermöglicht Ihnen, die Stimmung und Gefühle der Personen auf einem unauffälligen und effizienten Weg zu erfassen. So können Sie rechtzeitig darauf reagieren und korrigierend eingreifen. Das Tool ist nicht dafür gedacht, die Leistung einzelner Personen zu messen, dafür sind Tools wie 360°-Feedback oder Performance-Evaluation besser geeignet.

Funktion und Aufgabe (Wie funktioniert es)

Die Klima-Beurteilung erforscht die essenziellen Elemente eines zufriedenstellenden Arbeitsplatzes oder einer Beschäftigung. Die abgefragten Elemente entsprechen denen, die man normalerweise in einem familiären Umfeld findet wie z. B. füreinander sorgen, Vertrauen, Bestätigung, Anerkennung, Sicherheit u. a.

Anleitung (Wie gehe ich vor)

Geben Sie den Personen einen Beurteilungs-Fragebogen. Legen Sie eine Abgabefrist fest und analysieren Sie die Antworten. Folgende Elemente sollten beurteilt werden:

- Ich weiß, was von mir erwartet wird.
- Ich verfüge über die Mittel oder Ressourcen, die ich benötige, um meine Arbeit gut zu erledigen.
- Ich habe die Möglichkeit, täglich das zu tun, was ich am besten kann.
- In den vergangenen sieben Tagen habe ich Anerkennung oder Lob für gute Arbeit bekommen.
- Mein direkter Vorgesetzter scheint sich als Mensch um mich zu kümmern.
- Es gibt jemanden am Arbeitsplatz, der meine Entwicklung unterstützt.
- Meine Meinung scheint am Arbeitsplatz zu zählen.
- Der Sinn oder die Aufgabe unserer Firma lässt mich denken, mein Job ist wichtig.
- Ich denke, dass meine Kollegen sehr gut arbeiten wollen.
- Ich habe einen sehr guten Freund in der Firma.
- In den letzten sechs Monaten hat jemand über meine Fortschritte mit mir gesprochen.
- Im vergangenen Jahr hatte ich bei der Arbeit Möglichkeiten, zu lernen und mich weiter zu entwickeln.

- Die Zukunft dieser Firma (YX) erscheint mir positiv.

- Die Arbeit für (XY) führt zu einer Art Zukunft, die ich auch möchte.

- Die Sozialleistungen unserer Firma entsprechen meinen Bedürfnissen.

- Meine Arbeit befriedigt mich.

- Ich bin stolz darauf, für die Firma (YX) zu arbeiten.

- An meinem Arbeitsplatz arbeiten wir innerhalb ethisch und moralisch korrekter Richtlinien.

- Ich mag die Arbeit, die ich tue.

Tipps und Anregungen

Sorgen Sie für Anonymität, finden Sie keine Namen heraus. Bieten Sie an, dass jemand seinen Namen angeben kann, wenn er möchte. Holen Sie sich externe Beratung durch einen Psychometrik-Experten, falls Sie sich bei der Auswertung der Daten nicht sicher sind.

Querverweis zu verwandten Tools in diesem Buch

Umfrage/Feldstudie (Abschnitt 3.2.7).

Bibliografie: Die Gallup-Organisation ist der geistige Eigentümer dieses Tools und nennt es $Q^{12^{TM}}$ (www.gallup.com).

3.2.3 Dreigestirn

„Ich frage mich, ob die erhobenen Daten kongruent, verlässlich und konsistent aus einer Perspektive innerhalb wie auch außerhalb der Firma sind. Ist die Vorstellung des Top-Managements, worauf es sich zu konzentrieren gilt, gerechtfertigt?"

Zweck und Absicht (Warum und wann anwendbar)

Das Dreigestirn-Interview bzw. der Fragebogen dient dazu, drei verschiedene Perspektiven in Bezug auf ein Thema zu erhalten (wie ein Dreigestirn) und die Genauigkeit, Konsistenz und Korrelation von Informationen zu überprüfen.

Funktion und Aufgabe (Wie funktioniert es)

Das Dreigestirn-Interview (oder der Fragebogen) stellt eine Technik dar, bei der die drei Stakeholder-Gruppen (Top-Management, Lieferant/Kunde und die Angestellten) die gleichen Fragen erhalten, um herauszufinden, ob alle Stakeholder die gleichen Erwartungen und die gleiche Bewertung von etwas haben. Oft unterscheidet sich die Erwartung des Top-Managements erheblich.

Anleitung (Wie gehe ich vor)

Abhängig von den Themen Ihrer Befragung bereiten Sie einen Fragebogen mit den relevanten spezifischen Fragen (um Ihre Hypothese zu überprüfen) vor. Dieser Fragebogen ermöglicht es, die unterschiedlichen Antworten auf die gleichen Fragen zu vergleichen. Rechnen Sie die Zeit und Möglichkeit für einige interviewartige Fragen mit offenen Antworten ein, um Kommentare und Feedback zu erhalten. Siehe auch Abschnitt 3.2 für Hinweise zum Vorgang der Informationsbeschaffung und die Befragungsbereiche.

Tipps und Anregungen

Nachdem die entscheidenden Faktoren für den Geschäftserfolg erkannt sind, können folgende Fragen gestellt werden: „Wie gut sind wir in diesem Bereich?" oder „Wie wichtig ist dieser Bereich für den Erfolg unseres Geschäfts?" Vergleichen Sie die Antworten von den drei unterschiedlichen Stakeholder-Gruppen miteinander.

Querverweis zu verwandten Tools in diesem Buch

Interview (Abschnitt 3.2.1), kritische Erfolgsfaktoren (Abschnitt 5.3.2).

3.2.4 Achteck

„Ich möchte auch die „weichen", nicht fassbaren Faktoren des Unternehmens verstehen und mir darüber einen schnellen Überblick verschaffen."

Zweck und Absicht (Warum und wann anwendbar)

Das Achteck ist ein exzellentes Instrument, um einen Überblick über die acht Schlüsselfaktoren der Organisationsaspekte („Gefühl für das Klima") zu erhalten. Es lässt sich am besten anwenden, wenn man in bzw. mit einer bisher unbekannten Firma oder Umgebung arbeitet.

Funktion und Aufgabe (Wie funktioniert es)

Das Achteck kann als Richtlinieninstrument für Interviews im mittleren und Top-Management verwendet werden, um sicher zu gehen, dass alle acht Organisationsaspekte abgedeckt sind. Das Achteck liefert hauptsächlich qualitative Daten in Bezug auf die Kultur und den Führungsstil und sorgt für ein besseres Verständnis der relevanten Stakeholder innerhalb eines Unternehmens für zukünftige Projekte.

Anleitung (Wie gehe ich vor)

Befragen Sie Personen aus den drei Top-Management-Level im Hauptsitz der Firma und in den Niederlassungen in Bezug auf die acht Schlüsselaspekte der Organisation. Suchen Sie nach Mustern und Einsichten, die man zitieren darf. Notieren Sie sich die Quellen für die spätere Glaubwürdigkeit. Fragen Sie, was die einzelnen Manager „denken und fühlen" zu jedem der acht Aspekte und „was die drei wichtigsten Punkte wären, die sie ändern würden, wenn sie könnten". Besonders aussagekräftige Zitate führen Sie im Achteck an.

Beispiel eines Achtecks in Abbildung 28

Abbildung 28   Das Achteck – ein Beispiel

Querverweis zu verwandten Tools in diesem Buch

Interview (Abschnitt 3.2.1), Stakeholder-Tools (Abschnitte 3.1.5 bis 3.1.9) und Organisationsanalyse (Abschnitt 5.1)

3.2.5 Testgruppen

„Wir müssen viele Informationen von einer großen Anzahl von Personen und Abteilungen in kurzer Zeit erheben. Eins-zu-eins-Interviews wären ideal, kosten aber zu viel Zeit."

Zweck und Absicht (Warum und wann anwendbar)

Testgruppen werden in zahlreichen Bereichen eingesetzt, so zum Beispiel von der Marktforschung für Produktentwicklungen oder für Organisationsveränderungen. Oft handelt es sich um externe Benutzer- oder Verbrauchergruppen. Testgruppen sind nicht für quantitative oder statistische Informationen geeignet, aber sehr gut, um qualitative Ergebnisse zu liefern. Sollen etwa Ideen oder Hypothesen evaluiert werden, wird untersucht, wie spezielle Entscheidungen innerhalb der Firma ankommen. Dieses Tool bietet sich auch an, um Informationen von einer größeren Personenanzahl in kurzer Zeit zu sammeln.

Mit Testgruppen werden u. a. auch Mitarbeiter außerhalb der Managementebenen einer Firma erreicht, die normalerweise aus solchen Erhebungen herausfallen. Testgruppen fügen eine neue Dimension der Mobilisierung hinzu und helfen dabei, die „Temperatur" auf dem Produktionsniveau einer Firma zu messen. Man erhält auch einen Eindruck davon, wo und inwieweit die verschiedenen Schichten der Firma (nicht) aufeinander abgestimmt und ausgerichtet sind – alternativ benutzt man das Dreigestirn-Tool (Abschnitt 3.2.3).

Funktion und Aufgabe (Wie funktioniert es)

- Eine Testgruppe ist eine kleine Anzahl (8-12) von Menschen einer homogenen Gruppe (Gruppe der Zulieferer, Kunden, Verbraucher, Angestellten einer bestimmten Abteilung), die mit einem Vermittler zusammenkommen, um ein bestimmtes Thema zu betrachten. Oft gibt es mehrere Testgruppen innerhalb der Firma oder als Teil des gleichen Prozesses oder dieser Untersuchung, so dass man Ergebnisse vergleichen und das Ergebnis stützen kann. Die Synergie von Gruppendiskussionen kann mehr Input, Ideen, Anliegen und Erwartungen hervorbringen als Eins-zu-eins-Diskussionen.

- Die Konfrontation mit einer externen Benutzergruppe sorgt für ein ideales Testmarkt-Feedback, wenn die Zielgruppe korrekt ausgewählt ist.

Anleitung (Wie gehe ich vor)

- Einleitende Hinweise zur Informationsbeschaffung finden Sie in Abschnitt 3.2.

- Stellen Sie 5-6 Gruppen von 8-12 Personen zusammen. Ihre Zielgruppen sollten gemischt werden und zum Teil homogen, teils abteilungsübergreifend zusammengesetzt sein, mit Sekretärinnen, Angestellten, Gewerkschaftsmitgliedern (gegebenenfalls), Arbeitern und Vorgesetzten. Man kann während eines Projektzeitraums die Gruppen mehrere Male zusammenbringen. Jede Sitzung sollte zwischen 60 und 90 Minuten dauern und benötigt einen Vermittler und einen Protokollanten.

- Bereiten Sie den Ablauf vor, der Folgendes beinhalten sollte: Vorstellung, Zweck, Struktur, Vorstellung der Teilnehmer (benutzen Sie die Workshop-Richtlinien (Abschnitt 7.12).

- Die Zielgruppen müssen mit großer Kompetenz moderiert werden, um das Optimum aus den Beteiligten herauszuholen. Die Schlüsselfaktoren dazu sind eine freundliche Begrüßung, angenehme Atmosphäre, eine klare und freundliche Erklärung, wie sie helfen können; eine Struktur, die die Gruppe durch eine Diskussion führt wie zum Beispiel Kundenerfahrungen. Das Gespräch sollte im Fluss bleiben und alle anregen, Beiträge zu liefern. Wichtig ist, den Personen klar zu machen, zwischen ihren Gefühlen, Eindrücken, Erwartungen und dem tatsächlichen Erleben zu unterscheiden.

Zusätzliche Fragen für eine Testgruppe:

- „Start, stopp, weiter" – Bereiten Sie drei unterschiedliche Flipcharts mit diesen drei Überschriften vor, stellen Sie die folgenden Fragen und notieren Sie die Antworten auf den entsprechenden Seiten:

  „Was finden Sie gut daran, wie es in YX (mit XY) läuft?" = WEITER

  „Womit sollten wir aufhören, um XY zu verbessern?" = STOPP

  „Was sollten wir starten/womit beginnen, um XY zu verbessern?" = START

  Benutzen Sie das Clustering- oder Metaplan®-Tool, um das Feedback auf Post-it®-Zetteln anzuordnen.

- Verteilen Sie Post-it®-Zettel und bitten Sie die Teilnehmer, ihre Kommentare zu folgender Frage auf das Flipchart zu kleben, wenn Sie den Raum verlassen: „Wenn Sie sich mit dem Chef im Aufzug befänden und könnten ihm einen Punkt nennen, um XY zu verbessern, was wäre dies?"

Tipps und Anregungen

- Es ist angebracht, Teilnehmern von Testgruppen etwas für deren Teilnahme zu bezahlen oder sie mit einem Geschenk zu belohnen. Gute Beziehungen zu aktuellen und künftigen Stakeholdern/Kunden werden dadurch ebenfalls gefördert. Kleine Snacks und Getränke sorgen ebenfalls für eine bessere Atmosphäre während des Meetings.

- Abschriften und Videoaufnahmen von Testgruppenergebnissen liefern hervorragende Einsichten zu Einzelheiten der Sichtweisen von Verbrauchern/Kunden/Händlern über die Beziehungen und Interaktionen.

- Eine nützliche Art, sich der Testgruppen-Sichtweise zu bedienen ist, eine „Kundenreise" zu entwickeln (falls es sich um eine Kunden-Testgruppe handelt). Sie beschreibt komplett Schritt für Schritt aus der Kundensicht, was ein ideales Kundenerlebnis oder eine ideale Kundenbeziehung darstellen würde.

- Sorgen Sie dafür, dass die Testgruppe zu einem späteren Zeitpunkt eine Zusammenfassung des Feedbacks erhält.

3.2.6   Fragebogen

Zweck und Absicht (Warum und wann anwendbar)

Wenn Sie schriftliche Informationen von einer großen Personengruppe in kurzer Zeit sammeln wollen, kann ein Fragebogen eine günstige und wenig aufwändige

Methode darstellen, um quantitative und/oder qualitative Daten zu erheben. Die Grenzen liegen in der einseitigen Kommunikationsrichtung, die eine präzise Datenerhebung beinträchtigen und unvorhergesehene Ergebnisse verursachen kann. Andererseits benötigt ein Fragebogen nur kurze Vorbereitungszeit, vor allem in Hinblick auf große Befragungsgruppen.

Funktion und Aufgabe (Wie funktioniert es)

Mit einem Fragebogen werden schriftliche Antworten auf spezifisch formulierte Fragen erhoben, die sich sachlich auf das abgefragte Thema beziehen wie z. B. Angestellten-Performance, Abschlussberichte, Kundenmeinungen oder Forschungsprojekte. Falls mit eindeutigen Fragen gearbeitet wird, ist eine einfache statistische Analyse möglich.

Anleitung (Wie gehe ich vor)

- Bestimmen Sie den Zweck und die zu Befragenden; welche Informationen nötig sind, warum und wie sie verwendet und kommuniziert werden sollen, siehe Abschnitt 3.2.

- Entwerfen Sie den Fragebogen. Es erfordert erhebliches Fachwissen und Erfahrung, um sinnvolle Fragen zu formulieren, die eindeutig beantwortet werden können. Diese müssen verständlich und dürfen nicht zu aufdringlich sein. Die Fragen sollten als lohnenswert und nicht als unbedeutend empfunden werden. Wählen Sie Fragen mit geschlossenen Antworten („Ich fühle mich am Arbeitsplatz respektiert" → Ja/Nein) im Wechsel mit offenen Fragestellungen („Wie fühlen Sie sich am Arbeitsplatz?"). Offene Fragestellungen liefern eine größere Bandbreite an Antworten als geschlossene, sind aber statistisch viel schwieriger zu analysieren und auszuwerten.

- Organisieren Sie eine effektive Verteilung und Rücklauf des Fragebogens (Kommunikationswege, E-Mail/Ausdruck, Feedback, Abgabetermin, Anschriften für Rückfragen usw.)

Beachten Sie beim Entwurf des Fragebogens folgende Richtlinien:

- Fragen Sie nur einen Aspekt pro Frage ab.

- Verwenden Sie eine verständliche Sprache – keine Fachausdrücke. Je kürzer, desto besser.

- Stellen Sie Fragen, die für die Befragten relevant und anwendbar sind, notieren Sie Ausnahmen.

- Formulieren Sie die Fragen nicht so, dass bestimmte Antworten vorweggenommen werden. Fragen wie „Denken Sie nicht, dass ..." lassen keinen Raum für unvoreingenommene Antworten.

- Gehen Sie von oben nach unten – die allgemeinste, einfachste und am wenigsten kontroverse Frage zuerst.

- Strukturieren Sie den Fragebogen und gruppieren Sie verwandte Fragen.

- Gestalten Sie den Fragebogen so spannend und benutzerfreundlich wie möglich – ergänzen Sie ihn notfalls mit Zeichnungen und Erklärungen.

- Gestalten Sie ein Deckblatt, das den Zweck, den Verteiler, den Abgabetermin, einen Überblick über die zu erwartenden Kategorien und auch Ansprechpartner bei Problemen darstellt.

- Testen Sie Ihren Fragebogen in einer kleinen Gruppe, bevor Sie ihn insgesamt verteilen. Arbeiten Sie mit einer Testgruppe (Abschnitt 3.2.5), um Ihren Fragebogen zu entwerfen und zu testen.

Tipps und Anregungen

- Punktebewertungen sind ein schwieriges Thema bei Fragebögen und Umfragen. Arbeiten Sie vielleicht lieber mit Leistungsbeschreibungen wie „herausragend, gut, durchschnittlich, schlecht" zur Bewertung. Die Anzahl der positiven und negativen Leistungsbeschreibungen sollte sich entsprechen. Entscheiden Sie, ob Sie eine neutrale Bewertung erlauben wollen.

- Wenn Sie regelmäßig Fragebögen und Gutachten erstellen müssen, sollten Sie sich auf jeden Fall ausführlich in der Literatur informieren, einen Kurs belegen oder mit einem Fachmann auf diesem Gebiet zusammenarbeiten. Es gibt viele Stolperfallen, z. B. uneindeutige Ergebnisse bei schlecht formulierten Fragebögen, unkorrekte oder einseitige Datenauswertung.

- Bei einer Rücklaufquote von rund 30 % kann man bereits davon ausgehen, dass der Fragebogen gut für die Zielgruppe gestaltet ist.

3.2.7 Umfrage/Feldstudie

Zweck und Absicht (Warum und wann anwendbar)

Mit einer Umfrage werden Daten von einer variablen Anzahl von Themen oder Gruppen für eine Vergleichsstudie gesammelt. Umfragen lassen sich innerhalb oder außerhalb eines Unternehmens einsetzen, um mehr über die Erwartungen von Personen herauszufinden, beispielsweise bezüglich eines bestimmten Geschäftsbereiches, zu Servicequalität, Marken, Preis-Leistungs-Verhältnis u. a. Umfragen sind ein kostengünstiger Weg, ein Produkt zu testen, und man kann sie mit einer großen Zahl von Personen durchführen.

Funktion und Aufgabe (Wie funktioniert es)

Eine Umfrage arbeitet mit mehreren Techniken wie Interview, Fragebogen, Produktmustern, Direct Mailing u. a., um die Erwartungen und Erfahrungen zu testen, die die Zielperson in Bezug auf das behandelte Thema/Produkt hat. Spezielle Umfrage-Techniken sind z. B. Aussendungen von Fragebogen, fingierte Anfragen (geschulte Personen stellen Anfragen an das Unternehmen und geben dabei vor, Kunden/Lieferanten zu sein und beurteilen das Ergebnis nach festgesetzten Kriterien), oder „Ausgangs"-Befragungen direkt am Ausgang eines Ladens/Geschäfts, also unmittelbar nachdem ein Kunde einen Kauf oder eine Transaktion getätigt hat.

Anleitung (Wie gehe ich vor)

Die Schlüsselprinzipien bei der Planung einer Umfrage sind:

- Hintergrundinformationen zur Informationsbeschaffung, siehe Abschnitt 3.2.
- Bestimmen, was und wie häufig etwas zu messen ist. Überlegen Sie, ob Sie in wiederkehrende und häufige Umfragen investieren wollen, um die Ergebnisse untereinander vergleichen zu können, Trends zu erkennen und Entwicklungen voranzutreiben.
- Bestimmen Sie die Gruppe, die untersucht werden soll.
- Bestimmen Sie die Umfrage-Technik.
- Entwerfen Sie Fragebögen (siehe Abbildung 29 und Abschnitt 3.2.6) und verwenden Sie hauptsächlich Multiple-Choice-Fragen, um Bewertungen über Service-Zufriedenheit und andere Faktoren aus Kundensicht zu erhalten.
- Übertragen Sie die Ergebnisse in eine Tabelle (z. B. Pareto-Tabelle, Abschnitt 3.3.14), ein Histogramm oder in andere statistische Tools, die Klarheit verschaffen.

These	Stark					Stark	Antithese
Mittelmäßigkeit	①	②	③	④	⑤	⑥	Vorzüglichkeit
Apathie	①	②	③	④	⑤	⑥	Enthusiasmus
Egoismus	①	②	③	④	⑤	⑥	Teamarbeit
Misstrauen	①	②	③	④	⑤	⑥	Vertrauen
„Schufterei"	①	②	③	④	⑤	⑥	Spaß
Inkompetenz	①	②	③	④	⑤	⑥	Kompetenz
Ineffizienz	①	②	③	④	⑤	⑥	Ergebnisse

Abbildung 29 Beispiel für einen Umfragebogen – „Bitte ankreuzen!"

Tipps und Anregungen

Eine spezielle Art der Umfrage ist die periodische Untersuchung „Dip Stick" (= Ölmessstab) siehe Abbildung 30). Man taucht in die bestehende Stimmung ein (dip) und zieht einen momentanen Schnappschuss heraus (stick), um einen aktuellen Zustand herauszufinden wie z. B. die Kundenzufriedenheit. Die periodische Untersuchung kann ähnlich wie der Klima-Test (Abschnitt 3.2.2) für die Stimmungsüberwachung benutzt werden, aber auch für Feldstudien über Klienten/Kunden.

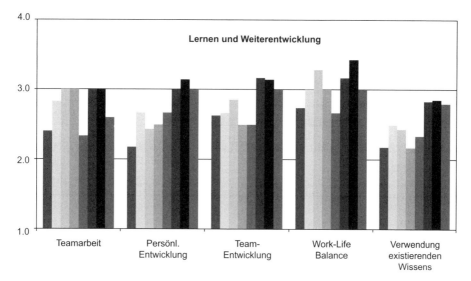

Abbildung 30 Beispiel für eine periodische Untersuchung (Dip Stick) der weichen Faktoren eines Projektteams über einen Zeitraum mit acht Messungen

3.2.8 Direkte Beobachtung (DILO)

„Ich wüsste zu gern, womit die Angestellten den ganzen Tag verbringen."

Zweck und Absicht (Warum und wann anwendbar)

Die direkte Beobachtung (DILO: Day In the Life Of) ist ein ideales Tool, um zu Beginn eines Projekts ein Verständnis vom Geschäftsfeld und den Aktivitäten eines Unternehmens zu gewinnen.

Funktion und Aufgabe (Wie funktioniert es)

- DILO ist eine ganztägige Beobachtung, die einen Blick in Echtzeit über einen bestimmten Zeitraum im Leben einer Geschäftsführung, einer Abteilung oder eines einzelnen Angestellten ergibt. Sie analysiert zwei Dimensionen: die Beschäftigung mit den Aufgaben (Arbeit) und mit den Menschen.

- Dadurch lässt sich verstehen und quantifizieren, wie Personen ihre Zeit verbringen (value add, non-value add). Man kann Möglichkeiten zur Verbesserung in bestimmten Zielbereichen erkennen, reale Fakten erhalten, wenn die benötigten Daten ansonsten nicht zu bekommen sind oder wenn die Gültigkeit der Daten überprüft werden soll.

- DILOs zeigen das echte Leben eines Unternehmens auf jeder untersuchten Ebene, und helfen so, Vorgänge zu verstehen.

- Beobachtungen tragen dazu bei, zu verstehen, wie die Resultate zustande kommen und validieren Ihre Ergebnisse und Hypothesen.

Anleitung (Wie gehe ich vor)

- Bestimmen Sie die zu „besichtigenden" Vorgänge. Das vorherige Einverständnis des Managements ist unbedingt nötig.

- Kontaktieren Sie die Zielperson des DILO. Es werden Datum und Zeit eines Treffens festgelegt, und die Person wird gebrieft.

- Verändern Sie die Arbeitsbedingungen des Beobachteten so wenig wie möglich.

- Fertigen Sie detaillierte Notizen von Themen und zeitlichen Komponenten des Arbeitstages/Arbeitsbereiches an, verwenden Sie in Beschreibungen Beispiele und verwenden Sie ganze Sätze.

- Fassen Sie die Informationen zusammen, solange sie noch frisch sind.

- Erzählen Sie, wie der Tag abläuft (schreiben Sie eine gut lesbare Schilderung).

- Dokumentieren Sie Zeiten und ordnen Sie Aufgaben vordefinierten Kategorien zu, z. B. Verwaltung, Anrufe, Meetings, Supervision, Pausen, Reisen usw. Benutzen Sie dieselben Standardvorlagen für alle DILOs.

- Addieren Sie die Zeiten auf jeder Berichtsseite und addieren Sie diese am Ende der Aufzeichnung.

- Berechnen Sie den prozentualen Anteil jeder Kategorie am Ende der Aufzeichnung.

- Überprüfen Sie Ihre Aufzeichnungen zusammen mit einem Kollegen, verbessern Sie sie nach seinen Anweisungen, entwickeln Sie einen Bericht.

Tipps und Anregungen

- Identifizieren Sie den verantwortlichen Manager rechtzeitig.

- Achten Sie auf Stärken genauso wie auf Schwächen.

- Soll eine Schichtarbeit beobachtet werden, sollten Sie ein DILO bei jeder Schicht absolvieren, um valide Ergebnisse zu erzielen.

- Bedenken Sie: Der Beobachtete präsentiert sich sicher von seiner besten Seite.

- Wird der DILO nicht mit Managern oder Vorgesetzten durchgeführt, gleichen Sie Ihre Ergebnisse mit dem Manager oder Vorgesetzten ab, um sicher zu gehen, ob Ihre Beobachtungen typisch für die Person sind.

- Geht man von einer beabsichtigen Verbesserung der Situation aus, ist es zuweilen nützlich, Aufgaben zu erkennen und zu unterscheiden, die standardisiert, delegiert, rationalisiert werden können.

3.2.9 Expertenbefragung

„Wir haben Probleme, den Experten-Jargon zu verstehen, sie sprechen einfach in einer anderen Sprache, aber wir benötigten den Rat von Fachleuten."

Zweck und Absicht (Warum und wann anwendbar)

Expertenbefragung (z. B. Delphi-Studie) wird eingesetzt, um Ideen zu gewinnen, wenn die zukünftige Situation oder Trends unsicher sind, wenn Informationen oder Urteile von Fachleuten oder der Rat eines Außenstehenden nötig sind, um ein kontroverses Thema anzugehen.

Funktion und Aufgabe (Wie funktioniert es)

Expertenbefragung funktioniert nur, wenn die Experten eindeutig den Zweck verstehen, weswegen sie zu einer bestimmten Gruppe sprechen sollen, wenn sie das vorhandene Wissensniveau der Gruppe einschätzen können und die Parameter und Grenzen der Beratung kennen.

Die Ausdrücke „Delphi-Studie" und Expertenbefragung werden in der Literatur häufig parallel verwendet. Manchmal bedeutet es, dass ein Sachexperte über Zukunftsszenarios spricht, manchmal geht es um einen Input, ohne sich mit der anderen Person zu treffen.

Anleitung (Wie gehe ich vor)

Bestimmen Sie die „blinden Flecken" (blind spots) und „schwarzen Löcher", also die Lücken Ihres Wissens zum Thema. Suchen Sie dann den besten Experten für dieses Gebiet. Fragen Sie sich aber auch, „ob ein Fachmann, der zu uns spricht, die beste Möglichkeit ist, die Informationen zu erhalten, die wir brauchen".

Informell angewendet geht es bei dem Tool darum, eine Gruppe relevanter Experten zusammenzuführen, um die Thematik zu diskutieren und Vorschläge zu testen, so dass Einzel- und Gruppenmeinungen eingeholt werden.

Die formelle Variante arbeitet mit Fragebögen, die zu den Experten geschickt und dann analysiert werden. Dann werden weitere Fragebögen verteilt, um die detaillierten Antworten dieser Personen zu geäußerten Meinungen aus der Gruppe einzuschätzen, bis man eine Schlussfolgerung ziehen kann. Diese Technik erfordert keine persönliche Eins-zu-eins-Interaktion.

3.2.10 Schreibtisch-Forschung

„Ich möchte Einzelheiten verstehen und in der Lage sein, mit Experten über das Thema zu sprechen, aber ich benötige zunächst möglichst schnell Informationen."

Zweck und Absicht (Warum und wann anwendbar)

Schreibtisch-Forschung ist die ideale Lösung, um Informationen speziell für die benötigten Bedürfnisse mit nur begrenzt zur Verfügung stehenden Mitteln (z. B. Zeit, Finanzbudget, Dringlichkeit, Wissensniveau) zu erhalten. Schreibtisch-Forschung erlaubt die Freiheit und die Entscheidungsmöglichkeit, die Recherche zu beginnen, zu verändern und zu stoppen, wann immer man möchte. Schreibtisch-Forschung ist ideal, wenn man schnell Informationen zu Themen benötigt, die bereits erforscht wurden und wenn die Informationen gespeichert und zugänglich sind.

Funktion und Aufgabe (Wie funktioniert es)

Schreibtisch-Forschung ist der persönliche und unstrukturierte Ansatz, Informationen hauptsächlich über Informations- und Wissensquellen zu erhalten (Datenbanken, Bibliotheken, Bücher, Archive, Internet, Foren, elektronische Datenbanken).

Anleitung (Wie gehe ich vor)

- Für den Prozess und die Befragungsbereiche (siehe Abschnitt 3.2), um sicherzugehen, dass Sie das zu bearbeitende Thema richtig erfasst und eingegrenzt haben.

- Legen Sie relevante Suchbegriffe fest, da diese die Qualität und den Umfang der Suchergebnisse bestimmen.

- Suchen Sie die relevanten Datenquellen ab, prüfen Sie die Relevanz der Ergebnisse und extrahieren Sie die benötigten Daten. Bei der Benutzung von Suchmaschinen sollten Sie Boolsche Operatoren wie Anführungszeichen und +-Zeichen zur Eingrenzung und Verknüpfung der Suchbegriffe verwenden. Verwenden Sie dazu auch die „FAQs" und die Option zur erweiterten Suche, um die Effektivität zu erhöhen und irrelevante Ergebnisse weitgehend auszuschließen.

Tipps und Anregungen

- Um die Benutzung Ihres Internet-Browsers bei der Suchmaschinen-Verwendung zu verbessern, öffnen Sie jeden Ergebnis-Link in einem neuen Fenster (oder Tabulatorfenster) anstelle den Link im selben Fenster zu öffnen. So kann man nicht zutreffende Links ausschließen, ohne ständig den Vor-Zurück-Button benutzen zu müssen und den Überblick zu verlieren. Speichern Sie die Links und Ergebnisse zusammen auf Ihrer Festplatte und behalten Sie den Link als Quelle oder Referenz. Notieren Sie die URL und das Datum als spätere Quelle.

- Um Zeit zu sparen und einen Überblick über die Resultate zu behalten, legen Sie eine Struktur für die Ergebnisse an, die der logischen Struktur der Thematik entspricht.

3.2.11 5 W

„Ich denke, dass wir die Ursachen des Problems noch nicht erkannt haben. Ich würde gern ein schnelles Tool kennen, um die Ursachen eines relativ einfachen Problems herauszufinden."

Zweck und Absicht (Warum und wann anwendbar)

5 W ist eine effektive Technik, um einer Gruppe auf systematische Art, die „echten" Gründe eines auftretenden/aufgetretenen Problems zu zeigen. 5 W kann auch ein wichtiges Tool bei der Informationsbeschaffung sein, die ein tieferes Verständnis erfordert.

Funktion und Aufgabe (Wie funktioniert es)

5 W ist eine Technik, um in minimaler Zeit zur Ursache eines Problems vorzustoßen.

Anleitung (Wie gehe ich vor)

- Fragen Sie einfach „Warum?" (oder besser „Was kann der Grund dafür sein, dass dies passiert ...?") zu dem spezifischen Problem.
- Fahren Sie damit fort, die Frage „Warum?" fünf Mal zu stellen, bis eine zufriedenstellende Antwort gefunden wird – dies kann entweder etwas Triviales/Banales sein, oder man hat den Kern des Problems erfasst.
- Jede Antwort wird somit (durch das „Warum") weiter hinterfragt.

Tipps, Vorschläge und Alternativen

Das Fischgräten-Ursachenanalyse-Tool (Abschnitt 3.3.13) ergänzt dieses Tool hervorragend.

3.3 Kreativität und Gruppierung von Informationen

Im Laufe unseres Lebens ahmen wir viele Verhaltensweisen nach und übernehmen Ideen aus unserer Umgebung. So entwickeln wir Einschätzungen von Tatsachen, Denkprozesse, formulieren Annahmen, bis wir herausgefordert werden. Es ist schwierig, Dinge zu „ent-lernen" und aus unseren vorgeprägten Denkstrukturen auszubrechen, die zu Vorurteilen, Hartnäckigkeit und Annahmen verleiten. Die Kreativitätstools in diesem Kapitel können dabei helfen, außerhalb des „eigenen Käfigs" zu denken. Kreatives Denken kommt von den Aktivitäten der rechten Gehirnhälfte – Intuition, Verständnis, Inspiration – etwas, was in den konventionellen Erziehungssystemen nicht immer gefördert wird. Jedoch besitzt jeder von uns Fantasie, die Grundlage für kreatives Denken.

Dieses Kapitel enthält zwei Gruppen von Tools:

- Kreativ neue Ideen entwickeln

- Gruppieren und Verwenden von Informationen und Ideen

Da beide Arten von Tools eng verbunden und voneinander abhängig sind, wurden sie ohne weitere Unterscheidung in die gleiche Kategorie eingeordnet (siehe Tabelle 7).

Beachten Sie, dass die Tools dieses Kapitels – wie das Symbol ⊃⊃⊃⊃ anzeigt – in beiden Phasen, Diagnose und Analyse, verwendet werden können/sollen,

Tabelle 7 Kreativität-Tools

⊃⊃⊃⊃				
Zweck der Kategorie	**Name des Tools oder der Technik**	**Seite**	**Benutzerfreundlichkeit**	**Aufwand/ Nützlichkeit**
Kreativität	Brainstorming	89	☺☺	☺☺
	Kärtchentechnik	92	☺☺☺	☺☺
	6-3-5-Tool	93	☺☺☺	☺☺☺
	Nyaka (Defekt-Analyse)	94	☺☺	☺☺
	Bionisch	96	☺☺	☺
	Attribut-Liste	96	☺☺	☺
	Morphologie	98	☺☺	☺
	Merlin-Technik	99	☺☺	☺☺☺
	Kräftefeld (Force Field)	101	☺☺	☺☺
	Übersicht zu alternativen Kreativitätstools	104	–	–
	Verwandtschaftsdiagramm	105	☺☺	☺☺☺
	Venn-Diagramm	107	☺☺	☺
	Fischgräten-Ursachenanalyse	109	☺☺	☺☺
	Pareto – 80:20-Regel	111	☺☺	☺☺☺
	ABC-Tool	114	☺	☺☺☺

um divergentes Denken anzuregen, neue Ideen zu entdecken und sich der Informationen strukturiert zu bedienen.

Die Anwendung von Kreativitätstools ist besonders in der klassischen Produktentwicklung, im Design- und im Marketing-Bereich geeignet. Man sollte sie jedoch auch in anderen Bereichen benutzen, z. B. bei der Herstellung von Synergien zwischen Abteilungen und Personen, um Systeme zu entwickeln – Logik und Kreativität passen gut zusammen – in der Personalentwicklung, in lateraler Karriereentwicklung, Steuerung der Geschäftsentwicklung (Visionen, Strategien, Diversifikationen) oder für Verbesserungen der Geschäftsvorgänge.

Grundregeln für kreatives Arbeiten (Quelle: Osborn und Linneweh):

- Alle Ideen und Informationen akzeptieren.
- Keine Kritik oder Analyse der Ideen oder Informationen.
- Bauen Sie auf den Ideen anderer auf.
- Alle Ideen und Informationen werden aufgelistet.
- Notieren Sie Ihre Idee.
- Kritisieren Sie später.
- Motivieren Sie sich selbst.
- Immer „warum" oder „was könnten die Gründe sein" fragen.
- Ein aufgeräumter, stressfreier Arbeitsplatz ist hilfreich.
- Distanz zu den Problemen schaffen.
- Vorsicht bei schnellen Lösungen.
- Rechtzeitig Pausen und Erholung einplanen.
- Selbstbesinnung fördern.
- Positives Umweltklima für Kreativität.

3.3.1 Brainstorming

„Ich muss in kurzer Zeit Ideen finden, dabei ist eine große Gruppe von Menschen involviert. In dieser Phase steht die Quantität vor der Qualität!"

Zweck und Absicht (Warum und wann anwendbar)

Brainstorming ist ein gebräuchliches Tool, um kreativ und effizient Ideen zu jedem beliebigen Thema zu erhalten, indem man weder Kritik noch Wertung zulässt. Es kommt vor dem Prozess der Planung, Entscheidungsfindung oder Problemlösung. Ursprünglich von Alex Osborn in den 1930er-Jahren als Technik entwickelt, die das kreative Denken anregt, hilft es uns heute, unbewusste Gedanken an die Bewusstseins-Oberfläche zu bringen.

Diese Art von zwischenmenschlicher Interaktion wird immer wichtiger, da die steigende Komplexität der Probleme in Unternehmen Entscheidungsfindung in Gruppen anstatt von Einzelnen erfordert; Brainstorming ist sowohl ein Kreativitäts- als auch ein Kommunikationstool.

Funktion und Aufgabe (Wie funktioniert es)

- Die hauptsächliche Aufgabe eines Brainstorming ist die „Produktion" einer großen Zahl von Ideen, ungeachtet deren Qualität. Alle Ergebnisse werden festgehalten und aufgeschrieben.

- Es fördert das offene Denken, falls ein Team in alten Denkweisen festgefahren ist und fordert alle Teammitglieder, so dass idealerweise nicht nur einige wenige die Gruppe dominieren.

- Brainstorming ermöglicht den Teammitgliedern, gegenseitig auf der Kreativität der anderen aufzubauen, während der Fokus auf dem Hauptthema bleibt.

- Der zweite Aspekt ist die Weiterentwicklung dieser Ideen in praktische Lösungen.

Anleitung (Wie gehe ich vor)

- Wählen Sie Ihre Brainstorming-Gruppenmitglieder. Eine gemischte Gruppe von maximal zehn Teilnehmern ermöglicht unterschiedliches Wissen, andere Sichtweisen und Annäherungen. Sorgen Sie für eine ungestörte Atmosphäre und eine kreisförmige Sitzanordnung, um die Interaktion zu fördern.

- Formulieren Sie die zentrale Brainstorming-Frage, einigen Sie sich über das Thema und schreiben Sie es für jeden gut sichtbar auf. Jeder soll es nochmals formulieren, um sicherzugehen, dass es jeder richtig verstanden hat.

- Stellen Sie Aufzeichnungsmöglichkeiten wie Flipchart, Karten, Post-it©-Zettel, Tafeln zur Verfügung.

- Abwechselnd äußert jeder eine Idee. Niemals wird eine Idee kritisiert!

- Ideen werden sichtbar in großer Schrift festgehalten, auf einem Flipchart oder Ähnlichem.

- Abwechselnd werden Ideen geäußert, bis jeder aufgibt, auf jeden Fall nach höchstens 40 Minuten. Dann sind die Ideen (oder die Personen) erschöpft.

- Untersuchen Sie die einzelnen Ideen weiter. Betrachten Sie die geschriebene Liste und entfernen Sie Dubletten. Fragen Sie die Gruppe, ob Klärungs- oder Informationsbedarf zu einzelnen Punkten besteht.

- Nach einer kurzen Pause werden die Ideen klassifiziert und mit Hilfe von Gruppierungs-Tools wie dem Verwandtschaftsdiagramm (Abschnitt 3.3.11) oder Clustering in Gruppen oder relevante Strukturen gegliedert. Falls benötigt, verwenden Sie Entscheidungshilfe-Tools wie das Nutzwertanalyse-Tool (Abschnitt 6.7).

Tipps, Vorschläge und Alternativen

- Mit Hilfe eines externen Moderators wird vermieden, dass Personen mit starken Interessen an bestimmten Zielvorgaben die Gruppe dominieren. Die Moderation sorgt dafür, dass jeder etwas beiträgt und alle gleichwertig agieren können.

- Handelt es sich beim Thema nicht um schwierige oder kritische Punkte und die Gruppe fühlt sich mit der Vorgehensweise und den Mitgliedern untereinander wohl, versuchen Sie einen unstrukturierten, ungeordneten und ungehinderten Ablauf, bei dem Ideen jederzeit von jedem geäußert werden können. Achten Sie jedoch darauf, dass sich alle beteiligen.

- Die Gordon-Alternative ist eine didaktische Variante des schriftlichen Brainstorming-Tools und unterscheidet sich darin, dass nur der Moderator das zu Grunde liegende Problem kennt und daher den Ideenfindungsprozess steuern kann. Die Vorzüge liegen darin, dass die Beteiligten nicht durch vorgegebene Themen eingeschränkt sind. Es verhindert zudem einen egozentrischen Einfluss auf die Resultate durch Einzelne.

- Arbeiten Sie mit zwei Moderatoren, um die Ideen festzuhalten und den schnellen Ideenfluss aufrechtzuerhalten.

- Oft ergibt sich eine ruhige Runde, bevor eine neue und sogar kreativere Runde von Ideen folgt. Machen Sie sich keine Gedanken, wenn es zwischendurch ein paar Minuten eher still ist. Ist die Gruppe festgefahren, machen Sie eine Pause oder lesen laut alle Ideen vor, die man bis dahin gesammelt hat, um die Gruppe zu motivieren, Analogien, Assoziationen oder Vergleiche mit Hilfe der Merlin-Technik (Abschnitt 3.3.8) zu finden.

- Eine sinnvolle Anwendung ist, neben der klassischen Brainstorming-Technik eine umfangreiche Liste mit Annahmen zu brainstormen, die viele Leute mit dem Problem verbinden. Zum Beispiel: Benzin ist Brennstoff für Autos. Autos fahren auf Straßen. Dann versucht man mit Brainstorming Wege zu finden, diese Annahmen umzustoßen. (Quelle: Kenichi Ohmae)

Bibliografie: Osborn, Nagel, Harris.

3.3.2 Kärtchentechnik

„Ideen zu teilen, ist nützlich. Aber nicht jeder spricht gern zu einer Gruppe, beschreibt gerne seine Ideen oder beurteilt Ideen vorzeitig. Ich mag die Brainstorming-Arbeitsweise. Welche Alternativen gibt es?"

Zweck und Absicht (Warum und wann anwendbar)

Die Kärtchentechnik ist eine Option mit weniger Interaktion, um Ideen zu erzeugen und scheint ideal, wenn man nicht viel Zeit und/oder weniger aktive Teilnehmer hat als beim Brainstorming. Eine ähnliche Technik ist die Metaplan®-Technik, ursprünglich entwickelt von Wolfgang Schnelle, oder das KJ-Tool des Anthropologen Jiro Kawakita.

Funktion und Aufgabe (Wie funktioniert es)

- Jeder Teilnehmer schreibt seine Ideen einzeln auf Kärtchen auf, dann kategorisiert die Gruppe alle Karten (Ideen) gemeinsam und so werden meistens weiterführende Ideen und Vorgehensweisen entwickelt.

- Die Kärtchentechnik vermeidet Stolperfallen der herkömmlichen Brainstorming-Technik, z. B. wenn dominante, urteilende oder undisziplinierte Teilnehmer beteiligt sind.

- Die Teammitglieder bauen auf die Kreativität der anderen auf und können über ihre eigenen Ideen zuvor etwas nachdenken.

- Die Visualisierung durch die Darstellung der geschriebenen Kärtchen ist ein wichtiges Element dieses Tools und beschleunigt den Prozess.

Anleitung (Wie gehe ich vor)

- Kärtchen, Flipcharts, Marker, Tafeln, Sprühkleber usw. bereitstellen.

- Erklären Sie die Vorgehensweise und stellen Sie das Problem oder Thema vor, zu dem Ideen benötigt werden.

- Bitten Sie alle, die Ideen leise, jeder für sich zu brainstormen und sie innerhalb von zehn Minuten aufzuschreiben (jede Idee auf einem Kärtchen in großer Schrift, kurze Sätze und maximal drei Zeilen).

- Der Moderator entwickelt zuvor eine Struktur mit unterschiedlichen Überschriften. Malen Sie Linien und Ovale auf das Flipchart um anzugeben, was wohin gehört und versehen Sie die Ovale mit den Überschriften.

- Nach dem stillen Brainstorming kleben die Teilnehmer nacheinander ihre Kärtchen an die Wand und lesen still die Ideen der anderen. Dann gruppieren sie ihre Kärtchen mit ähnlichen der anderen Teilnehmer.

- Weitere Teilnehmer kleben ihre Kärtchen zur relevanten Gruppe. Alternativ liest der Moderator die Kärtchen laut vor und die Gruppe (!) entscheidet, wo sie zugeordnet werden.

- Bei dieser Vorgehensweise werden Kärtchen und/oder Gruppen auch neu zugeordnet, ebenso wie Überschriften, oder es werden welche gelöscht.

- Während der Gruppendiskussion können weitere Kärtchen (Ideen) angefügt werden.

- Anstatt zuvor eine gruppierte Struktur vorzugeben, hängt man ähnliche Kärtchen zusammen und lässt die Gruppe Überschriften finden.

Tipps und Anregungen

- Die Teilnehmer hängen die Kärtchen nicht selbst auf. Der Moderator kann diese einsammeln, mischen und dann laut vorlesen und die Gruppe entscheidet, wo sie zugeordnet werden.

- Ermuntern Sie die Teilnehmer, zusätzliche Kommentare und Ideen zu äußern, während Sie die Kärtchen sammeln und gruppieren. Der Moderator sollte nicht kommentieren, nur den Vorgang leiten.

- Arbeiten Sie für die Gruppendiskussion mit Gruppierungstools oder dem Venn-Diagramm.

- Fotografieren Sie laufend das sich weiterentwickelnde Flipchart, um den kreativen Prozess aufzuzeigen und zu dokumentieren.

Bibliografie: Butler, Nagel, Harris, Haberfellner et al.

3.3.3 6-3-5-Tool

Zweck und Absicht (Warum und wann anwendbar)

Das 6-3-5-Tool eignet sich gut als Tool, um auf den Ideen anderer aufzubauen. Es ist eine stille Variation zur Brainstorming-Technik (Abschnitt 3.3.1) und beinhaltet die schriftliche Dokumentation der Ergebnisse in einer einfachen und schnellen Form.

Funktion und Aufgabe (Wie funktioniert es)

Der 6-3-5-Prozess zwingt die Teammitglieder dazu, bewusst auf der Sichtweise und dem Input der anderen aufzubauen, ohne dass dominante Personen anderen ihre Ideen aufzwingen. Der anregende Effekt des klassischen Brainstormings tritt dabei in den Hintergrund. Dafür ist es definitiv ein Vorteil, dass man auf den Ideen der anderen aufbaut und deren Ideen bereits schriftlich dokumentiert sind.

Ein zusätzlicher Vorteil ist, dass man keinen Moderator benötigt. Der Nachteil besteht darin, dass man häufig innerhalb der Ideen-Bandbreite des Vorgängers bleibt.

Anleitung (Wie gehe ich vor)

- Sechs Personen – drei Ideen auf Kärtchen – fünf Minuten pro Runde

- Ausgehend von einem Brainstorming-Thema hat jeder Einzelne des Teams (meist sechs Personen) fünf Minuten Zeit, um drei Ideen (ein Kärtchen pro Idee) zu notieren.

- Nach fünf Minuten gibt jeder der sechs seine Kärtchen an den nächsten weiter, der weitere fünf Minuten Zeit, drei weiterführende Ideen zu den vorhandenen hinzuzufügen.

- Dieser Vorgang wird wiederholt (fünf Mal), bis jeder der sechs Personen alle Kärtchen bearbeitet hat.

- Sorgen Sie dafür, dass die Teilnehmer sich nicht gestresst und unter Druck gesetzt fühlen.

Querverweis zu verwandten Tools in diesem Buch

Diskutieren Sie die Ideen und benutzen Sie Ideengruppierungstools oder die Fischgräten-Ursachenanalyse (Abschnitt 3.3.13), um Zusammenhänge zu zeigen.

Bibliografie: Ursprünglich entwickelt von Helmut Schlicksupp und B. Rohrbach, weitere Literatur von Haberfellner, Nagel.

3.3.4   Nyaka (Defekt-Analyse)

Zweck und Absicht (Warum und wann anwendbar)

Das Nyaka-Tool ist eine pragmatische und strukturierte Technik, um Defekte zu finden und kreativ in der Gruppe Lösungsmöglichkeiten zu finden. Der Ausdruck kommt aus dem Französischen „il n'y a qu'à" – alles, was man tun muss.

Funktion und Aufgabe (Wie funktioniert es)

Das Nyaka-Tool bringt kreative Ideen hervor und basiert auf den natürlichen Fähigkeiten einer Gruppe, Zustände zu verbessern. Das Nyaka-Tool hilft dabei, sich auf Defekte oder Problemzonen zu konzentrieren und kreativ pragmatische Lösungen für jeden einzelnen Defekt zu finden.

Anleitung (Wie gehe ich vor)

Wählen Sie einen Gruppenleiter und beschreiben Sie das Problem. Ziehen Sie in der Mitte eines Flipcharts eine senkrechte Linie. Nennen Sie die linke Seite „Was ist falsch (Defekte)" und die rechte Seite „Lösung (Nyaka)" (siehe Tabelle 8).

- Die Gruppe soll so viele Dinge wie möglich auflisten, die mit oder an dem Produkt oder dem Service oder der Situation nicht funktionieren. Notieren Sie jeden Punkt in der Defekt-Spalte.

- Dann bitten Sie die Gruppe, über die Reparatur (pragmatische Lösung) für jeden der aufgelisteten Defekte zu brainstormen. Dabei sollen so viele der Defekte wie möglich behoben und das Produkt/der Service/die Situation verbessert werden.

- Stellen Sie jede Reparatur/Lösung dem relevanten Defekt gegenüber und einigen Sie sich dann auf ein neues, verbessertes Produkt bzw. einen Service.

Tabelle 8
Beispiel einer Nyaka-Tabelle (aus „Creative Manager" Pocketbook von Townsend)

Problem: Wie können wir die Leistungsfähigkeit der manuellen Papierlocher verbessern?	
Was ist verkehrt, nicht in Ordnung? (Defekt)	**Mögliches Heilmittel (Nyaka)**
Kann nicht gleichzeitig Löcher in mehrere Seiten stanzen.	Anpassen der Öffnungsweite an die Anzahl der zu lochenden Seiten.
Hinterlässt oft ölige Flecken auf dem Papier.	Verwendung von Materialien, die keine Schmierung benötigen.
Nur Verwendung als Papierlocher.	Füge andere Funktion und Verwendungen hinzu..
Macht braucht oft viel Kraft, um zum Erfolg zu gelangen.	Verwende den Federmechanismus.
Viel Platzverbrauch auf dem Tisch, wegen sperriger Bauweise.	Platzgewinn durch Kombination mit einem anderen Gerät.
Man findet ihn nie, wenn man ihn braucht.	Verbindung mit dem Ordner.
Lösungsvorschlag: Herstellung von Ordnern, die eine einfache Locherfunktion integriert haben.	

Querverweis zu verwandten Tools in diesem Buch

Benutzen Sie das Ursachenanalyse-Tool (Abschnitt 3.3.13) um zu prüfen, ob die vorgeschlagenen Reparaturen (Nyakas) nicht nur die Symptome, sondern auch die Ursachen behandeln.

Bibliografie: Townsend.

3.3.5 Bionisch

Zweck und Absicht (Warum und wann anwendbar)

Bionisch ist ein Akronym aus den Begriffen Biologie und technisch. Es bezeichnet die Nutzung und Anwendung von Prinzipien aus der Natur und deren Anpassung an die Bedürfnisse der Menschheit. Es ist auch eine Kreativitätstechnik, die verwandte Phänomene von Pflanzen oder Tieren benutzt, um eine kreative Lösung für ein (technisches) Problem zu finden. Die Evolution in der Pflanzen- und Tierwelt hatte einen ähnlichen Zweck wie unsere heutige Businesswelt: optimierte Energieausnutzung, Qualitätsverbesserung, verbesserte Effizienz und Produktivität. Daher sind viele Optimierungsstrategien der Natur oder biokybernetische Prinzipien auf organisatorische oder technische Problemstellungen anwendbar.

Stehen Sie vor einem eher technischen Problem und suchen einen kreativen Ansatz, versuchen Sie es bionisch und suchen bei Mutter Natur.

Funktion und Aufgabe (Wie funktioniert es)

Bionische Suche für Analogien in der Natur, die man auf Problemsituationen übertragen und anwenden kann: z. B. wurde die Schutzfunktion eines Pilzes mit einem Regenschirm kopiert, die Form einer Fledermaus findet Anwendung im Drachenbau, die Art der Fortbewegung einer Qualle wird bei Raketenantrieben nachgeahmt.

Anleitung (Wie gehe ich vor)

- Bestimmen Sie die Struktur und Art des Problems, z. B. Schutz, Spannung und Struktur, Schwimmfähigkeit usw.

- Suchen Sie die „Welt" nach ähnlichen Strukturen, Funktionen, Effekten und Mechanismen ab. Nutzen Sie kreative Quellen wie z. B. den Besuch eines Zoos, einen Parkspaziergang oder eines Museums, oder betrachten Sie Tierabbildungen oder Naturbücher.

- Wenden Sie Beispiele aus der Natur nicht blindlings an; sehen Sie es eher als Konzept, Inspiration oder Ideengeber, um neue Anwendungsgebiete zu erschließen.

Bibliografie: Nagel.

3.3.6 Attribut-Liste

Zweck und Absicht (Warum und wann anwendbar)

Die Attribut-Liste ist am effektivsten anzuwenden, wenn ein Produkt oder Objekt schon existiert und verbessert werden muss. Das Tool benutzt eine bestehende Situation, um darauf kreativ aufzubauen und zu verbessern.

Funktion und Aufgabe (Wie funktioniert es)

Die Attribut-Liste ist eine analytisch-systematische Kreativitätstechnik, mit der – ausgehend von den gegenwärtigen Eigenschaften (Attributen) und Merkmalen – für jedes Merkmal weitere Ausprägungen (und Verbesserungen) gesucht werden. Dieser Ansatz hat Ähnlichkeiten mit dem morphologischen Ansatz (siehe auch Abschnitt 3.3.7).

Anleitung (Wie gehe ich vor)

- Listen Sie alle relevanten Eigenschaften und Merkmale des bestehenden Objekts bzw. des Systems auf.

- Beschreiben Sie die aktuellen Merkmale und Design-Aspekte, vor allem diejenigen, die zu verbessern sind.

- Spezifizieren Sie die gewünschten Design-Aspekte und Merkmale für jedes Attribut (Material, Sicherheit, Herstellung, Recyclingfähigkeit usw.).

- Entwickeln Sie mögliche Gestaltungsmöglichkeiten und Lösungen.

Tipps und Anregungen

Nehmen Sie sich genügend Zeit, um die bestehenden Merkmale zu definieren und die gewünschten Merkmale, Eigenschaften und Wirkungen zu verstehen. Worin besteht der Grund sie zu ändern? Diese Fragestellung hilft oft, mögliche Lösungen zu finden (siehe Beispiel in Tabelle 9).

Tabelle 9 Beispiel einer Attribut-Liste für die Verbesserung eines Stromsteckers

Attribut-Liste für einen Stromstecker			
Attribut, Merkmal	Gegenwärtige Gestaltung	Erwünschte Eigenschaften	Mögliche Gestaltung
Gestaltungsziel	Herstellungsgerecht	Kabelmontagegerecht, einfacher zu montieren	Feste Stifte, Abdeckkappe über Kabel-Stifte-Verbindungsfeld
Bestandteile	Zwei gleiche Gehäuseteile, zwei gleiche Kontaktstifte, zweiteiliger Kabelzug mit zwei Schrauben	Weniger Teile	Kabelzug-Sicherung durch Selbstquetschung
Material	Gehäuse: Bakelit, Messingstifte, Stahlschrauben, verzinktes Stahlblech für Schelle	Gehäusematerial: bruchfest, einfach zu recyclen, einfach und billig einfärbbar	Thermoplast

Bibliografie: Haberfellner.

3.3.7 Morphologie

Zweck und Absicht (Warum und wann anwendbar)

Ähnlich wie beim Attribut-Liste-Tool, eignet sich die Morphologie besonders für Situationen, wo es eher um die Lösung technischer oder ingenieurwissenschaftlicher Fragen oder die Erweiterung des Horizontes bezüglich bestehender Produkte, Systeme o.Ä. geht.

Funktion und Aufgabe (Wie funktioniert es)

Beim morphologischen Kasten werden zu jedem Problem Lösungen gesucht, die in einer Matrix kombiniert werden. Daraus wird die geeignetste Kombination ermittelt (siehe Tabelle 10).

Tabelle 10   Beispiel einer Morphologie-Matrix

Morphologie-Matrix			
Parameter	**Ausprägung der Parameter**		
	Möglichkeit 1	**Möglichkeit 2**	**Möglichkeit 3**
Beförderungs-raum A	Antrieb und Beförderungsraum in einer Einheit 1	Antrieb mit Beförderungsraum und weiteren Anhängern 2	Antrieb allein und Beförderungsraum im Anhänger 3
Lenkung B	Manuelle Lenkung 1		Lenkung durch Schienen 2
Brennstoff C	Flüssig 1	Fest 2	Gasförmig 3
Antrieb D	Dampf 1	Verbrennung 2	Elektro 3 Nuklear 4

Anleitung (Wie gehe ich vor)

- Definieren Sie das Problem: „Welche Funktionen sind zu erfüllen und welche Eigenschaften werden von der Lösung erwartet?"

- Hier beginnt der kreative Prozess mit der strukturierten Erfassung der Möglichkeiten.

- Wählen Sie die wichtigsten Möglichkeiten aus und erstellen Sie die Matrix. Platzieren Sie die Funktionen oder Parameter in der Senkrechten oder ersten Spalte, mögliche Ausprägungen der Parameter in den Zeilen.

- Verbinden Sie die einzelnen Funktionsalternativen und wählen Sie die geeignetste Lösung aus.

Querverweis zu verwandten Tools in diesem Buch

Attribut-Liste (Abschnitt 3.3.6).

Bibliografie: Fritz Zwicky und Mehrmann.

3.3.8   Merlin-Technik

Zweck und Absicht (Warum und wann anwendbar)

Osborn, der Entwickler des Brainstormings, hat eine Checkliste entwickelt, um dem Kreativitätsprozess mehr Struktur und Führung zu geben. Diese Technik basiert auf dem Prinzip der Analogie – Vertrautes wird verfremdet, Fremdes wird vertraut gemacht, Gegensätzliches gesucht. Diese Technik kann alleine oder in der Gruppe angewandt werden.

Funktion und Aufgabe (Wie funktioniert es)

Die Osborn-Checkliste soll helfen, Probleme (und potenzielle Lösungen) aus einer ungewöhnlichen Sicht zu betrachten und kreative Lösungen zu entwickeln. Optionen werden auf kreative Weise in alle Richtungen erweitert: als sei man Merlin der Zauberer und könnte alles herbeizaubern.

Anleitung (Wie gehe ich vor)

Brainstormen Sie für zehn Minuten „verrückte" Möglichkeiten (Antworten) auf folgende Fragen:

Anders verwenden

- Wie kann die Idee anders verwendet werden?
- Welchen Nutzen, Gebrauch hat die Idee noch?

Anpassen

- Was spricht dafür – was spricht dagegen?
- Was ist der Idee ähnlich?
- Welche Parallelen lassen sich ziehen?
- Gibt es Analogien in der Natur? (Siehe Abschnitt 3.3.5)
- Wie können die Ideen gruppiert, strukturiert werden? (Siehe auch Abschnitt 3.3.10)

Ändern

- Was kann man ändern?
- Kann ich die Anordnung ändern?
- Wie kann man die Bedeutung, Farbe, Bewegung, Klang, Geruch, Form, Größe verändern und umgestalten?

Vergrößern

- Wie kann man Stärke, Länge, Dicke, Höhe vergrößern?
- Wie kann man die Idee verdoppeln, multiplizieren, übertreiben?

Verkleinern

- Was kann man wegnehmen?
- Wie kann man die Idee kleiner, kompakter, tiefer oder heller gestalten?

Ersetzen

- Was kann man an der Idee ersetzen?
- Wer oder was kann an die Stelle der Idee treten?
- Welches Material kann verwendet werden?

Umstellen

- Welche Teile, Strukturen können ausgetauscht, verändert, umgestellt werden?

Umkehren

- Wie kann positiv und negativ getauscht werden?
- Wie sieht das Gegenteil aus?
- Wie lässt sich das Problem verfremden?

Kombinieren

- Was lässt sich kombinieren?
- Wie kann man die Idee mit einer anderen kombinieren?
- Gibt es Lösungen aus anderen Bereichen?

Tipps und Anregungen

Benutzen Sie dieses Tool, während Sie mit anderen Kreativitätstools arbeiten, um die Quantität der Optionen, Ideen und Variationen zu erhöhen.

Princeton Creative Research hat eine Checkliste entwickelt, um Ideen zu evaluieren. Dazu können Sie folgende Fragen benutzen:

- Haben Sie alle Vorteile oder Vorzüge der Idee berücksichtigt? Besteht wirklich ein Bedarf dafür?
- Haben Sie genau die Probleme oder Schwierigkeiten erfasst, die Ihre Idee lösen soll?

- Ist Ihre Idee ein ursprüngliches, neues Konzept oder eine neue Kombination bzw. Adaption?

- Welche sofortigen oder kurzfristigen Gewinne oder Erfolge sind zu erwarten? Lohnen sich die Projektergebnisse? Sind die Risikofaktoren akzeptabel?

- Welche langfristigen Erfolge sind zu erwarten?

- Ist die Idee auf Fehler oder Einschränkungen untersucht worden?

- Gibt es Probleme, die durch die Idee verursacht werden? Worin bestehen die Änderungen?

- Wie einfach oder kompliziert gestaltet sich die Umsetzung oder Ausführung der Idee?

- Könnte man mehrere Variationen der Idee ausarbeiten? Kann man alternative Ideen vorschlagen?

- Beinhaltet Ihre Idee einen natürlichen Kaufanreiz? Ist der Markt dafür reif? Kann der Kunde es sich leisten? Wird man es kaufen? Gibt es einen Zeitfaktor?

- Was, falls vorhanden, bietet die Konkurrenz in diesem Bereich? Ist Ihr Unternehmen konkurrenzfähig?

- Haben Sie die Möglichkeiten der Ablehnung oder von Schwierigkeiten berücksichtigt?

- Erfüllt Ihre Idee ein echtes Bedürfnis, oder muss das Bedürfnis durch Marketing- und Werbemaßnahmen erst erzeugt werden?

- Wie schnell könnte man die Idee in die Produktion umsetzen und auf welche Weise?

Bibliografie: Osborn, Townsend, Princeton Creative Research.

3.3.9 Kräftefeld (Force Field)

„Einige konkurrierende Gruppen engagieren sich für unterschiedliche Initiativen. Keine von ihnen versteht und berücksichtigt die Gegenseite und die Widerstände für oder gegen die gewünschten Veränderungen. Ich möchte diese Kräfte identifizieren und darstellen."

Zweck und Absicht (Warum und wann anwendbar)

Die Kräftefeld-Analyse wurde in den 1950er-Jahren von Kurt Lewin entwickelt. Sie dient dazu, Kräfte zu entdecken, die den gewünschten Änderungen entgegenstehen, diese zu analysieren und proaktiv anzugehen. Andere nützliche Anwendungsbereiche sind:

- Nachteile und Vorteile von Ideen und Initiativen im Vorfeld zu testen und zu evaluieren.

- Gründe und Faktoren erkennen, die die Lösung eines Problems unterstützen oder bremsen und erkennen, wann eine Idee voraussichtlich auf Widerstand stößt.

Funktion und Aufgabe (Wie funktioniert es)

Das Kräftefeld zeigt die Relationen und Bedeutungen von Faktoren, die möglicherweise das Problem, ein Ziel, eine Initiative oder gewünschte Veränderung beeinflussen. Es gibt jederzeit Situationen, in denen die einen Kräfte eine bestimmte Situation oder einen Prozess unterstützen und entgegengesetzte Kräfte gegen die Situation oder den Prozess arbeiten. Die antreibenden Kräfte für eine Veränderung unterstützen die Bewegung in die Richtung eines gewünschten Zustands, während bremsende Kräfte (gegen Veränderung) versuchen, den Status quo zu halten; also ist die bestehende Situation eine Balance zwischen Kräften für und gegen Veränderung. Das Kräftefeld kann auch die Vorteile und Nachteile einer Situation darstellen, um sie leichter vergleichen zu können.

Anleitung (Wie gehe ich vor)

- Nachdem der Arbeitsgruppe der Zweck des Kräftefeld-Tools erklärt wurde, wird der Buchstabe „T" auf ein Flipchart gezeichnet. Notieren Sie das Thema oder Problem, das man analysieren oder genauer erforschen möchte.

- Erläutern Sie das Problem. Notieren Sie danach eine Beschreibung der Situation, die Sie erreichen möchten.

- Identifizieren Sie die Kräfte, die zur idealen Situation treiben. Diese Kräfte können intern oder extern sein. Listen Sie diese auf der linken Seite des „T" auf.

- Identifizieren Sie alle relevanten Kräfte:

  - Umgebung (sozial, politisch, ökonomisch, technologisch, ökologisch, o. a.)

  - Unternehmen (Mission, Ziele, Strategien, Kulturen, Werte, Glaube usw.) und Gruppen in Unternehmen (Abteilungen, Geschäftseinheiten, informelle Gruppen usw.)

  - Interaktionen (Rollen, Stile, Funktionen, Allianzen, Konflikte usw.)

  - Individuen (Ziele, Erwartungen, Bedürfnisse, Wünsche, Verhaltensstile usw.)

- Identifizieren Sie Kräfte, die die Bewegung in Richtung Idealzustand bremsen. Diese notieren Sie auf der rechten Seite.

- Priorisieren Sie die antreibenden Kräfte. Verwenden Sie das 100-Punkte- (Abschnitt 6.9) oder das nominale Gruppen-Tool (Abschnitt 6.7), falls Sie keine Einigung erzielen. Möchten Sie die Situation in einem Diagramm darstellen wie in Abbildung 31, dann verdeutlicht die Länge der Pfeile die Wichtigkeit bzw. den Einfluss der Kraft.

- Finden Sie heraus, wo der Balancepunkt liegt und arbeiten Sie daran, die bremsenden Kräfte zu reduzieren und die antreibenden Kräfte zu stärken. Gestalten Sie den gewünschten Zustand attraktiver. Wählen Sie die effektivsten Aktionen, um die Pro-Kräfte zu erhöhen und die Anti-Kräfte zu schwächen.

- Listen Sie die durchzuführenden Schritte auf und setzen Sie diese in Ihre Umsetzungsstrategie oder Präsentation fürs Management ein.

Tipps und Anregungen

- Häufig ist es erfolgreicher, Barrieren aus dem Weg zu räumen, als sich zu sehr auf die treibenden Kräfte zu konzentrieren, da die Verstärkung der treibenden Kräfte oft größere Widerstände erzeugt.

- Ist nicht klar, ob eine Kraft für oder gegen das Projekt ist, notieren Sie diese auf einem separaten Blatt, um sie später zu diskutieren.

- Lassen Sie genügend Raum zwischen den Kräften, um Strategien oder Schritte einzufügen und benutzen Sie unterschiedliche Farben, um die beiden zu unterscheiden.

Kräftefeld-Diagramm als Beispiel für den Kauf eines Sportwagens (Abbildung 31)

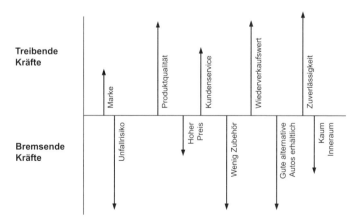

Abbildung 31   Das Kräftefeld-Diagramm zeigt die treibenden und bremsenden Kräfte für einen Autokauf

Tabelle 11 Beispiel für eine Kräftefeld-Tabelle, um „Nichtraucher zu werden"

Kräftefeld Die ideale Situation wäre „mit dem Rauchen aufzuhören"	
Treibende Kräfte für (+)	**Bremsende Kräfte gegen (–)**
A: Gesundheitsrisiko *Aktionspunkt 1:*	C: Gewohnheit *Aktionspunkt 4:*
B: Brandflecken in Kleidern *Aktionspunkt 2:*	D: Abhängigkeit *Aktionspunkt 5:*
Schlechtes Vorbild: *Aktionspunkt 3:*	Geschmack
Kosten	Werbung
Auswirkungen auf andere	Unnachsichtigkeit

Querverweis zu verwandten Tools in diesem Buch

Das Kräftefeld ist nicht nur ein nützliches Tool, um auf kreative Weise die bestehenden Kräfte zu verstehen, sondern kann auch eine wichtige Rolle während der Analyse oder der Phase der Entscheidungsfindung spielen. Es lassen sich damit auch Kriterien entwickeln, um die Effektivität von Verbesserungen abschätzen zu können.

Bibliografie: Butler, Gundy.

3.3.10 Übersicht zu alternativen Kreativitätstools

Die folgenden Beispiele sollen das Bild um weitere Kreativitätstools und Techniken erweitern:

- Gunnar Heinsohn entwickelte die Rätselvermehrung: Durch das Kombinieren verschiedener Probleme miteinander, die nichts miteinander zu tun haben, wird das Bewusstsein angeregt und man nähert sich auf Umwegen der Lösung.

- Das Tool Problemanalysebaum entspricht einer Mischung aus einem Stammbaum und einem Mind-Mapping-Diagramm. Es zerlegt das Problem in seine Einzelteile. So wird vom jeweils übergeordneten Element ausgegangen und dann weiter aufgeschlüsselt. Für jeden Teil des Problems wird eine Baumstruktur mit den Unterbegriffen oder kreativen Ideen gebildet.

- Die 6-Hütchen-Technik von Edward de Bono wird detaillierter im Abschnitt 7.13 als Feedback-Technik erläutert. Diese kann aber ebenso als Kreativitätstechnik eingesetzt werden und funktioniert, im Gegensatz zu den meisten

Tools, nicht durch interaktive Diskussion, sondern es werden nacheinander folgende Phasen der Ideensuche durchlaufen:

- Weißer Hut: Informationen sammeln

- Roter Hut: Emotionen zum Problem beschreiben

- Schwarzer Hut: Einwände ausdrücken

- Gelber Hut: positive Seiten der Veränderung suchen

- Grüner Hut: neue Ideen und Alternativen suchen

- Blauer Hut: die Ideen verknüpfen und sortieren

Durch die verschiedenen Sichtweisen des Problems können neue Ideen gefunden werden. Man ist dadurch gezwungen, alte Denkbahnen zu verlassen.

- Szenariotechnik: Es wird überlegt, welche Möglichkeiten es in Zukunft geben kann. Diese Technik wird meist für Zukunftsstudien angewendet. Oft werden nur drei Szenarien durchgespielt: eine optimistische, eine pessimistische und eine bei unveränderten Bedingungen. Mit dieser Technik kann man sich vor zukünftigen Problemen schützen. Man macht die Zukunft planbar.

  Die Szenariotechnik hat drei Hauptphasen: 1. Planung, 2. Erstellung und 3. Transfer. Bei der Szenariotechnik sollte es eine Leitungsgruppe und einen Projektverantwortlichen und Moderator geben. Die ideale Gruppengröße liegt bei 10-15 Personen. Es sollten Menschen mit unterschiedlichen Hintergründen sein. Die Szenariotechnik hat sieben Phasen: In der Planung gibt es nacheinander die Situationsanalyse und die Informationsphase. In der Szenariogenese gibt es dann die Schlüsselfaktoren-Analyse, eine Informationsphase, die Erarbeitung der Zukunftsprojektionen und die Formulierung der Szenarien. Der Szenariotransfer besteht aus der 7. Phase, der Entwicklung von Leitbildern, Zielen und Strategien. Meist dauert ein Szenario-Projekt mehrere Tage. Bei der Schlüsselfaktoren-Analyse und der Erarbeitung der Zukunftsprojektionen kann das Brainstorming eingesetzt werden. Die Ergebnisse und Informationen werden auf Plakaten und Karten visualisiert.

- Bisoziation: Zuerst wird das Problem klar definiert und dann anhand eines Bildes versucht, zu assoziieren und neue Ideen zu finden. Die Ideen werden aufgeschrieben und ohne Zeitvorgabe bewertet.

3.3.11 Verwandtschaftsdiagramm

Zweck und Absicht (Warum und wann anwendbar)

Das Verwandtschaftsdiagramm dient dazu, Ideen oder Informationen, die mit anderen Techniken gewonnen wurden, zusammenzufassen und gemäß einer gewissen Logik in Gruppen zu sortieren: z. B. die Zusammenstellung von Produkten, Berichten oder in anderen großen Mengen von gemischten Daten.

Funktion und Aufgabe (Wie funktioniert es)

- Ein Verwandtschaftsdiagramm organisiert und strukturiert eine Liste von Elementen oder Faktoren und ist das Darstellungstool, das man idealerweise für Chunking (= grobes Gruppieren) einsetzt.

- Es bestärkt auch die Kreativität während der Suche nach verwandten Daten und definiert eine gruppierende Logik. Somit liefern Verwandtschaftsdiagramme eine neue Sichtweise und Klärung.

Anleitung (Wie gehe ich vor)

- Formulieren Sie das diskutierte Thema in einem vollständigen Satz.

- Brainstormen Sie mindestens 20 Ideen oder Themen zum Problem oder sammeln Sie Informationen durch Forschung oder Interviews.

- Zeichnen Sie jede Idee oder Information auf Kärtchen oder Post-it-Zetteln auf.

- Sortieren Sie Informationen gleichzeitig in fünf bis zehn verwandte Gruppen. Bewegen Sie einfach jede Notiz, die Ihrer Meinung nach in eine andere Gruppe gehören könnte und bewegen Sie sie später nochmals, falls erforderlich.

- Für jede Gruppe legen Sie eine Zusammenfassung, Beschreibung oder Überschrift in Abstimmung mit der Arbeitsgruppe an.

- Falls nötig, teilen Sie große Gruppen in Untergruppen, und legen Sie Unter-Überschriften an.

- Erstellen Sie ein Verwandtschaftsdiagramm: Breiten Sie alle Ideen und Verwandtschaftskärtchen auf einem Blatt Papier oder einer Tafel aus. Umrahmen Sie Gruppen mit den Verwandtschaftskärtchen an der Spitze jeder Gruppe. Die hieraus entstehende hierarchische Struktur erzeugt ein wertvolles, besseres Verständnis der Situation.

Tipps und Anregungen

- Es ist in Ordnung, wenn Notizen einzeln stehen bleiben. Die „Einzelgänger" können ebenso wichtig sein wie andere, die sich ganz natürlich in Gruppen einfügen.

- Es ist möglich, dass eine Notiz in einer Gruppe ein Überschriftskärtchen wird. Wählen Sie nicht einfach die nächstliegende, passende Überschrift – eine neue Überschriftskarte zu erstellen, führt oft zu bahnbrechenden Ideen.

- Die Zuordnung zu Gruppen ergibt häufig ein neues Verständnis von dem, was zusammengehören sollte. Überprüfen Sie, ob dies realistisch ist. Benutzen Sie eine Pinnwand (oder Post-it-Zettel auf einem Brett), um Ideen schnell und flexibel darzustellen, zu bewegen, zu gruppieren und zu ersetzen.

Beispiel eines Verwandtschaftsdiagramms für verschiedene Kommunikationsmittel in Abbildung 32

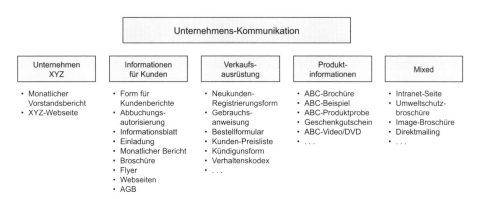

Abbildung 32 Verwandtschaftsdiagramm zur Struktur der Kommunikationsmittel eines Unternehmens

Querverweis zu verwandten Tools in diesem Buch

Venn-Diagramm (Abschnitt 3.3.12), Kärtchentechnik (Abschnitt 3.3.2), Mind Map (Abschnitt 3.1.12).

Bibliografie: Nagel, Bassard und Ritter.

3.3.12 Venn-Diagramm

Zweck und Absicht (Warum und wann anwendbar)

Das Venn-Diagramm (nach seinem Entwickler John Venn) ist ein Gruppierungstool für Informationen, das gleiche, überlappende und untereinander abhängige Kategorien in einem grafischen Format zeigt. Gemäß dem Sprichwort „Ein Bild sagt mehr als tausend Worte", eignet sich das Venn-Diagramm sehr gut, große Informationsmengen zu kategorisieren und in einer vereinfachten, abstrahierten und konzentrierten Form zu präsentieren.

Funktion und Aufgabe (Wie funktioniert es)

Venn-Diagramme arbeiten mit runden Formen, um unterschiedliche Anordnungen oder Elemente von Situationen oder Ideen darzustellen. Wo Elemente von Gruppen überlappen, überschneiden sich Kreise und stellen so die Beziehung – ähnlich wie in der Mengenlehre – zwischen den unterschiedlichen Elementen dar.

Anleitung (Wie gehe ich vor)

- Gehen Sie durch die Informationen und Ideen und legen Sie Elemente ähnlicher Art fest. Benutzen Sie einen Marker für Elemente, die zu mehr als einer Gruppe gehören.

- Gruppieren Sie Elemente ähnlicher Art in einer Box und entwickeln Sie so einen schematischen Überblick.

Alternativen

Neben dem Verwandtschaftsdiagramm (Abschnitt 3.3.12) gibt es ähnliche Tools, die unter dem Begriff Chunking (Organisieren oder Aufgliedern in größere oder kleinere Stücke) zu finden sind wie z. B. 3M-Tool (Meta – großer Chunk, Makro – mittlerer Chunk und Mikro – kleiner Chunk) oder unter Clustering. Chunking ist ursprünglich ein NLP-Ausdruck, der im Informationstechnologie-Bereich benutzt wird. Der grafische Ansatz bei Chunking beinhaltet, die Themen oder Ideen in einem Kasten in der Mitte eines Flipcharts zu platzieren. Ein zweiter Kasten wird über den ersten gezeichnet, um zu notieren, wovon die ursprünglichen ersten Themen ein Teil sind – die Frage danach, was umfassender ist als das Thema bzw. was das „Bigger Picture" ist. Teilbereiche der Themen werden in Kästen unterhalb der ersten Box gezeichnet. Schließlich werden ähnliche, vergleichbare oder parallele Themen (der gleichen Hierarchie) in Kästen neben der ursprünglichen Box platziert. Chunking ist eine gute Lösung, um den größeren Kontext zu verdeutlichen.

Beispiel für ein Venn-Diagramm

Abbildung 33 zeigt ein Venn-Diagramm.

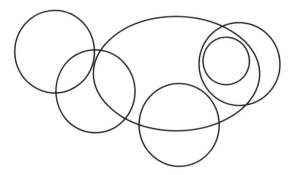

Abbildung 33 Venn-Diagramm

Bibliografie: Harris, Nagel, Haberfellner, Bassard und Ritter.

3.3.13 Fischgräten-Ursachenanalyse

Zweck und Absicht (Warum und wann anwendbar)

Das Fischgräten- oder Ursachenanalyse-Tool (manchmal auch Ishikawa- oder Ursachen-Effekt-Tool genannt) liefert eine visuelle Karte der Ursachen, die zu einem bestimmten Problem (Effekt) führen. Es wird am besten eingesetzt, um ein vorhandenes Problem in einem frühen Stadium zu erforschen, oder um während der Analyse-Phase noch „tiefer zu graben".

Funktion und Aufgabe (Wie funktioniert es)

- Man kann damit alle möglichen Ursachen, die zu einem Problem führen, identifizieren, aufzeigen, die zu Grunde liegenden Ursachen finden und die Zusammenhänge zwischen diesen und darunter liegenden Antriebskräften erkennen. Mit anderen Worten handelt es sich um die grafische Illustration der Beziehungen zwischen einem Problem, den Ursachen eines Problems und den Auswirkungen (der Effekte).

- Es hilft einem Team, sich auf den Kern des Problems zu fokussieren, und nicht auf das Symptom. Es erzeugt einen Schnappschuss des kollektiven Wissens oder der Wissenslücken zu einem Problem und stellt es grafisch dar.

Anleitung (Wie gehe ich vor)

- Definieren und nennen Sie die Hauptgründe für das Problem, um ein Ursachen-Effekt-Diagramm aufzubauen.

- Schreiben Sie die Effekte/Auswirkungen in einen Kasten auf die rechte Seite des Diagramms oder auf ein Flipchart. Prüfen Sie, ob sich alle über das Problem einig sind. Um präzise zu sein, sollte so viel Information wie möglich dabeistehen. Das Rückgrat des „Fisches" geht quer über das Papier, davon gehen mehrere Linien aus, die zu einem Kasten führen, in dem die Kategorie der möglichen Ursache steht.

- Fragen Sie „Warum passiert das?" Die Frage wird so lange wiederholt, bis das Team keine Ursachen mehr findet. Für jeden tieferen Grund geht man einen Schritt weiter, um ein noch tieferes Verständnis zu erzielen. Benutzen Sie das 5-W-Tool (Abschnitt 3.2.11), um mehr Informationen zu erhalten, und identifizieren Sie die versteckten oder unbekannten Ursachen.

- Mögliche Unteraspekte schreiben Sie neben die Linien jeder Kategorie.

- Seien Sie flexibel mit der Benennung der „Gräten". Es gibt kein perfektes Set oder die richtige Anzahl von Kategorien:

  - Ein Produktionsprozess hat üblicherweise die folgenden Kategorien: Maschinen/Ausstattung, Material, Werkzeuge und Menschen.

- Ein Service-Prozess hat üblicherweise folgende Kategorien: Richtlinien, Kanäle, Prozessabläufe und Menschen.

- Kategorien für beide sind: Umfeld, Einschätzung, Kommunikation und Zeitpläne.

• Man kann auch die Hauptschritte eines aktuellen Geschäftsprozesses an die Stelle der Hauptgrund-Kategorien setzen.

• Ein anderes typisches Set von Kategorien ist: Mensch, Maschine, Material, Geld und Methode, wie in Abbildung 34 dargestellt.

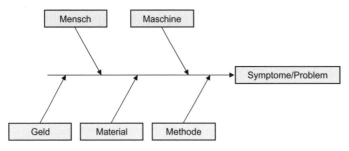

Abbildung 34
Die meisten Probleme haben ihre Ursache in einem der vier gezeigten Bereiche

Tipps und Anregungen

• Platzieren Sie ein vergrößertes Fischgräten-Diagramm an einem öffentlichen Platz in der Firma und stellen Sie Post-it-Zettel zur Verfügung, damit alle mitmachen können. Fordern Sie alle auf, Gründe und Lösungen anzukleben.

• Eine Umkehrung des Fischgräten-Tools ist die Lösungs-Effekt-Analyse, bei der man die mögliche Lösung in einen Kasten links stellt, eine horizontale Linie davon nach rechts zieht und davon ausgehend weitere Linien mit den möglichen Konsequenzen darstellt, wie in Abbildung 35.

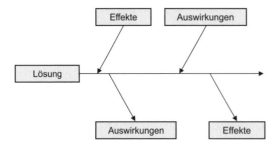

Abbildung 35 Lösungs-Effekt-Variante zum Fischgräten-Tool

Beispiel eines Fischgräten-Modells für „Risiken" in Abbildung 36

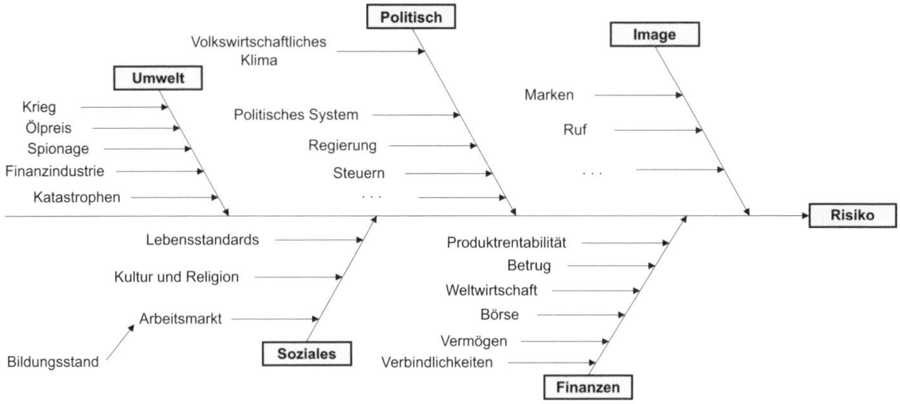

Abbildung 36   Ein Beispiel für Gründe und Auslöser, die ein Risiko hervorrufen

Querverweis zu verwandten Tools in diesem Buch

Mind Map (Abschnitt 3.1.12), 5 W (Abschnitt 3.2.11).

Bibliografie: Harris, Markham.

3.3.14   Pareto – 80:20-Regel

„Wo liegen die Hauptaktivitäten und -themen, welche die größte Auswirkung auf das Endresultat haben?"

Zweck und Absicht (Warum und wann anwendbar)

Das Pareto-Prinzip ist eine sehr effektive Technik um zu zeigen, welche Elemente eines Problems die größte Auswirkung haben. Das Pareto-Tool beschreibt das statistische Phänomen, wie sich Mitteleinsatz und Auswirkung verteilen. Dies zu verstehen, hilft bei der Wahl von Projekten und Alternativen oder bei der Zeit- und Ressourcen-Planung und -Verteilung.

Funktion und Aufgabe (Wie funktioniert es)

Das Pareto-Prinzip geht zurück auf den italienischen Ökonom Vilfredo Pareto (1848-1923) und ist allgemein bekannt als 80:20-Regel. Sie besagt, dass 80 Prozent der Ergebnisse von nur 20 Prozent der Anstrengungen resultieren, während die verbleibenden 20 Prozent nur durch 80 Prozent Anstrengung erzielt werden können – oder in anderen Worten: 20 Prozent der Gründe verursachen 80 Prozent aller Probleme. Das Pareto-Prinzip kann bei vielen, auch alltäglichen Fragestellungen beobachtet werden. 20 Prozent der eingesetzten Zeit bringt 80 Prozent der Ergebnisse (Zeitmanagement). In einem durchschnittlichen Haushalt verursachen 20 Prozent der Kostenpositionen 80 Prozent der Kosten. In einer Wohnung weisen 20 Prozent des Teppichs 80 Prozent der Gesamtabnutzung auf. Beispiele aus dem Geschäftsbereich sind:

- Die besten 20 % der Zulieferer erzeugen 80 % des Werts der Teile und der Zulieferungen an eine Firma.

- 20 % der Angestellten verursachen 80 % der Abwesenheitstage durch Krankheit.

- 20 % der Produkte verursachen 80 % der Produktionskosten.

- 20 % der Qualitätsprobleme oder Gründe für Stillstand führen zu 80 % Rücknahmen, Fehlern oder Verzögerungen.

- 20 % der Top-Produkte erzeugen 80 % des Profits.

- 80 % der Kundennachfrage wird durch 20 % der Werbemaßnahmen verursacht.

Anleitung (Wie gehe ich vor)

- Haben Sie das Problem oder den Bereich bestimmt, zu dem Sie mehr wissen möchten, benutzen Sie Ihre geschäftliche Erfahrung oder den gesunden Menschenverstand und die oben angeführten Beispiele, um Hypothesen zu den Bereichen zu entwickeln, die Sie untersuchen möchten.

- Die Hauptquelle der Informationen für diese Art von Übung kommt aus der quantitativen Informationsbeschaffung oder aus einem Brainstorming.

- Wählen Sie die bedeutendste Einheit für Messungen wie Häufigkeit oder Kosten. Dann wählen Sie die zeitliche Periode für die Untersuchung.

- Sammeln Sie die notwendigen Daten für die Problemkategorie (z. B mit dem DILO-Tool aus Abschnitt 3.2.8 oder unter Zuhilfenahme von existierenden Daten). Vergessen Sie nicht, Datenquelle, Ort, und Beobachtungszeitraum zu vermerken.

- Vergleichen Sie die relative Häufigkeit oder die Kosten jeder problematischen Kategorie (im detaillierten Beispiel in Abbildung 37 wären dies: Krankheitsfehltage, Fortbildungsfehltage, unbezahlte Urlaubstage, Urlaubstage, Überstunden-Ausgleich, andere Fehltage).

- Hat man die Summen jeder Kategorie und die ganze Gesamtsumme, sortiert man die Daten auf- oder absteigend und vergleicht die oberen und unteren Kategorien. Kalkulieren Sie die kumulativen Prozentanteile, beginnen Sie mit der höchsten Problemkategorie.

- Werten Sie die Resultate aus und benutzen Sie mögliche Varianten wie „davor-danach-Szenarien" (gepaarte Pareto-Tabellen). Ändern Sie die Gruppierung der Daten oder die angelegte Messskala für die Kategorien, um die Aussagefähigkeit der Analyse zu erhöhen. Eine häufig verwendete Kombination ist die von Kosten und Häufigkeiten.

Beispiel für ein 80:20-Diagramm in Abbildung 37

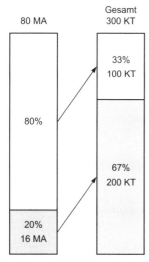

Abbildung 37
20 Prozent aller Mitarbeiter (MA) verursachen 67 Prozent aller Krankheitstage (KT)

Beispiel: Eine Untersuchung in Bezug auf Krankheitsfehltage der Angestellten einer Firma. Es gibt insgesamt 80 Angestellte. Eine Auflistung besagt, dass vier Personen „häufig" krank sind, gefolgt von zwölf Personen, die „relativ häufig" krank sind. Diese ersten beiden Gruppen machen 200 der insgesamt 300 Krankheitsfehltage aus. Die verbleibenden 64 Angestellten verursachen 100 Krankheitsfehltage. Damit ergibt sich: 16 von 80 = 20 % der Angestellten verursachen 200 von 300 = 67 % der Krankheitsfehltage.

Querverweis zu verwandten Tools in diesem Buch

Fischgräten-Ursachenanalyse (Abschnitt 3.3.13), Mind Map (Abschnitt 3.1.12), die meisten quantitativen Informationsbeschaffungs- und Prioritäten-Tools wie Schwerpunkt-Matrix (Abschnitt 6.13).

Bibliografie: Bassard und Ritter, Nagel.

3.3.15   ABC-Tool

Zweck und Absicht (Warum und wann anwendbar)

Das ABC-Tool ist ein betriebswirtschaftliches Analyseverfahren und Ordnungs-verfahren zur Klassifizierung einer großen Anzahl von Daten (Erzeugnisse, Kun-den oder Prozesse). Als eine Variante des Pareto- oder „80:20-Tools" (Abschnitt 3.3.14) wird es oft in Versorgungsketten, Logistik und anderen Untersuchungen wie z. B. Materialbeschaffung, Ausstattungsverwaltung und Kostenbuchhaltung oder Preisberechnung verwendet. Das ABC-Analyse-Tool eignet sich auch für:

- Trennen des „Wesentlichen" vom „Unwesentlichen",
- Setzen von Rationalisierungsschwerpunkten,
- Vermeiden von unwirtschaftlichen Anstrengungen und
- Steigern der Wirtschaftlichkeit.

Die ABC-Analyse gruppiert und klassifiziert Dinge nach ihrer relativen Wichtig-keit. Die Klassifizierung kann sich auf den Geldwert beziehen, auf die Verfügbar-keit, Varianten in Durchlaufzeiten, Notwendigkeit für den Betrieb einer Einheit, neue Kundenteile ausschließlich für dieses Produkt u. a.

Funktion und Aufgabe (Wie funktioniert es)

Der Aufbau des Tools besteht in der Regel aus zweidimensionalen Wertepaaren. Diese Wertepaare werden zunächst nach Größe sortiert, danach kumuliert und in Klassen eingeordnet. Anhand dieser Einordnung kann man sich ein Bild der Si-tuation verschaffen und weitere Vorgehensweisen ableiten. Typische Kombina-tionen von Wertepaaren sind: Kunden – Umsatz, Artikel – Bestand (Anzahl), Res-sourcen – Kosten, Kosten – Nutzen.

Jeder Wert wird üblicherweise einer der drei folgenden Kategorien oder Maßga-ben zugeteilt:

- **Gruppe A:** wichtig, hoher Wert (bis 65-80 % des Wertanteils, aber nur 10-15 % des Volumens).

- **Gruppe B:** weniger wichtig (bis 15 % des Wertanteils und ein weit größerer Anteil des Volumens)

- **Gruppe C:** relativ unwichtig (Menge von 65 % des Volumens, die nur 5 % des Werts ausmacht).

Diese Einteilung in unterschiedliche Kategorien von Wert und Wichtigkeit er-möglicht maßgeschneiderte Ansätze und Strategien, um die unterschiedlichen Kategorien von Lagerbestand, Zulieferern, Kunden, Schlüsselprodukten, Rohma-terial usw. entsprechend behandeln zu können. Die A-Kategorie erhält die meiste Aufmerksamkeit und erfordert strenge Kontrolle, B-Kategorie-Einheiten sind wichtig und Teil des „Bigger Picture" und die C-Kategorie-Einheiten benötigen ein effizientes und kostengünstiges Management durch das große Volumen und die damit verbundenen zeitaufwändigen Aufgaben.

Anleitung (Wie gehe ich vor)

Teilen Sie die Menge von Objekten in die Klassen A, B und C auf und ordnen Sie diese nach absteigender Bedeutung.

- In der einfachsten Form beginnt man das ABC-Tool mit einem Balkendiagramm, in dem die Balken nach Größe angeordnet sind, der höchste links. Die zu Grunde liegenden Daten bilden eine Rangfolge der nach den höchsten Werten oder Größen geordneten Objekte, z. B. alle Lieferanten, geordnet nach deren Umsatzvolumen.

- Untersuchen Sie dann, wie viele Ihrer Lieferanten 80 % des Gesamtumsatzvolumens repräsentieren. Dies ist Ihre A-Gruppe. Die Gruppierung für B und C folgt der gleichen Logik. Kumulieren Sie dann die Gruppenwerte der drei Balken auf, um ein Diagramm ähnlich der Abbildung 38 zu erhalten.

Beispiel eines typischen ABC-Tool-Diagramms

Abbildung 38 zeigt ein ABC-Tool Diagramm am Beispiel einer Lagerhaltungsliste.

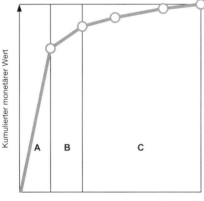

Anzahl oder Volumen (in Gruppen nach Rangfolge)

Abbildung 38
ABC-Analyse-Diagramm:
A repräsentiert die wichtigste Gruppe.

In diesem Beispiel in Abbildung 38 einer Lagerhaltungsliste, machen die ersten 15 % aller Teile ungefähr 65 % des kumulierten Werts aus. Bei einer Firma mit 1.000 unterschiedlichen Lagerteilen bedeutet dies: wenn man 150 Teilen mehr Aufmerksamkeit schenkt (mit einem ausgeklügelten Lagerhaltungs- und Kontrollsystem), hat man eine gute Kontrolle über rund 65 % des gesamten Lagerwerts.

Die nächsten, ungefähr 20 % der Teile machen üblicherweise weitere 15-20 % des kumulativen Geldwerts aus. Dafür braucht man keine so anspruchsvollen Kontrollmechanismen mehr. Die letzten 15 % der (weniger wertvollen oder weniger benötigten) Teile machen nur noch 5 % aus und könne mit einem einfachen System kontrolliert werden.

Ein anderes Beispiel wäre die Kontrolle der Reisekosten. Hier verursachen rund 20 % der Reisen 80 % der gesamten Reisekosten. Diese 20 Prozent sollten daher genau beobachtet und kontrolliert werden.

Tipps und Anregungen

In der Management-Literatur bedeutet ABC manchmal auch aktivitätsbasierende Kostenberechnung, wobei es sich um einen speziellen kostenbasierten Ansatz handelt, um einem Produkt oder einem Service feste oder variable Kosten zuzuordnen. Dies ist jedoch eine andere Technik als das ABC-Tool, das in diesem Buch beschrieben wird.

Querverweis zu verwandten Tools in diesem Buch

Pareto – 80:20-Regel (Abschnitt 3.3.14)

4 Zielformulierung

Zweck der Kategorie	Name des Tools oder der Technik	Seite	Benutzer-freund-lichkeit	Aufwand/ Nütz-lichkeit
Zielformu-lierung	Ziel-Katalog	118	☺☺	☺☺
	SMARTe Ziele	121	☺☺☺	☺☺
	Definierte Ergebnisse	122	☺☺	☺☺
	3P-Äußerungen	124	☺☺☺	☺☺☺
	Ziel-Mittel-Hierarchie	126	☺☺	☺☺☺
	Ziel-Gitter	128	☺☺☺	☺☺
	Chart	130	☺☺	☺☺☺
	SNAP	131	☺☺	☺☺

Zielsetzungen beginnen meist mit Fragen wie dieser: „Was wollen wir bzw. was wollen wir erreichen oder vermeiden?" Die Antworten können lauten: „Wir wollen die Profitabilität verbessern" oder „der Schadstoffausstoß soll verringert werden". Das sind die Ziele oder gewünschten Ergebnisse. Dieser Abschnitt beschreibt Tools, mit denen man solche Antworten (Ziele) identifizieren, verstärken, verstehen, definieren und testen kann. Ziele sind Feststellungen, die den Lösungsfindungsprozess leiten, und die definieren, was eine Lösung als Resultat für den gewünschten Zustand bezwecken wird.

4.1 Zieldefinition aus unterschiedlichen Blickwinkeln

Abbildung 39 enthält Zitate, die das Wesen der Zielsetzung treffend zusammenfassen. Es existieren verschiedene Begriffe – Ziel, Zweck, Lösung, Absicht, Intention, Ergebnis – die das Gleiche meinen: Man möchte einen Zustand erreichen, der besser ist als der derzeitige Status quo.

Eine ungenügende Definition von Zielen oder Ergebnissen ist häufig der Grund für Konflikte und Missverständnisse. Daher ist dies eine wichtige Komponente, die eindeutig definiert und verstanden sein will. Die folgenden Tools helfen dabei, alle Blickwinkel zu prüfen, um „High Quality Goals" zu erzielen. Hier wurden Tools aus breit gefächerten Disziplinen verwendet: aus Coaching, Projektma-

Abbildung 39   Zusammenfassung von „typischen" Zielsetzungen

nagement, Pädagogik, Beratung (Counselling), aus der Literatur zur Selbsthilfe in Lebens- und Berufsberatung, aus den Humanwissenschaften, NLP u. a. Sie sollen Sie dabei unterstützen, mit den verschiedenen Situationen und Anforderungen gut umgehen zu können und die Zielformulierung spannender und unterhaltsamer zu gestalten.

Man könnte einen Abschnitt über die „Balanced Scorecard" in diesem Zielsetzungskapitel erwarten. Die Balanced Scorecard ist jedoch eine eigene „Wissenschaft" und muss deshalb umfassender behandelt werden, als es in diesem Buch möglich ist. Nutzen Sie für weitere Informationen dazu entsprechende Fachliteratur.

4.2   Ziel-Katalog

Zweck und Absicht (Warum und wann anwendbar)

Ein Ziel-Katalog liefert einen Rahmen, um Ziele und Ergebnisse umfassend und korrekt in jeder Phase der Zielsetzung oder des Projekt-Prozesses beurteilen zu können. Die Ziele müssen während des Projekts/Prozesses immer wieder überprüft und als Referenz in der Phase des Entscheidungs- und Evaluierungsprozesses benutzt werden.

Funktion und Aufgabe (Wie funktioniert es)

Der Vorgang der Zielsetzung sorgt dafür, dass das Ziel klar definiert und verstanden wird. Es sollte entsprechend aller Anforderungen dokumentiert und kommuniziert werden, so dass alle relevanten Parteien das Ziel und Ergebnis verstehen.

Anleitung (Wie gehe ich vor)

Definieren Sie das Objekt (z. B. Beschaffungssystem, Farbenherstellungsanlage, Reduktion schädigender Emissionen in Städten nahe einer Chemiefabrik usw.), das Sie verändern oder verbessern wollen. In dieser frühen Phase kann es manchmal verschwommen sein, und muss später nochmals überprüft werden.

- Formulieren Sie das Ziel, seine gewünschten und nicht gewünschten Qualitäten, Eigenschaften und Attribute.

- Untersuchen Sie das erwartete Ergebnis und was einzelne Gruppen mit ihren Zielen bewirken wollen. „Ist eine Reduktion der Emissionen das Endziel, oder geht es eher darum, die sinkenden Eigentumswerte zu verhindern oder den Gestank zu vermeiden, der Grillabende unmöglich macht?" Fragen Sie mehrere Male, was es Ihnen an Nutzen bringt, bis Sie die tiefer liegende Motivation erfahren. Diese Fragetechnik entspricht dem 5-W-Tool in Abschnitt 3.2.11.

- Manchmal sollen Ziele gleichzeitig verschiedene Anforderungen erfüllen, was zu verwirrenden Äußerungen und Widersprüchen führen kann, z. B.: eine Reduktion der Emission, aber keine ökonomischen oder kommerziellen Nebenwirkungen (Jobverluste, weil die Chemiefabrik schließen muss). Nicht alle Ziele sind perfekt aufeinander abgestimmt und lassen sich synergetisch erreichen.

- Quantifizieren Sie die Dimensionen der Ziele (in Zeit, Menge, Prozentangaben, Qualität, Ort) und beschreiben Sie, wie Sie diese messen würden (siehe „SMARTe Ziele" Abschnitt 4.3).

- Überprüfen Sie die festgelegten Ziele und entwickeln Sie Kategorien (und Unterkategorien) für Ziele und Unterziele mit Hilfe des Tools Ziel-Mittel-Hierarchie in Abschnitt 4.6.

- Legen Sie für jedes Ziel Wichtigkeit, Dringlichkeit und Priorität fest. Benutzen Sie eine Logik wie z. B. M = Must have – höchste Priorität, S = Should have oder N = Nice to have.

- Dokumentieren Sie Ihre Arbeit mit Hilfe des Ziel-Katalogs und überprüfen Sie alles gemeinsam mit den Stakeholdern und den Verantwortlichen für das jeweilige Ziel. Diese Überprüfung führt logisch zum Stakeholder-Erwartungsmanagement-Tool in Abschnitt 3.1.6: Man überprüft den Ziel-Katalog in Abstimmung mit den Stakeholder-Erwartungen in Bezug auf die Ziele.

Tipps und Anregungen

Prüfen Sie das Ziel und das Ergebnis mit „Warum, wie, wann, wie viel, wo, wer?"

- Bedenken Sie, dass der Besitzer bzw. der Leiter des Projekts oder der Firma die Ziele festlegt. Sie müssen sicherstellen, dass Sie und die anderen Beteiligten diese verstehen. Schließlich sollten Sie prüfen, ob diese Ziele in die Richtung des gewünschten Oberziels gehen.

- Vermischen Sie nicht Ziel und Lösung. Benennen Sie nicht die Lösung, wenn Sie ein Ziel definieren wollen. Eine Lösung kann kein Ziel sein, es handelt sich lediglich um ein Mittel zum Ziel. Ein Ziel benennt das „Was", eine Lösung das „Wie".

- Die Kategorien des Ziel-Katalogs müssen mit einer bestehenden Firmenstruktur, einem Berichtssystem oder einem existierenden Balanced-Scorecard-System abgestimmt werden.

- Ein Ziel-Katalog (siehe Tabelle 12) folgt einer ähnlichen Logik wie der Anforderungskatalog (Abschnitt 5.2.7), lediglich auf einer strategischen Ebene.

Tabelle 12 Beispiel eines Ziel-Katalogs

Ziel-Katalog			
Ziel-Kategorie	**Ziel-Definition**	**Bedingungen, Beschränkungen**	**Priorität ("Muss, sollte, wäre schön")**
Finanzielle Ziele			
Rentabilität	Hohe Kosteneinsparung	Min. 5 %	Sollte
Liquidität	Minimale zusätzliche Investitionen erforderlich	Max. 500,000 €	Muss
Funktions- und Prozess-Ziele			
Sicherheit und Verlässlichkeit	Keine Ausfallzeit länger als 15 Minuten	Max. drei Vorkommnisse pro Jahr	Muss
Leistung	...	...	...
Personal-Ziel			
Fähigkeiten, Qualifikationen	...	...	...

Querverweis zu verwandten Tools in diesem Buch

SMARTe Ziele (Abschnitt 4.3), Chart (Abschnitt 4.8), Anforderungskatalog (Abschnitt 5.2.7), Stakeholder-Erwartungsmanagement (Abschnitt 3.1.6).

Bibliografie: Haberfellner.

4.3 SMARTe Ziele

Zweck und Absicht (Warum und wann anwendbar)

Die Zielsetzung ist eine Fertigkeit an sich, die man erlernen und üben muss. Mit Hilfe des SMARTe-Ziele-Tools lassen sich solche Workshops besser leiten, bei denen viel Ablenkung herrscht und eine einfache Führungshilfe benötigt wird, um die Abläufe zu steuern und die Qualität und Vollständigkeit der identifizierten Ziele zu gewährleisten. Das Tool trägt dazu bei, die Qualität des festgelegten Ziels zu verbessern. Es hilft nicht bei der Festlegung (und quantitativen Überprüfung) eines Ziels.

Funktion und Aufgabe (Wie funktioniert es)

Das SMARTe-Ziele-Tool ist eine Richtlinie, um die Qualitätsanforderungen für Ziele zu implementieren und Stabilität, Vollständigkeit und Kongruenz zu garantieren.

Anleitung (Wie gehe ich vor)

Überprüfen Sie jedes festgelegte Ziel anhand der fünf S-M-A-R-Te-Ziele-Kriterien. Jeder Buchstabe steht für ein Qualitätsmerkmal, das nachfolgend erklärt wird. Verfeinern Sie jedes Ziel, indem Sie einen kurzen Satz dazu formulieren, Beispiel dazu in Klammern:

- S – Specific, spezifisch: Erklären Sie detailliert, was Sie beabsichtigen (z. B. „den ROI des Grundstücksentwicklungsinvestments im Osten Deutschlands erhöhen")!

- M – Measurable, messbar: Legen Sie Zahlen fest (z. B. „ROI um 2 % erhöhen, ausgehend von bestehenden 6 % im Jahresbericht 2005")!

- A – Agreed upon, vereinbart: Wer hat zugestimmt (z. B. eine Unterschrift ist eine sehr sichere Verpflichtung!)?

- R – Realistic, realistisch: im Gegensatz zu idealistisch!

- T – Time bound, zeitgebunden: Setzen Sie einen Meilenstein (z. B. „bis Dezember 2007" oder „innerhalb der nächsten sechs Monate")!

Tipps und Anregungen

„Wenn Sie „es" nicht messen können, dann erfinden Sie einen Maßstab und messen es daran. Können Sie es nicht messbar machen, dann verschwenden Sie Ihre Zeit nicht mit der Festlegung eines entsprechenden Zieles – ein Rat, der immer noch auf viele Situationen zutrifft. Hat man Schwierigkeiten, qualitative Ziele zu definieren – oft bei Service- oder Qualitätsaspekten – führen Sie einen Leistungs-Indikator oder -Index ein, der als Maßstab für steigende oder sinkende Leistung gilt. Fragen Sie: „Wie lässt sich feststellen, dass die Leistung schlecht ist oder etwas nicht mehr ausreichend funktioniert?" Dies liefert Anzeichen dafür, wo man einen Maßstab einführen könnte. Zum Beispiel könnte die „Verbesserung des Arbeitsklimas und der Geschäftskultur" ein Ziel darstellen. Die Maßstäbe (oder Performance/Leistungs-Indikatoren) könnten sein: Angestellten-Verweildauer, Krankheitstage, Anzahl der Disziplinarverfahren, nicht dokumentierte Materialverluste.

- Um eine Leistungsverbesserung mit Hilfe der SMART-Ziele zu erreichen, überwachen Sie pro-aktiv den Fortschritt jedes einzelnen SMART-Ziels. Manchmal genügt bereits die reine Messung, um die Leistung in den betrachteten Bereichen zu verbessern.

- Eine andere Interpretation des Akronyms SMART ist: Specific, Measurable, Achievable, Relevant, Timed (spezifisch, messbar, *erreichbar, relevant,* zeitlich gemessen).

Beispiel einer SMART-Zieldefinition:

Zusammen mit der Entwicklungs- und Fertigungsabteilung soll ein vierrädriges Motorrad innerhalb von 12 Monaten nach Projektstart entworfen werden ohne externe Hilfe, mit einem Budget von zwei Millionen Euro. Als Ergebnis sollten mindestens drei Design-Studien vorliegen, die so detailliert sind, dass sie direkt in die Produktion gehen könnten.

Bibliografie: Haberfellner, Butler.

4.4   Definierte Ergebnisse

Zweck und Absicht (Warum und wann anwendbar)

Im geschäftlichen Umfeld ist die SMART-Ziele-Methode weit verbreitet, um Ziele oder Ergebnisse zu entwickeln. Das SMART-Ziele-Tool weist aber einige Schwächen auf. Dies liegt zum Teil daran, dass die Methode so populär ist und so die Tendenz besteht, die Überschriften zu verschwommen zu formulieren.

Funktion und Aufgabe (Wie funktioniert es)

Diese NLP-basierte Methode, Ziele oder Ergebnisse mit Hilfe von „definierten Ergebnissen" zu verfeinern, erzeugt ein sorgfältig bestimmtes und eindeutigeres Ziel oder Ergebnis. Das Tool respektiert auch die Well-Formedness Conditions (gut definierte und geformte Bedingungen) für ein Ergebnis.

Anleitung (Wie gehe ich vor)

Der 6-Schritte-Ergebnisprozess sorgt dafür, dass man sich auf das konzentriert, *was* man erzielen möchte, anstelle dessen, was man *nicht* erzielen möchte. Das Gewicht liegt darauf, was und wie man es tut, anstelle von Problemen, Entschuldigungen, Alibis und Rechtfertigungen. Arbeiten Sie dazu die folgenden Fragen durch:

- Positiv – „Was möchte ich, was möchten wir?"

  Formulieren Sie Ihr Ziel positiv und legen Sie einen konkreten Schwerpunkt für das Ziel fest. „Ich möchte meine Arbeit ändern und im Tourismusbereich arbeiten" – anstatt „Falls ich entlassen werde, einen Job finden, bei dem ich mit Menschen arbeite".

- Spezifisch, messbar, konkret – „Wie erkenne ich es, wenn ich es habe? Wann weiß ich, dass ich es habe?"

  Berücksichtigen Sie die harten statistischen, finanziellen und Leistungsfaktoren genauso wie „weiche" Faktoren, z. B. Gefühle von Personen, Reaktionen, Verhalten.

- Im Kontext – „Wo und wann möchte ich dieses Mittel haben? Wo und wann möchte ich dieses Mittel nicht haben?"

  Spezifizieren Sie Ihr Ziel auf der richtigen Ebene und im richtigen Standard, denn falls Sie es nicht mit dem richtigen Detaillierungsgrad formuliert haben (eigene Fertigkeiten, eigener Schwerpunkt und eigene Vorlieben) und es nicht im richtigen Standard darstellen (praktikabel, realistisch und kontrollierbar), werden Sie nicht das erreichen, was Sie sich als Ziel gesetzt haben. Der Aspekt zur Darstellung im richtigen Standard ist schwierig, vor allem in einem Geschäftskontext, in dem die eigene Kontrolle häufig stark eingeschränkt ist. Ist das Ziel, „den Rücklauf unserer nächsten Direktmailing-Kampagne um 2 Prozent zu erhöhen", ein realistisches und kann man dies wirklich kontrollieren und steuern?

- Eigenständig erreichbar – stehen die Mittel zur Verfügung, das Ziel zu erfüllen? „Welche Mittel benötige ich, um in der Lage zu sein, dies zu erreichen? Was brauche ich, um das zu erreichen? Ist es etwas, was ich selbst erreichen kann? Oder ist es nötig, dass sich andere Menschen auf eine bestimmte Art verhalten?"

  Die Mittel beinhalten Zeit, Geld, Informationen, Fähigkeiten, Energie, Ausstattung usw. Prüfen Sie, was Sie genau benötigen und was fehlt. Es ist sehr wichtig, dass das Ergebnis im Bereich des eigenen Einflusses liegt. Es muss von Ihnen kontrollierbar sein.

- Ökologisch – abwägen der Vor- und Nachteile bei Erreichen oder Nicht-Erreichen. Wo liegen die Vorteile in der Veränderung? Wo liegen die Nachteile in dieser Veränderung? Was verliere ich, wenn ich das erreiche?

Es entstehen immer auch Nachteile bei einer Veränderung – das Bewusstsein darüber bringt die Menschen dazu, Gründe für Entscheidungen zu suchen. Berücksichtigen Sie auch die ethischen, sozialen, politischen Implikationen und Konsequenzen Ihres Ziels.

- Lohnenswert und vereinbar mit dem Selbstbild – Was ist wichtig daran? Weswegen will ich es haben? Wo liegen die Vorzüge bei diesem Ergebnis?

  Die Motivations-Frage: „Dieses Ergebnis ist ein Mittel wozu?" Berücksichtigen Sie auch den Aspekt, dass das Ergebnis Ihrer Persönlichkeit und moralischen/ethischen Grundsätzen entspricht.

Tipps und Anregungen

Benutzen Sie dieses Zielsetzungstool vor allem bei der Arbeit mit Menschen und deren persönlichen Zielen – probieren Sie es an sich selbst aus, wenn Sie wollen.

Querverweis zu verwandten Tools in diesem Buch

SMARTe Ziele (Abschnitt 4.3).

Bibliografie: Harris.

4.5   3P-Äußerungen

„Immer, wenn wir etwas Neues beginnen, habe ich Probleme, die spezifische Funktion und den Wert der ausgeführten Maßnahmen zu kommunizieren. Gibt es eine Technik, mit der man erklären kann, was passiert und warum es passiert?"

Zweck und Absicht (Warum und wann anwendbar)

Formelle Kick-off-Meetings, Präsentationen, der Beginn eines Meetings oder Meetings zu Projekteinführungen sind ideale Situationen für das 3P-Äußerungen-Tool. Es hilft, durch die Vorbereitungsphase zu führen und die Kommunikation zu erleichtern.

Funktion und Aufgabe (Wie funktioniert es)

Das Akronym 3P steht für die drei Anfangsbuchstaben aus Purpose, Process und Payoff: Zweck, Prozess und Lohn/Ergebnis. Die 3P-Äußerungen sind eine Technik, die Antworten auf die drei wichtigen Fragen benötigt: Was werden wir tun? – Wie werden wir es tun? – Warum ist es wichtig?

Die 3P-Äußerungen werden verwendet, um Meetings zu planen, Tagesordnungen zu erstellen, eine Konversation zu eröffnen oder eine formelle Präsentation und Vorschläge zu gestalten.

Anleitung (Wie gehe ich vor)

Wenden Sie das Tool an und stellen Sie sich die folgenden, zum 3P-Tool gehörenden Fragen:

- „Purpose" rechtfertigt das, was Sie erzielen möchten. Es werden die Absicht und der Zweck formuliert, gleichzeitig die fundamentalen Fragen beantwortet und es wird für Motivation und Richtung gesorgt: Warum sind wir hier? – Was ist das Ziel? – Wie werden die Informationen eingesetzt?

- „Process" erklärt, wie das Ziel bzw. der Vorgang angegangen werden soll: Wie werden wir vorgehen? – Welche Technik setzen wir ein? – Welche Schritte unternehmen wir? – Wie lange wird es dauern? – Was wird von mir erwartet? – Was wird von der Gruppe erwartet?

- „Payoff" informiert über die Vorteile und den Nutzen, die die Personen aus der Initiative, dem Projekt, dem Meeting, dem Workshop o. a. ziehen werden.

Tipps und Anregungen

- Benutzen Sie die 3P-Äußerungen als Test. Können Sie den Zweck, den Prozess und den Lohn für ein Thema nicht festlegen, sollten Sie nicht weitermachen, da ein Scheitern droht.

- Nutzen Sie das Tool, um Ihre Äußerungen zu formulieren und ändern Sie diese, wo immer es nötig ist: „Um zu ... (Zweck), werden wir ... (Prozess), so dass ... (Ergebnis/Lohn)".

Beispielformulierung

Um zu entscheiden, wie am besten die Bedürfnisse der Kunden erfüllt werden, werden wir eine Marktforschung durchführen, damit wir verstehen, wo wir das Produktdesign ändern müssen, um Marktanteile zu gewinnen. (Prüfen Sie aber die Verbindungen und Annahmen zwischen Produktdesign und Kundenbedürfnis sowie Auslöser einer Kaufentscheidung und Marktanteile.)

Bibliografie: Butler.

4.6 Ziel-Mittel-Hierarchie

„Wir haben Probleme, die Zusammenhänge und Abhängigkeiten der verschiedenen Ziele zu erkennen – welche stehen im Widerstreit, welche erzeugen Synergien und welche Maßnahmen und Ziele beeinflussen einander."

Zweck und Absicht (Warum und wann anwendbar)

Große Unternehmensziele werden häufig auf der Führungsebene festgelegt. Anschließend werden diese dann in einfache umsetzbare Ziele übersetzt, je weiter sie in einem Unternehmen durch die Ebenen nach unten wandern. Diese Ziele verdeutlichen die Prioritäten und Unterziele für die jeweilige Hierarchieebene.

- Die Ziel-Mittel-Hierarchie hilft, die Abhängigkeiten zwischen den Zielen der oberen Ebenen und den Zielen der operationalen Ebenen sowie Projekt-Zielen besser zu verstehen. Man kann überprüfen, ob eine Maßnahme auf die „richtigen" Dinge ausgerichtet ist – gemeint sind beeinflussende und beeinträchtigende Hebelwirkungen. Beispiel: Erhöht das Projektziel „Einrichtung eines Call-Centers" den Umsatz? Wenn ja, wie?

- Bei der Vorbereitung für einen Business Case (finanzielle Wirtschaftlichkeitsbetrachtung) werden die Zusammenhänge, die zugehörigen Motive und die Logik zwischen Mitteln und den erwarteten Zielen und Ergebnissen deutlich gemacht. Für einen Business Case müssen die treibenden Faktoren quantifiziert werden, um ein gesundes und realistisches Zahlenwerk zu erhalten.

Funktion und Aufgabe (Wie funktioniert es)

Eine Ziel-Mittel-Hierarchie arbeitet wie ein Uhrwerk. Dreht man an einem Rad, werden sich mehrere andere Räder immer mitbewegen. Es ist jedoch schwierig vorherzusagen, in welche Richtungen sie sich drehen werden. Versteht man die Bezüge und Abhängigkeiten untereinander, wird klar, in welche Richtung man *sein* Rad drehen muss.

Die Ziel-Mittel-Hierarchie unterteilt Ziele in ihre Unter-Ebenen und eine hierarchische Struktur, um die Motive und Faktoren zu erkennen, die die Ziele auf höchster Ebene beeinflussen. Jedes Ziel ist somit ein wertbestimmendes Element und ein Hebel, der das übergeordnete Ziel beeinflusst, während es ein Ziel für die wertebestimmenden Elemente und Hebel auf der Ebene darunter darstellt.

Anleitung (Wie gehe ich vor)

- Schlüsseln Sie die gewünschten Ergebnisse und Ziele entweder von oben nach unten oder umgekehrt auf und prüfen Sie folgende Punkte:

  - Ergeben die genannten Ziele und Verbindungen dazu Sinn?

  - Sind die Ziele in beide Richtungen konsistent?

  – Stehen die Projektziele und die Unternehmensziele miteinander
    in Einklang (siehe Beispiel in Abbildung 40)?

  – Sind die Ziele messbar und können sie derzeit gemessen werden?

- Listen Sie die Abhängigkeiten auf und entwickeln Sie Ihr eigenes Hierarchie-Modell.

- Überprüfen Sie es mit den Stakeholdern und Sponsoren.

Tipps und Anregungen

- Planen Sie Schritte, um die gesteckten Ziele zu erreichen. Diese können als Teil eines Projektvertrags festgelegt werden, wofür Sie z. B. das Charta-Tool (Abschnitt 4.8) benutzen können.

- Achten Sie darauf, dass alle Initiativen und Projekte, die die gleichen Ziele beeinflussen, voneinander wissen, in Einklang sind und entsprechend gut koordiniert werden.

- Es ist wichtig zu verstehen und zu verifizieren, ob und wie alle Unterziele sich zum korrespondierenden Ziel der nächsten Ebene ergänzen.

Beispiel einer Ziel-Mittel-Hierarchie für die höchste Ebene

Abbildung 40 zeigt antreibende und beeinflussende Faktoren eines wirtschaftlichen Ziel-„Baums".

Beispiel: Ein Unternehmensziel kann sein: „Einnahmen erhöhen" Das SMART-Ziel könnte sein, die derzeitigen Einnahmenvon 200 Millionen Euro zum Ende des nächsten Finanzjahres um 10 % zu erhöhen. Als Ergebnis dieses Unternehmensziels setzt die Serviceabteilung vielleicht auf eine Initiative zur Erhöhung der Einnahmen, z. B. die Verkaufsförderung und Marketingaktivitäten zu verstärken. Das SMART-Ziel könnte lauten: „Den ROI der Sales- und Marketingabteilung

Abbildung 40
Antreibende und beeinflussende Faktoren eines wirtschaftlichen Ziel-„Baums"

um 5 % erhöhen". Als Folge dieses Abteilungsziels wird ein bestimmter Bereich innerhalb dieser Abteilung, zuständig für Directmailing, sein SMART-Ziel definieren: „Die Rücklaufquote bei Direktwerbeaktionen von derzeit 2 % bis zum Ende des Finanzjahres auf 3,5 % erhöhen, mit unverändertem Budget von 1 Million Euro;" und so weiter ...

Anderes Beispiel einer Ziel-Mittel-Hierarchie: „Welches Projekt und Kerngeschäft unterstützt welches Ziel?"

Abbildung 41 zeigt Ziele und gegenseitige Abhängigkeiten.

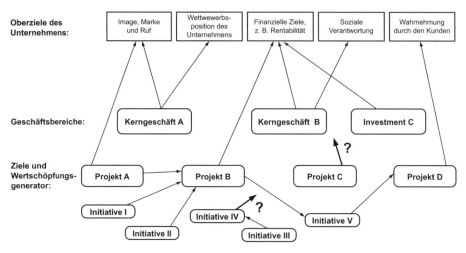

Abbildung 41   Ziele und gegenseitige Abhängigkeiten – sind sie konsistent?

Querverweis zu verwandten Tools in diesem Buch

Ziel-Katalog (Abschnitt 4.2), Chart (Abschnitt 4.8).

Bibliografie: Haberfellner, Grundy, Grant.

4.7   Ziel-Gitter

„Ich möchte Ziele auf einer höheren Ebene besprechen, ohne eine Diskussion über greifbare, konkrete Ergebnisse. Kann man konstruktiv über theoretische Ziele sprechen?"

Zweck und Absicht (Warum und wann anwendbar)

Eingriffe in komplexen Unternehmen erfordern, dass man vorsichtig die möglichen Effekte der Maßnahmen durchdenkt, die man in Erwägung zieht. Maßnahmen, die man in Unternehmensstrukturen durchführt, schlagen oft Wellen, zuweilen mit unvorhersagbaren und unbeabsichtigten Folgen. Unsere Ziele und Vorhaben sind oft mehrdimensional. Das bedeutet, dass wir Zustände beseitigen und andere herstellen wollen. Wir wollen aber auch bestimmte Bedingungen beibehalten oder vermeiden.

Funktion und Aufgabe (Wie funktioniert es)

Will man etwas, das existiert, nicht mehr haben, besteht das Ziel darin, es zu eliminieren. Will man etwas, das noch nicht existiert, besteht das Ziel darin, es zu erreichen. Aus dem Zusammenspiel unserer Erwartungen und Vorlieben kann man vier Kategorien von Zielen ableiten: Erreichen, Erhalten, Vermeiden und Eliminieren.

Eine Möglichkeit, die Multidimensionalität unserer Ziele und gewünschten Ergebnisse zu untersuchen besteht darin, die Unterschiede zwischen unseren Annahmen (über „was wir haben") und unseren Präferenzen („was wir wollen") zu vergleichen und zu erkennen. Dieser Vergleich wird mit dem Ziel-Gitter aufgezeigt.

Anleitung (Wie gehe ich vor)

Stellen Sie folgende Fragen, um alle Ihre Ziele klar zu machen:

- Was wollen wir erreichen?
- Was wollen wir erhalten?
- Was wollen wir vermeiden?
- Was wollen wir eliminieren?

Vorlage für das Ziel-Gitter

Abbildung 42 zeigt ein Ziel-Gitter.

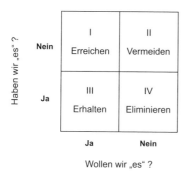

Abbildung 42
„Haben wir es und wollen wir es?"

Bibliografie: Arnold, Nickols (1992).

4.8 Charta

„Projektziele, Projektaktivitäten, Projektüberblick, Projektmittel usw. ... – das füllt zu viele Seiten. Gibt es kein Tool, das eine Zusammenfassung des Wesentlichen liefert?"

Zweck und Absicht (Warum und wann anwendbar)

Eine (Projekt-) Charta ist ein nützliches Dokumentations- und Kommunikationstool für den Projektstart und für eine spätere Kontrolle der zuvor vereinbarten Elemente. Die Struktur und Logik einer Charta fungiert auch sehr gut als Richtschnur und Konsistenzkontrolle, während man Ziele erforscht und definiert.

Funktion und Aufgabe (Wie funktioniert es)

Eine Charta liefert einen zusammengefassten Überblick der Schlüsselelemente auf einer Seite. Es ist auch ein ausgezeichnetes Test-Tool, um zu überprüfen, ob das, was man erreichen möchte, auf Ergebnissen basiert, die wiederum auf Aktivitäten beruhen. In der Anleitung steht, wie dieser Test funktioniert. Idealerweise benutzt man die Charta während der Dauer einer Initiative oder eines Projekts, weil man damit die Arbeit planen, verteilen und die Arbeitsfortschritte prüfen kann und sie ist wichtig für den abschließenden Überblick und die Evaluation.

Anleitung (Wie gehe ich vor)

- Die Festlegung und Entwicklung des „Inhalts" geschieht am besten mit Hilfe von einigen der anderen Zielsetzungs-Tools wie z. B. dem Ziel-Katalog (Abschnitt 4.2) und der Ziel-Mittel-Hierarchie (Abschnitt 4.6).

- Die grundsätzliche Logik der Charta besteht darin, dass jede Spalte auf dem Input der rechts davon liegenden Spalte basiert (siehe Tabelle 13). Um die beabsichtigten Ziele zu erreichen, müssen die Ergebnisse detailliert in der mittleren Spalte aufgeführt sein, da diese den Input und die Basis liefern.

Tabelle 13 Vorlage für eine Charta

Charta		
Objectives/Ziel	Deliverables/Ergebnis	Key activities/Kernaktivitäten
•	• •	• • •
Out of scope – „außerhalb des Betrachtungsfeldes"	Time/Resources/Cost – Zeit/Mittel/Kosten	Critical Success Factors/ Erfogsfaktoren
•	•	•

- Man muss die Unterschiede zwischen den drei Spalten wirklich verstehen – diese sind nicht sofort eingängig und Sie müssen sie den Personen, mit denen Sie arbeiten, erklären.

- Die Ziel-Spalte enthält Ziele und Absichten, also alles, was das Projekt erreichen soll.

- Die Ergebnis-Spalte enthält alle greifbaren Dinge, die durch die Hauptaktivitäten entstehen, die produziert, demonstriert werden, wie z. B. die Analyseergebnisse eines Fragebogens, einen neuen Prototyp, einen Spezifizierungskatalog. Ergebnisse sind nicht die Aufgaben oder Aktivitäten. Ergebnisse sind das, was man erhält, wenn die Aktivitäten ausgeführt werden. Im Englischen beschreibt das Wort „deliverables" den Kern sehr gut – das Hauptaugenmerk liegt auf der Tatsache, dass etwas Greifbares produziert wird, das auch messbar und eindeutig fassbar ist. Dies ist das Mittel zum Zweck (= Ziel).

- Die Spalte mit den Kernaktivitäten sind die Bausteine, die auf der rechten Seite beginnen. Jede Hauptaktivität führt oder trägt zu mindestens einem Ergebnis bei. Jedes Ergebnis unterstützt mindestens ein Ziel; warum sollte man es sonst ausführen? Arbeiten Sie mit dieser Logik, um die Charta von rechts nach links und von links nach rechts zu überprüfen.

- Die Spalte „außerhalb des Betrachtungsfeldes" kann man benutzen, um Bereiche zu kennzeichnen, die man ausdrücklich nicht berücksichtigen wird.

- Benutzen Sie die Spalte Zeit/Mittel/Kosten und, falls anwendbar und im Kontext passend, Erfolgsfaktoren.

Querverweis zu verwandten Tools in diesem Buch

Projektmanagement-Tools, Ziel-Katalog (Abschnitt 4.2), Ziel-Mittel-Hierarchie (Abschnitt 4.6).

4.9 SNAP

Zweck und Absicht (Warum und wann anwendbar)

Die SNAP-Technik – entwickelt von John Townsend – ermöglicht es, neutrale Fakten und persönliche Gefühle zu kombinieren, wenn in unangenehmen oder schwierigen Situationen Schritte oder Ziele definiert werden müssen, um die Situation zu ändern. Vor allem disziplinäre oder Konfliktsituationen sind mit Emotionen behaftet, was das Setzen von Zielen erheblich erschwert. Dieser Abschnitt enthält zwei Richtlinien, wie man Konflikte angeht und regelt und trotzdem Ziele setzt.

Funktion und Aufgabe (Wie funktioniert es)

Das Tool trennt Fakten von Emotionen und hilft, die gewünschten Ziele zu formulieren, die eine Verhaltensänderung, ein bestimmtes Ergebnis oder eine Aktivität sein können. Dabei wird eine eventuell störende Wirkung von Emotionen ausgeblendet.

Anleitung (Wie gehe ich vor)

Benutzen Sie in einem Gespräch das Akronym SNAP als Richtlinie, um alle nachfolgend aufgeführten Aspekte abzudecken:

- Specify: Spezifizieren Sie das Verhalten oder die Situation, die Sie ändern wollen.

  Bleiben Sie bei Fakten und benennen Sie den Unterschied zwischen dem aktuellen und dem gewünschten Verhalten. Äußern Sie keine Urteile oder Vorschläge, nennen Sie Tatsachen und klären Sie mit der anderen Person, ob sie diese Tatsachen versteht und anerkennt.

- Name it: Nennen Sie es beim Namen.

  Sagen Sie, was Sie und die anderen über das Verhalten oder die Situation fühlen. Besprechen Sie die Gefühle und Emotionen der anderen Person. Zeigen Sie Empathie und Besorgnis, wenn angebracht, und seien Sie persönlich (ich, Sie, wir – nicht „die Geschäftsleitung"). Gehen Sie nicht zum nächsten Schritt, solange kein Konsens über die Gefühle besteht.

- Ask for: Bitten Sie um eine praktikable und bestimmte Veränderung und bestätigen Sie die Regeln.

  Seien Sie spezifisch, benutzen Sie einen freundlichen aber bestimmten Tonfall und zeigen Sie weiterhin Empathie. Machen Sie keine Pause zwischen der Bitte und dem Vorschlag, ansonsten könnte man über die gewünschte Veränderung in Streit geraten. Worum Sie bitten ist nicht Verhandlungssache, obwohl Sie über die Belohnung oder die Bestrafung bei Änderung des Verhaltens verhandeln können.

- Propose. Schlagen Sie einen Preis für eine Verhaltensänderung und/oder Konsequenzen oder eine Strafe bei Nichtänderung vor.

  Sprechen Sie über die Konsequenzen, falls die Person das gewünschte Verhalten zeigt, und bieten Sie eine Belohnung als Zeichen der Anerkennung an. Erklären Sie die Vorteile für sich selbst, den Betroffenen, die Beziehung, die Firma, falls sich etwas ändert. Erläutern Sie die Folgen bei Nichtänderung des Verhaltens und versichern Sie sich, dass der Betroffene die Konsequenzen versteht – nicht nur die Strafe. Seien Sie ehrlich, genau und klar.

Tipps und Anregungen

Ein alternatives Tool ist das „Assertive-I"-Statement, bei dem das Gespräch oder die Aussage in vier Aussagen unterteilt wird:

- „I feel ..." – „Ich fühle ...": klare, nicht-wertende, nicht anklagende und ehrliche Mitteilungen, über das, was man fühlt.

- „When you ..." – „Wenn Sie ...": Nennen Sie nur Fakten. Sagen Sie nicht, was Sie gehört haben oder was Ihnen mitgeteilt wurde. Beschreiben Sie die Aktivität oder die Situation, die das Problem verursacht. Es hilft, das Problem aus einer persönlichen Sichtweise zu formulieren, z. B. „Wenn ich nicht weiß, dass du Gäste zum Abendessen eingeladen hast, ..."

- „Because ..." – „Weil ...": Wenn wir andere für unsere Gefühle verantwortlich machen, kann der andere verteidigend reagieren oder die Botschaft ablehnen. Formulieren Sie die Aussage daher von einem geteilten oder gemeinsamen Standpunkt aus.

- „What I'd like/what would make it better ..." – „Was ich mag/was es verbessern würde ...": Spricht man ein Thema bei einem anderen an und nennt ein Verhalten oder Ergebnis, das man erzielen möchte, ergibt dies Anhaltspunkte für weitere Diskussionen und stellt nicht eine Forderung dar.

Beispiel

Statt zu sagen: „Sie kommen immer zu spät zur Arbeit und ich habe dies satt", könnten Sie sagen: „Ich ärgere mich, wenn Sie zu spät zur Besprechung kommen, weil wir jede Menge Arbeit haben und wir Sie zusätzlich darüber aufklären müssen, was wir besprochen haben. Wir verlieren Zeit, wenn Sie zu spät kommen. Ich hätte gerne, dass Sie in Zukunft fünf Minuten vor Beginn des Meetings kommen, so dass wir alle pünktlich beginnen können."

Bibliografie: Townsend, Conflict resolution network.

5 Analyse und Synthese

Die meisten Management- oder Beratungstrends haben eine strategische Komponente. Lassen Sie uns kurz die gegenwärtigen und zukünftigen Herausforderungen in einer Übersicht betrachten (Abbildung 43), um besser verstehen zu können, was unterschiedlich ist, sein wird und was nicht.

Merkmale vergangener und gegenwärtiger wirtschaftlicher Krisen und Probleme	Wirtschaftliche und strategische Herausforderungen des 21. Jahrhunderts
• Vermögensbasiert • Hauptaugenmerk lag auf dem Wettbewerb und dem wirtschaftlichen Vorsprung gegenüber den Wettbewerbern. • Marktsegmentierung • Die Wahl zwischen einer Kosteneinsparungs- oder Differenzierungsstrategie • Unternehmerische Innovationen • Unternehmen halten sich an Anweisungen • Dinge sind bis ins kleinste Detail geplant und durchdacht. • Wirtschaftliches Streben zur Erhöhung des Shareholder Values. • Unternehmen werden nur als Geschäftseinheiten gesehen.	• Wissens- und Netzwerk-basiert • Bestreben, einen immer besseren Mehrwert für den Kunden zu schaffen. • Ausweitung der Märkte und Ausrichtung auf Massenmärkte. • Kosteneinsparungen und geichzeitige Differenzierungsstrategie. • Technologien treiben Innovationen. • Verständnis für die Schwierigkeiten einer sich permanent verändernden Unternehmung. • Unternehmen entwickeln einen Hang, ständig Neues zu lernen und sich weiter zu entwickeln. • Es gibt klare Vorgaben, die die Angestellten umsetzen. • Unternehmen geben Ziele vor, mit denen sich die Mitarbeiter identifizieren können.

Abbildung 43   Herausforderungen für Management und Beratung des 21. Jahrhunderts

Vergessen Sie nicht, dass die Errungenschaften der Vergangenheit die Grundlage und Vorraussetzungen für eine erfolgreiche Weiterentwicklung eines Unternehmens in der Zukunft sind. Deswegen sind viele der klassischen und altbekannten Tools wie z. B. die Wertschöpfungskette, oder die 5 Marktkräfte immer noch von Bedeutung, wobei sie natürlich ihre Exklusivität verloren haben. Die klassischen Tools und Techniken spielen auch weiterhin eine wichtige Rolle, nur haben sie Konkurrenz durch weitere neue Tools und Techniken bekommen. Insbesondere die neuen Tools sollen Ihnen helfen, Sie für die strategischen Herausforderungen den 21. Jahrhunderts vorzubereiten.

In der wettbewerbsintensiven Geschäftswelt ist es sehr wichtig, eine klare Vorstellung von einem Untersuchungsgegenstand zu haben. Es gibt eine Vielzahl von unterschiedlichen Analysebereichen, die alle jeweils spezifische Kenntnisse erfordern (siehe Abschnitt 2.2 und Abbildung 11 auf Seite 34). Ich habe mich auf drei Analysebereiche konzentriert und die zahlreichen Tools und Techniken für die folgenden drei Bereiche in den Kapiteln 5.1 bis 5.3 gebündelt:

- Analyse der Unternehmens- und Organisationsstruktur in Abschnitt 5.1.

- Technische- oder Systemanalyse (beinhaltet System, Prozesse, Daten und Technologie) in Abschnitt 5.2.

- Strategische Analyse in Abschnitt 5.3.

Einige der Analysetools und Techniken werden in der Beratungswelt als Beratungsprodukte und -prozesse bezeichnet (vgl. *Handbuch der Unternehmensberatung*, Sommerlatte et al.). Sie finden in der Abbildung 11 auf Seite 34 eine Übersicht der Bereiche, die nicht in diesem Buch behandelt werden. Für weiterführende Informationen zu Beratungsprodukten und -prozessen nutzen Sie das *Handbuch der Unternehmensberatung* (Sommerlatte et al.) und andere Bücher aus dem Literaturverzeichnis.

7S-Model

Das 7S-Model wurde von Richard Pascale u.a. entwickelt und von Peters und Watermann in ihrem Buch *„In Search for Excellence"* propagiert. Das „7S"-Model (von McKinsey) in Abbildung 44 ist ein gutes Beispiel für die Tatsache, dass die meisten Analysen voneinander abhängig sind und in einer Wechselbeziehung zueinander stehen. Daher sollten sie auch nicht alleinstehend und in Isolation voneinander durchgeführt werden. Auch wenn die nachfolgenden Kapitel die Tools für die harten Faktoren (siehe Abbildung 44) aus Gliederungs- und Vereinfachungsgründen separat behandeln, so sollen die bereitgestellten Querverweise die Verbindungen untereinander sicherstellen.

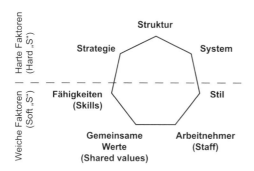

Abbildung 44
Die sieben S-Faktoren – unterteilt in harte und weiche Faktoren

Synthese und Analyse

Trotz der zwei Begriffe in der Überschrift dieses Abschnittes wird im Folgenden durchgängig der Begriff „Analyse" benutzt. Dies geschieht nur zur Vereinfachung, auch wenn es eine technisch nicht immer durchgängig korrekte Terminologie bedeutet. Die Definition der gegensätzlichen Begriffe lautet:

Analyse: Eine Untersuchung der Einzelteile und deren Beziehung und Rolle als Teil eines Ganzen. Folglich der logische Gedankengang vom Einzelnen und Speziellen zum Allgemeinen (vom Kleinen zum Großen).

Synthese: Die Untersuchung des Allgemeinen und die Schlussfolgerung vom Allgemeinen zum Speziellen (vom Großen zum Kleinen).

Die Grenzen der Analyse

Dieses Buch kann keine Gebrauchsanleitung sein, die allein dadurch den Erfolg garantiert, dass die Tools blindlings und mit genug Einsatz umgesetzt werden. Um die Analogie des Fußballspiels zu verwenden: Dieses Buch ist wie ein guter Fußballschuh – es vereinfacht das Spiel, ersetzt aber nicht den Spieler und seine Fähigkeiten.

Kompetenzen für die erfolgreiche Analyse

Eine Liste der Kompetenzen, die ein guter Analyst beherrschen sollte:

- Wissen und Kenntnisse über die Zusammenhänge, Unterschiede und Abhängigkeiten zwischen Informationsbeschaffung und Analyse.

- Fähigkeiten, kreativ zu sein.

- Fähigkeiten, induktive und deduktive Untersuchungslogiken einsetzen zu können.

- Fähigkeiten zu alternativem Denken.

- Wissen, Kenntnisse und die Fähigkeiten bzgl. der grundlegenden analytischen Tools und der in diesem Buch erwähnten Tools.

- Fähigkeiten, die Analyse spannend und interessant und nicht nur als trockene akademische Übung zu gestalten, damit das Publikum die Arbeit auch aufnimmt.

- Erkennen der unvermeidlichen Lücken und daher das Wissen und die Fähigkeit, aufhören zu können, wenn es notwendig ist, um die Analyse-Paralyse zu vermeiden.

5.1   Organisationsanalyse

Da es keine „perfekte" Organisationsstruktur gibt, sollten Sie alle Aspekte und Komponenten untersuchen und verstehen, damit Sie eine Organisationsstruktur gestalten können, die den gegenwärtigen und zukünftigen Anforderungen entspricht. Die Organisationsanalyse versucht, auf die folgenden typischen Fragen Antworten zu finden:

- Wie gut unterstützt die Organisationsstruktur die Unternehmensstrategie, die Geschäftsprozesse, Infrastruktur und die Angestellten? – Eine Frage der Segmentierung und Differenzierung.

- Wie gut ermöglicht die Organisationsstruktur die Koordination und das Zusammenspiel der oben genannten Aspekte? – Eine Frage der Koordination und Integration.

- Wofür wird die Organisationsstruktur – außer für die Definition der Verantwortlichkeiten und Autoritäten – noch verwendet?

- Welche Struktur und organisationellen Bindungen würden die Angestellten und deren Arbeit am effektivsten unterstützen, damit sie das Netzwerk und die Verbindungen formen können, die sie für ihre Arbeit benötigen? Wie kann das Management verhindern, dass die Organisationsstruktur die Mitarbeiter bei ihrer Arbeit behindert? – Eine Frage, wie die „harten Strukturen dem weichen Faktor Mensch" folgen.

Es dürfte kein Geheimnis sein, dass die organisationelle Analyse eine enge Verbindung und Abhängigkeit zum Change-Management hat (siehe Tabelle 14).

Tabelle 14   Tools und Techniken zu Organisationsanalyse

Zweck der Kategorie	Name des Tools oder der Technik	Seite	Benutzer-freund-lichkeit	Aufwand/ Nütz-lichkeit
Organisations-analyse	Organisationsstruktur	137	☺☺	☺☺☺
	Kontrollspanne	141	☺☺	☺☺☺
	Struktur und Prozess	143	☺☺	☺☺☺
	Organisations-Beurteilung	145	☺	☺☺
	Kräftebild	147	☺☺☺	☺☺

5.1.1   Organisationsstruktur

„Wie erhalten wir eine praktikable und klare Organisationsstruktur, die uns eine gute Kundennähe erlaubt und gleichzeitig multi-funktionale Gruppen unterstützt?"

Zweck und Absicht (Warum und wann anwendbar)

- Organisationsdiagramme sind wichtige Tools, weil sie ermöglichen, Informationen zu kommunizieren, Berichterstattungshierarchien darzustellen, Gehaltsstrukturen zu definieren und Schlussfolgerungen bzgl. der Organisationspsychologie ziehen zu können.

- Der erste Schritt in der Organisationsanalyse ist, sich mit der Organisationsstruktur zu befassen, damit Sie:

  - die Unternehmensstruktur, die Positionen, Rollen und Managementhierarchien verstehen,

  - wissen, wer die Verantwortung trägt und wer an wen delegiert,

  - politische Ränkespiele und Spannungen verstehen.

Funktion und Aufgabe (Wie funktioniert es)

Ein Organisationsstruktur-Diagramm – oft Organigramm genannt – stellt die offiziellen Unternehmensstrukturen, Berichterstattungshierarchien, Rollen und Funktionen der verschiedenen Bereiche innerhalb einer Organisation dar und ist der Ausgangspunkt für alle weiteren organisationellen Untersuchungen. Wenn Sie wissen, wo und wie das offizielle Organigramm vom wirklichen Bild der Organisation abweicht, haben Sie ein besseres Verständnis und Einschätzungsvermögen von Dissonanzen und wissen, wo Prozesse und Strategie nicht im Gleichklang mit den Strukturen sind.

Anleitung (Wie gehe ich vor)

- Das Organisationsstruktur-Diagramm zeigt die Positionen, Strukturen und die Hierarchie. Bereiten Sie eine Übersicht über die gesamte Organisationsstruktur vor. Fangen Sie von oben an: Zeigen Sie die Führungsetage mit allen Positionen und arbeiten Sie sich in der Hierarchie nach unten. Stellen Sie die Abteilungsleiter mit allen weiteren Gruppenleitern und Untergebenen dar.

- Führen Sie Interviews und fragen Sie die Manager nach Arbeitsbeschreibungen und wer wem Bericht erstattet. Notieren Sie den offiziellen Namen der Abteilung, Typen und die Zahl aller Positionen, Gehaltsstufen und Bezeichnungen der Bereiche.

- Zeichen Sie dann ein hierarisches Organisationsstruktur-Diagramm und benennen Sie alle Namen und Positionen. Projektbasierte Organisationen nehmen eine Sonderrolle ein, da sie weniger starre Strukturen aufweisen und schwieriger abzubilden sind (siehe auch Projektstruktur-Komponenten in Abschnitt 7.10).

- Schaffen Sie für jeden Bereich und jede hierarchische Ebene ein Diagramm, in denen die Führungskräfte und die Mitarbeiter abgebildet werden, die wiederum eine eigene Struktur mit Untergebenen haben. Wiederholen Sie diesen Vorgang, bis Sie auf der „Arbeiter"-Ebene angekommen sind, in der individuelle Positionen und Namen aufgezählt werden.

- Für die Gesamtübersicht zählen Sie in der Gesamtstruktur alle Positionen auf jeder Gehaltsstufe auf. Gruppieren Sie alle Positionen, die keine Führungsverantwortung haben, in absteigender Reihenfolge unterhalb einer Position mit Führungsverantwortung.

- Zählen Sie die Zahl aller Positionen in jeder Abteilung und vergleichen Sie diese mit den offiziellen Zahlen der Personalabteilung.

Tipps und Anregungen

- Kontaktieren Sie die Personalabteilung oder die Sekretärinnen der Abteilungsleiter für deren Organigramme, aber gehen Sie nicht davon aus, dass diese Angaben korrekt und aktuell sind.

- Viele Unternehmen sind so groß und komplex, dass sie nicht in ein Diagramm passen. Daher sollte es ein Übersichtsdiagramm geben und alle folgenden Diagramme sollten die weiteren Details wie Niederlassungen, Abteilungen usw. darstellen.

- Ein Organisationsstruktur-Diagramm zeigt Positionen, nicht notwendigerweise Mitarbeiter. Positionen sollten als Vollzeit-Äquivalent gezählt werden; z. B. könnte eine Schulungsposition nur eine 30 %ige Position sein, die von einer Teilzeitarbeitskraft ausgefüllt wird. Dies hilft bei der Personalkostenberechnung.

- Ein Organisationsstruktur-Diagramm ist ein Dokument, das einer laufenden Aktualisierung unterliegt, welches jeder organisationellen Veränderung angepasst werden sollte. Stellen Sie Ihre Anmerkungen entsprechend dar. Vielleicht steht Ihnen ja ein modernes Personalmanagementsystem zur Verfügung, das Name, Position, Jobnummer, Gehaltsstufen usw. verwaltet.

- Ein Organisationsstruktur-Diagramm kann auch in gewisser Weise das Maß an Seniorität (Autorität), Verantwortung und Berichtswesen anzeigen, aber ein Organigramm zeigt nicht, wie die Arbeit erledigt wird!

- Vergessen Sie nicht, dass Sie dabei mit sehr sensiblen und vertraulichen Informationen umgehen. Verhalten Sie sich entsprechend und erbitten Sie Autorisierung für jedwede Kommunikation.

- Märkte, die wirtschaftliche Situation sowie Unternehmen verändern sich. Unternehmen sind oft in einem permanenten Fluss der Veränderung in ihrer Organisationsstruktur, um mit den externen und internen Veränderungen Schritt zu halten. Vergleichen Sie Abbildung 45 und erörtern Sie, in welcher Entwicklungsphase sich das betreffende Unternehmen befindet (bzw. sein sollte).

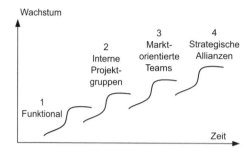

Abbildung 45
Für jede Entwicklungsphase ergibt sich eine andere
Organisations-Struktur (Glass)

- Gruppen, Netzwerke sowie auch bürokratische Hierarchien haben ihre Berechtigung und Rolle in einer Organisation – es gilt, herauszufinden, welche Struktur für die Situation die jeweils angemessenste ist. Verwenden Sie das Tool in Abbildung 46, um den Zusammenhang zwischen der Geschwindigkeit der (externen und internen) Veränderungen und dem Maß der notwendigen Verhaltensänderung (und der Fähigkeit, zu lernen und sich anzupassen) besser zu verstehen. Abbildung 46 schlägt für jede Kombination eine Organisationsstruktur vor. Zum Beispiel ist für eine stetige, sich wiederholende und kontrollierbare Tätigkeit eine traditionelle (bürokratische) Hierarchie durchaus die effizienteste Struktur, während starke Veränderungen und Anpassungen eine interaktivere Gruppenstruktur benötigen.

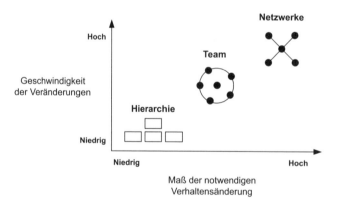

Abbildung 46
Welche Organisationsstruktur ist – basierend auf den externen
und internen Faktoren – zu empfehlen? (Glass)

Beispiele für typische Organisations-Strukturen in Abbildung 47

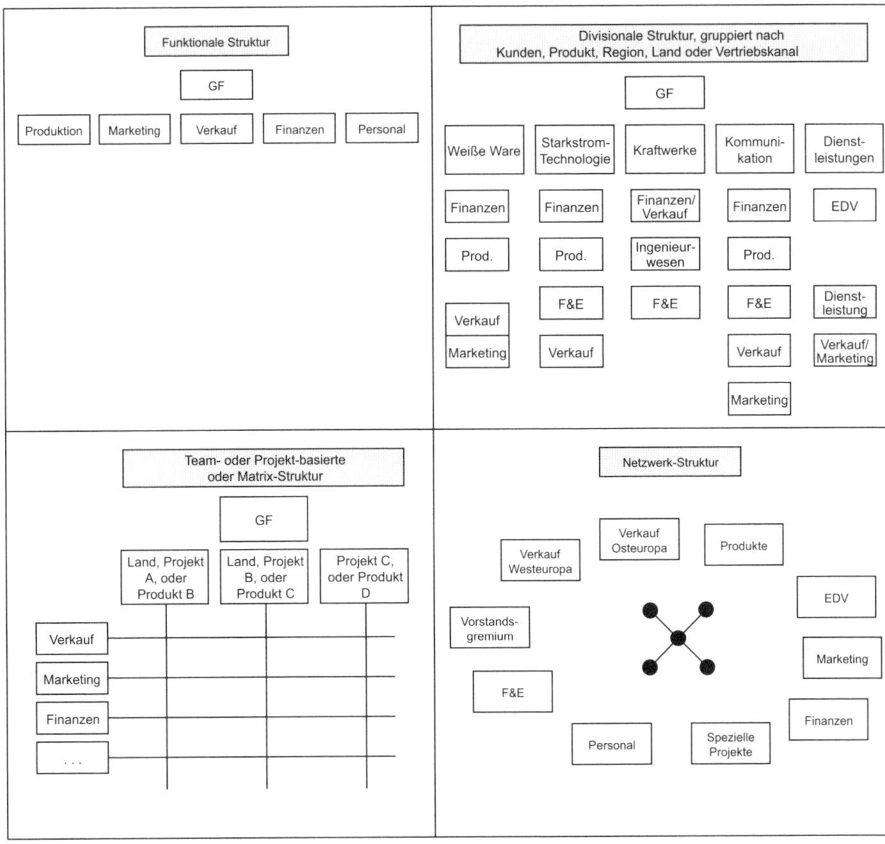

Abbildung 47   Typische Organisationsstrukturen

Querverweis zu verwandten Tools in diesem Buch

Kontrollspanne (Abschnitt 5.1.2), Projektstruktur-Komponenten (Abschnitt 7.10), Lebenszyklus (Abschnitt 5.3.4) – Der Reifegrad einer Organisation beeinflusst u. a. welche Organisations-Struktur am besten geeignet ist. Siehe auch Abbildung 45 und Abbildung 46.

5.1.2   Kontrollspanne

Zweck und Absicht (Warum und wann anwendbar)

Ob sich ein Manager um seine Mitarbeiter und Untergebenen kümmern kann, hängt neben der Organisationsstruktur auch sehr stark von der Zahl der Personen ab, die er führt und die ihm Bericht erstatten. Das Kontrollspanne-Tool eignet sich für diese Analyse und wird daher auch oft zusammen mit dem Organisationsstruktur-Tool (Abschnitt 5.1.1) eingesetzt.

Funktion und Aufgabe (Wie funktioniert es)

Der so genannte Kontrollspanne-Faktor wird berechnet, indem Sie die Zahl der weisungsbefugten Vorgesetzten durch die Zahl der nicht weisungsbefugten Mitarbeiter teilen. Dieser Faktor wird für unterschiedliche Hierarchieebenen berechnet.

Die Kontrollspanne ist das Verhältnis von Kontrolle zur Aufsicht über die Mitarbeiter und zeigt an, wie hierarchisch oder „flach" die Organisationsstruktur ist. Es ist auch ein Maß für die Interaktion des Managers mit seinen Mitarbeitern. Ein Faktor von 1:10 und mehr lässt vermuten, dass ein Manager weniger Zeit hat, sich mit seinen Mitarbeitern auszutauschen als in einer Organisationsstruktur mit einer Kontrollspanne von 1:5. Im Allgemeinen gilt, dass Organisationen mit Kontrollspanne-Faktoren von 1:7 und mehr schwerer zu führen und zu kontrollieren sind, wobei der Führungsstil und das Umfeld eine wichtige Rolle spielen. Ein einfaches Produktionsumfeld mit direkten und vorgeschriebenen Tätigkeiten kann durchaus einen höheren Faktor „vertragen" als eine Marketingabteilung.

Anleitung (Wie gehe ich vor)

- Verwenden Sie das Organisationsstruktur-Tool (Abschnitt 5.1.1) und identifizieren Sie die Hierarchieebenen, die Weisungsbefugnis haben.

- Zählen Sie die Anzahl der Führungskräfte und Mitarbeiter, um die Kontrollspanne berechnen zu können.

- Zur Illustration: Ein Manager hat fünf Mitarbeiter, die ihm Bericht erstatten. Somit ist die Kontrollspanne 1:5. Wenn eine Abteilung fünf Leiter und 65 Angestellte hat, dann ist die Kontrollspanne 5:65 oder 1:13. Verwenden Sie die Tabelle 15 als Richtlinie für die Kontrollspanne, abhängig von der Hierarchieebene.

Tabelle 15 Kontrollspanne-Faktoren für einzelne Hierarchieebenen

Hierarchieebene	Kontrollspanne-Faktoren		
	Minimum	Durchschnitt	Maximum
Vorstände	2	4	7
Direktoren/Hauptabteilungsleiter	3	4	8
Abteilungsleiter	4	9	11
Gruppenleiter	6	10	20

Tipps und Anregungen

Organisationen benötigen eine Vielzahl von unterschiedlichen Personen mit Fähigkeiten, die sich im Spezialisierungsgrad und der Gehaltsstufe unterscheiden. Ziehen Sie dies bei Ihrer Untersuchung mit in Betracht.

Beispiel für eine Organisations-Struktur mit den Kontrollspanne-Faktoren in Abbildung 48

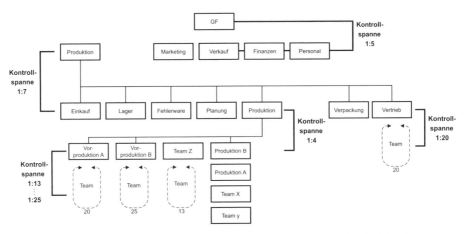

Abbildung 48   Im Allgemeinen sollte die Kontrollspanne nicht mehr als 1:8 sein

Querverweis zu verwandten Tools in diesem Buch

Organisationsstruktur (Abschnitt 5.1.1).

5.1.3   Struktur und Prozess

Zweck und Absicht (Warum und wann anwendbar)

Dieses Tool zeigt, wie Prozesse und der Prozessfluss innerhalb einer Organisationsstruktur ablaufen und wie sie die verschiedenen Abteilungen und Stakeholder betreffen. Ein typischer Geschäftsprozess könnte z. B. der Einkaufsprozess sein, der fast alle Abteilungen eines Unternehmens (Einkauf, Lager, Vertrieb, Finanzen, Verwaltung u. a.) betrifft. Das Tool soll bei der Beantwortung der Frage helfen: „Inwieweit sind die Geschäftsprozesse mit der Organisationsstruktur abgestimmt?"

Funktion und Aufgabe (Wie funktioniert es)

- Das Struktur- und Prozess-Tool kombiniert den Prozessfluss mit den zuständigen Abteilungen und Bereichen innerhalb eines Unternehmens.

- Es ist nicht die Hauptaufgabe des Tools, den Prozessfluss darzustellen. Das Augenmerk liegt vielmehr auf den Knoten- oder Verknüpfungspunkten zwischen verschiedenen Bereichen, die ein Prozess durchläuft. Diese Knoten- oder Verknüpfungspunkte sind oft der Grund für Verzögerungen, Unterbrechungen, Kommunikations- und Koordinationsprobleme sowie zusätzliche Kosten. Das Struktur- und Prozess-Tool hilft Ihnen, diese potenziellen Schwachstellen zu identifizieren und die Organisations-Struktur bzw. -Prozess entsprechend anzupassen.

Anleitung (Wie gehe ich vor)

- Identifizieren Sie die Geschäftsprozesse und alle angebrachten Prozessschritte.

- Stellen Sie die Prozessschritte entsprechen der Abbildung 49 dar. Prozessschritte, die sich innerhalb einer Abteilung befinden, sollten Sie vermerken, aber nicht unbedingt darstellen, da es sich mehr um die Interaktion zwischen den verschiedenen Abteilungen handelt, als um eine Prozessanalyse.

- Alternativ können Sie den Prozess auch wie in der Abbildung 50 darstellen. Die zweite Darstellung kommt einer klassischen Prozessmodellierung oder einer Prozess-Analyse wie in Abschnitt 5.2.3 sehr nahe.

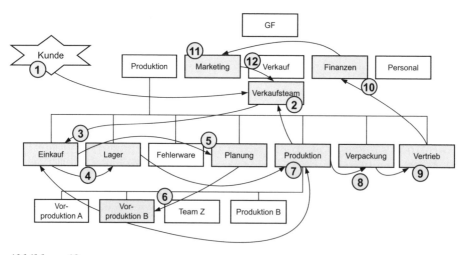

Abbildung 49
Die Nummerierung gibt den Prozessfluss an, der sich „durch das Organigramm zieht"

Tipps und Anregungen

Verwenden Sie auch Ihre vorhergehende Arbeit, z. B. ein Silo-Diagramm (Abschnitt 3.1.11), um ein besseres Verständnis über die isoliert arbeitenden Abteilungen zu bekommen. Darüber hinaus kann es sinnvoll sein, dass Sie Ihre Ergebnisse zur Erstellung einer Wertschöpfungskette (Abschnitt 5.3.1) oder einer Prozess-Analyse (Abschnitt 5.2.3) verwenden.

**Beispiel für einen Prozessfluss „durch ein Organigramm"
in Abbildung 50**

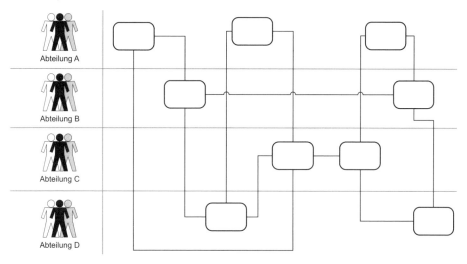

Abbildung 50
Prozessmodellierung über die Grenzen der Abteilungen hinweg – Warum gibt es separate Abteilungen, wenn sie doch alle zum gleichen Prozess gehören?

Querverweis zu verwandten Tools in diesem Buch

Silo (Abschnitt 3.1.11), Prozess-Analyse (Abschnitt 5.2.3), Wertschöpfungskette (Abschnitt 5.3.1).

Bibliografie: Ulfers.

5.1.4   Organisations-Beurteilung

Zweck und Absicht (Warum und wann anwendbar)

Eine Organisations-Beurteilung ist eine Kombination von verschiedenen Tools, die unterschiedliche Ziele haben, um alle organisationellen Aspekte abzudecken. Es werden meistens Kombinationen von folgenden Werkzeugen verwendet:

- Klima-Umfrage

- Betriebsprüfung

- Einschätzung der Unternehmenskultur

- Unternehmensbewertung.

Funktion und Aufgabe (Wie funktioniert es)

- Eine Klima-Umfrage ermittelt die Motivation und Einstellung der Angestellten bzgl. eines oder mehrerer Themen.

- Eine Betriebsprüfung untersucht die Einhaltung der gesetzlichen und unternehmensinternen Bestimmungen, Vorschriften, Verfahren und Richtlinien.

- Eine Einschätzung der Unternehmenskultur ermittelt die bestehenden ethischen Unternehmenswerte, die Ziele und das Umfeld, in dem die Angestellten ihre Arbeit verrichten. Es ermittelt auch die arbeits- und organisationspsychologischen Aspekte, die für die Interaktion zwischen den Angestellten eine Rolle spielen.

- Eine Unternehmensbewertung versucht, die gegenwärtigen Probleme, Stärken und Schwächen herauszufinden, die gängige Unternehmenspraxis und inwieweit sich die verschiedenen Bereiche entsprechend angepasst haben.

Anleitung (Wie gehe ich vor)

- Für die Klima-Umfrage verwenden Sie den Klima-Test (Abschnitt 3.2.2) oder ähnliche Umfragetests, um die Daten zu ermitteln für die Beantwortung der Frage: „Was denken und fühlen Sie bzgl. dieses Unternehmens?".

- Für die Betriebsprüfung untersuchen Sie die gegenwärtig verwendeten und die in der Gebrauchsanweisung und im Regelbuch vorgeschriebenen Prozesse und Verfahren. Ermitteln Sie den Grad der Abweichung und die Einhaltung von Bestimmungen.

- Für eine Einschätzung der Unternehmenskultur sammeln Sie Informationen und Indikatoren, die Ihnen Aufschluss darüber geben, wie sich die Organisation verhält und warum sie sich so verhält. Beziehen Sie sich entweder auf eine bestimmte Abteilung oder auf die gesamte Organisation.

- Eine Unternehmensbewertung ist eine sehr weitläufige Untersuchung, die sich mit mehr als nur Prozessen beschäftigt. Gegenwärtige Probleme, Stärken, Schwächen von Einzelpersonen, Gruppen, Abteilungen und letztendlich der Gesamtorganisation werden betrachtet, um alle Elemente, die von Bedeutung sind, näher zu untersuchen und zu bewerten.

Querverweis zu verwandten Tools in diesem Buch

Klima-Test (Abschnitt 3.2.2).

Bibliografie: Silberman.

5.1.5 Kräftebild

Zweck und Absicht (Warum und wann anwendbar)

Das Kräftebild ist eine grafische Repräsentation des Kräftespiels und der vorherr-schenden Einflüsse innerhalb eines Unternehmens. Es zeigt die Struktur der orga-nisationellen Mächte und Einflussbereiche, die jedoch von der Organisations-struktur abweichen können. Diese Sicht kann Ihnen eine gute Einsicht in die wahren Verhältnisse einer Organisation geben.

Macht und Einfluss ist ein normaler Teil einer Organisation und ist ein Mittel der Führungskräfte, um die gesteckten Ziele zu erreichen. Eine Organisationsstruktur stellt das formale Gerüst für die Macht- und Kräftespiele dar. Das Kräftebild-Tool macht das informelle Netzwerk für Sie transparent.

Funktion und Aufgabe (Wie funktioniert es)

Menschen bilden meist formelle oder informelle Gruppen, wenn sie zusammen-arbeiten. Die einzelnen Personen bilden Beziehungen untereinander, die positi-ver oder negativer Natur sind. Es bilden sich formelle und informelle Kommuni-kations-, Einfluss- und Verhaltensmuster, die die Gruppe steuern. Kräftebilder bil-den genau diese Beziehungen zwischen den Gruppenmitgliedern ab. In einem Kräftebild wird die Macht und der Einfluss durch Kreise dargestellt. Je größer der Kreis, desto mehr Einfluss und Macht hat die Person. Die Länge und Dicke der Verbindungslinie stellt die Nähe und Stärke der Beziehung dar.

Anleitung (Wie gehe ich vor)

- Orientieren Sie sich mit Hilfe eines Organigramms (Abschnitt 5.1.1) und identifizieren Sie die formellen Berichterstattungsstrukturen und Positionen.

- Identifizieren Sie alle wichtigen Stakeholder. Die Stakeholder-Übersicht (Ab-schnitt 3.1.5) könnte sich als hilfreich erweisen.

- Sie können das existierende Organigramm zur Ausarbeitung Ihres Kräftebil-des verwenden und einfach die Kräftebild-Symbole hinzufügen oder ein neues Kräftebild entwickeln, welches vielleicht etwas mehr Klarheit schafft. Verwenden Sie für Ihre Zeichnung die Symbole, die in der Abbildung 51 dar-gestellt sind.

Beispiel eines Kräftebildes

Beziehung AB in Abbildung 52 ist stark, eng und positiv, A hat viel Einfluss. Be-ziehung AF und CD sind negativ und distanziert, es besteht ein großes Ungleich-gewicht in Sachen Einfluss und Entscheidungsgewalt. ABC bilden scheinbar eine Allianz, ähnlich wie FED. E nimmt eine zentrale Moderationsrolle ein. E hat mehr Einfluss als F oder D, aber nicht so viel wie A bzw. C. E spielt scheinbar eine wichtige Rolle für A und C, trotz der Animositäten von A und C gegenüber F und D, mit denen E jedoch eine gute positive Beziehung hat.

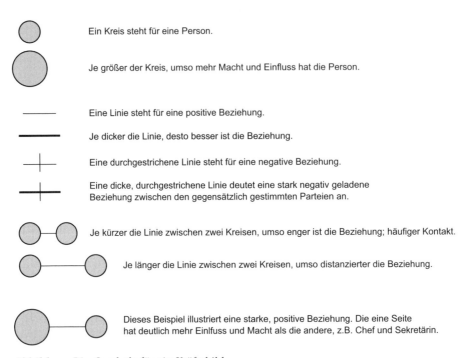

Ein Kreis steht für eine Person.

Je größer der Kreis, umso mehr Macht und Einfluss hat die Person.

Eine Linie steht für eine positive Beziehung.

Je dicker die Linie, desto besser ist die Beziehung.

Eine durchgestrichene Linie steht für eine negative Beziehung.

Eine dicke, durchgestrichene Linie deutet eine stark negativ geladene Beziehung zwischen den gegensätzlich gestimmten Parteien an.

Je kürzer die Linie zwischen zwei Kreisen, umso enger ist die Beziehung; häufiger Kontakt.

Je länger die Linie zwischen zwei Kreisen, umso distanzierter die Beziehung.

Dieses Beispiel illustriert eine starke, positive Beziehung. Die eine Seite hat deutlich mehr Einfluss und Macht als die andere, z.B. Chef und Sekretärin.

Abbildung 51 Symbole für ein Kräftebild

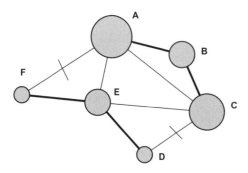

Abbildung 52 Kräftebild

**Eine alternative Darstellung der gegenseitigen Einflüsse
am Beispiel eines Projektes in Abbildung 53**

Abbildung 53
In einem Projektkontext: „Welche Einflüsse haben Sie als
Projektmanager über die verschiedenen Stakeholder?"

Querverweis zu verwandten Tools in diesem Buch

Organisationsstruktur (Abschnitt 5.1.1), Ist-Ist nicht (Abschnitt 3.1.2), Stakeholder-Übersicht (Abschnitt 3.1.5), Fischgräten-Ursachenanalyse (Abschnitt 3.3.13), Stakeholdereinfluss-Matrix (Abschnitt 3.1.7).

Bibliografie: Bill/Worth, WEKA.

5.2   System-Analyse (Systeme, Prozesse, Daten, Technologie)

Zweck der Kategorie	Name des Tools oder der Technik	Seite	Benutzer-freund-lichkeit	Aufwand/ Nütz-lichkeit
System-Analyse	Architektur-Analyse	150	☺	☺☺
	Funktionale Analyse	151	☺	☺☺
	Prozess-Analyse	154	☺☺	☺☺☺
	Relationales Datenmodell	158	☺☺	☺☺☺
	Logisches Datenmodell	159	☺	☺☺
	Technologie-Infrastruktur	161	☺	☺☺☺
	Anforderungskatalog	164	☺☺	☺☺☺
	Logische und funktionale Systemmodellierung	166	☺☺☺	☺☺

Der Schwerpunkt einer System-Analyse (auch technische-, oder Technologie-Analyse genannt) ist die detaillierte Untersuchung von (Geschäfts-) Prozessen,

Systemen, Datenstrukturen, und/oder Technologien in einem bestimmten Umfeld. Im Gegensatz zu der Strategie-Analyse im folgenden Abschnitt 5.3, ist die System-Analyse sehr viel konkreter und greifbarer. Die Tools befassen sich hauptsächlich mit der Gegenwart oder nahen Zukunft und verlangen oft ein hohes Maß an technischem Vorwissen oder Erfahrung.

5.2.1 Architektur-Analyse

Zweck und Absicht (Warum und wann anwendbar)

Dieses Tool verwenden Sie am besten, wenn Sie eine Organisation und ihre vielfältigen Prozess-, Produkt-, Systemebenen und -bereiche darstellen wollen. Diese Übersicht erlaubt Ihnen, sowohl das Gesamtbild als auch den zu untersuchenden Bereich abzubilden, in den Sie dann weiter hinein-„zoomen" und den Projektrahmen entsprechend definieren können.

Funktion und Aufgabe (Wie funktioniert es)

Die Architektur-Analyse spaltet die Organisation in ihre verschiedenen Ebenen auf und stellt diese entsprechend dar. Sie können die Art der Ebenen frei wählen, z. B. Organisationsstruktur, Produkte, Prozesse, Technologie usw.

Anleitung (Wie gehe ich vor)

- Beschaffen Sie zweckdienliche Informationen bzgl. der Ebenen, die Sie untersuchen wollen. Es sollte sich nur um die bedeutenden Hauptelemente wie z. B. Top-5-Prozesse, Schlüsselbereiche der Organisation, Kernprodukte und Dienstleistungen usw. drehen.

- Was ist relevant und signifikant genug, um im Diagramm repräsentiert zu werden? Entscheiden Sie, wie viele und welche Ebenen Sie darstellen wollen. Es sind nicht immer alle Ebenen notwendig oder angebracht.

- Verwenden Sie die Vorlage und richten Sie verwandte Objekte entsprechend aus, d. h. übereinander platzieren. Welche Abteilung produziert welche Produkte und verwendet daher welchen Prozess? Welche Kommunikationskanäle werden verwendet, welche Vertriebskanäle? Welche sind die Hauptsysteme, die alles unterstützen?

- Konzentrieren Sie sich auf die Hauptkomponenten auf jeder Ebene, die in Ihrem Zusammenhang relevant sind (siehe Abbildung 54).

Tipps und Anregungen

- Involvieren Sie die Systemarchitektur- und Strategieabteilungen, die einen guten Überblick über den jeweiligen Bereich haben. Dieses Tool ist komplex und nicht unbedingt einfach, da es darum geht, viele Informationen in Be-

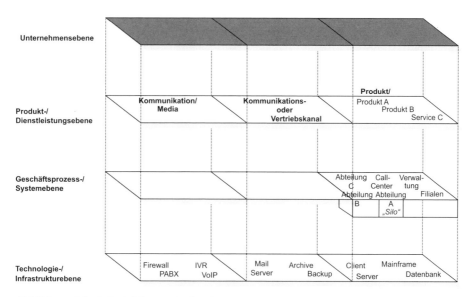

Abbildung 54 Beispiel für ein Architektur-Analyse-Diagramm mit vier Ebenen

tracht zu ziehen, aber nur die wirklich wichtigen darzustellen. Die Gefahr besteht darin, den Betrachter mit zu vielen Informationen zu überladen und zu verwirren. Deshalb gilt: „In der Kürze liegt die Würze".

- Belassen Sie es bei den Hauptpunkten, denn es gibt viele andere Diagramme und Tools, um die Details darzustellen. Erinnern Sie sich an „KISS – Keep It Simple and Stupid". Das typische Publikum für diese Art von Diagrammen ist das Top-Management – richten Sie Ihre Informationen und Sprache entsprechend darauf aus.

Querverweis zu verwandten Tools in diesem Buch

Kontext-Tool (Abschnitt 3.1.10).

Bibliografie: Konzept und Entwicklung: Nicolai Andler.

5.2.2 Funktionale Analyse

Zweck und Absicht (Warum und wann anwendbar)

Dieses Tool eignet sich, um alle Hauptprozesse und -funktionen zu definieren. Sie erhalten einen Überblick über alle „Dinge, Ergebnisse und Aktivitäten", die die Organisation produziert, anbietet und ausführt. Diese werden manchmal auch „Funktionen" genannt. Diese Übersicht hilft Ihnen dann bei weiteren Untersuchungen und bei resultierenden Definitionen der gegenwärtigen und zukünftigen Funktionen (oder Funktionalitäten), die z. B. in einem Lasten- oder Pflichtenheft grob dokumentiert werden sollen.

Funktion und Aufgabe (Wie funktioniert es)

- Die funktionale Analyse zerlegt alle Funktionen und Unterfunktionen in die einzelnen Komponenten bzw. Einzelfunktionen. Betrachten Sie Abbildung 55, um sich ein besseres Bild von Funktionen zu machen. Als Beispiel wird eine Mietwagenfirma dargestellt, die drei grundlegende Funktionen beherrscht: Verwalten und Managen des Mietwagenvertrags, Instandhalten des Mietwagens und Einkauf/Verkauf des Mietwagens. Eine funktionale Analyse kann auch die verschiedenen Parteien, technischen Komponenten usw. identifizieren, die für die jeweilige Funktion notwendig ist.

- Eine funktionale Analyse repräsentiert auch manchmal die Perspektive des Endkunden oder Benutzers: „Welche Funktionen müssen möglich oder angeboten werden bzw. sollte das System zur Verfügung stellen, damit Sie einen potenziellen Kunden gewinnen oder eine bestimmte Tätigkeit ausführen können, z. B. die Verfügbarkeit eines bestimmen Mietwagenmodells abfragen?

- Im EDV-Umfeld wird zum Durchführen einer funktionalen Analyse oft eine Use-Case-Analyse verwendet, die in vereinfachter Form auch aus Abbildung 55 ersichtlich ist. Im Weiteren werden „Use Cases" zur Veranschaulichung einer funktionalen Analyse verwendet, da ein Use Case genau einer Funktion entspricht.

Anleitung (Wie gehe ich vor)

- Identifizieren Sie Akteure, die eine Rolle und Funktion innerhalb des betrachteten Systems ausführen. In diesem Fall können Akteure nicht nur Individuen sein, sondern auch Abteilungen, Organisationen, Systeme u. a., aber immer eine Einheit, die innerhalb des betrachteten Systems an der zu definierenden Funktion beteiligt ist.

- Als nächstes definieren Sie den „Use Case", also die Funktion oder eine Reihe von Unterfunktionen, die innerhalb des betrachteten Systems ausgeführt werden und die unter einer Hauptfunktion zusammengefasst werden können. Das betrachtete System oder der Kontext wird als eine Black Box gesehen, in der nur die zu definierende Funktion sichtbar ist und beschrieben wird. Im Mietwagenfirmenbeispiel spielen z. B. das Abbuchungs- und Reservierungssystem eine untergeordnete Rolle. Diese Funktion wird auf dieser Ebene nicht erwähnt, jedoch bei der weiteren „Zerlegung" und Unterteilung der Funktionen in Unterfunktionen kann sie dann eine Rolle spielen.

- Die Schwierigkeit liegt in der Abstraktion, Vereinfachung und Konzentration auf das Wesentliche. Eine Mietwagenfirma hat sicherlich Hunderte von Prozessen, Prozessergebnissen und somit Funktionen – es liegt an Ihnen, diese so weit zu konsolidieren und zu abstrahieren, bis Sie zu den essenziellen wichtigen Hauptfunktionen kommen. Diese können Sie dann weiter in Unterfunktionen aufgliedern können, was zu weiteren Use Cases führt.

- Der Begriff „Use Case" steht für die Beziehung zwischen zwei Einheiten: Ein Akteur oder manchmal auch ein anderer verwendet die Funktion des Use Case in Pfeilrichtung zu bzw. vom entsprechenden Use Case. Im Beispiel verwendet der Mietwagenfirmenverkäufer die Instandhaltungsfunktion, um den Fuhrpark zu warten und Instand zu halten. Diese Funktion kann dann später noch weiter in Unterfunktionen aufgeschlüsselt werden.

- Die Pfeile innerhalb des Diagramms deuten an, ob es sich um eine einseitige Kommunikation handelt – ein Akteur ist entweder auf der empfangenden oder verteilenden Seite –, oder ob eine Kommunikation bzw. der Gebrauch der Funktion in beide Richtungen verläuft.

- Um zu vermeiden, dass Sie das Diagramm mit Informationen überladen, verwenden Sie lieber eine separate Tabelle zur Darstellung (z. B. Name des Use Case, Prozessziel, Kurzbeschreibung, Auslöser, Akteure, Annahmen, Schnittstellen usw. (siehe auch die Tabellenvorlage in Abschnitt 5.2.3).

Beispiel für die Verwendung von Use Cases für die funktionale Analyse einer Mietwagenfirma in Abbildung 55

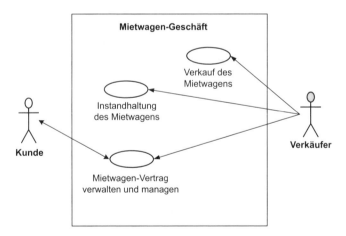

Abbildung 55
Use-Case-Diagramm: Beide Akteure verwenden die drei Hauptfunktionen
(Verwalten, Instandhalten und Weiterverkauf)

Tipps und Anregungen

- Spalten Sie die Hauptfunktionen nur so weit auf, wie es notwendig ist und inwiefern es Zweck der funktionale Analyse ist. Falls Sie weiter ins Detail gehen wollen, erfordert dieses Tool spezielles technisches Wissen in UML (Unified Modelling Language) und OO (Object Oriented Analysis/Design).

- Wenn die Funktionen, die die funktionale Analyse zu definieren versucht, noch nicht existieren, dann können Sie die funktionale Analyse auch zur Definition der Anforderungen (im Sinne eines Pflichtenheftes) verwenden (siehe dazu auch Abschnitt 5.2.7). Dies wird oft in einem Anfangsstadium eines Projektes zur Definition des Projektrahmens verwendet.

Querverweis zu verwandten Tools in diesem Buch

Prozess-Analyse (Abschnitt 5.2.3).

5.2.3 Prozess-Analyse

Zweck und Absicht (Warum und wann anwendbar)

Dieses Tool eignet sich, wenn Sie verstehen wollen, was in einer Organisation vor sich geht und in welcher Reihenfolge Aktivitäten ablaufen. Darüber hinaus wird die Prozess-Analyse zur Identifizierung und Dokumentation von (Geschäfts-) Prozessen, Verbesserungen, Training und Systementwicklung verwendet.

Funktion und Aufgabe (Wie funktioniert es)

- Eine Prozess-Analyse verwendet Flussdiagramme, um die gegenwärtige (As-Is-) oder zukünftige (To-Be-) Abfolge von Aktivitäten (Prozessschritten) festzuhalten. Prozess-Analysen sind Hauptbestandteil der meisten Analysen, da diese einen guten Einblick in das operationelle Geschäft bieten und auch den Ausgangspunkt für Verbesserungsinitiativen darstellen.

- Der Detaillierungsgrad der Dokumentation kann variieren und hängt davon ab, ob es sich um eine Übersicht oder eine detaillierte Analyse der untersten Prozessschritte handelt.

Anleitung (Wie gehe ich vor)

- Verwenden Sie die Informationsbeschaffungs-Tools aus Abschnitt 3.2 und führen Sie z. B. Interviews oder einen Prozess-Workshop durch, um alle notwendigen Informationen zu erhalten und den Prozessfluss zu dokumentieren.

- Prozessmodellierung wird in zwei Formen vorgenommen – per Entwicklung von Diagrammen des schematischen Prozessablaufs und als wörtliche Beschreibung, die meist in tabellarischer Form festgehalten wird und alle Details dokumentiert. Verwenden Sie dabei aktive Verben zur Beschreibung des Prozesses.

- Halten Sie den ersten Entwurf mit Bleistift auf einem großen Flipchart fest. Fangen Sie mit einem groben Abriss des Prozesses an und verfeinern Sie diesen immer weiter, sobald Sie die entsprechenden Informationen haben. Notieren Sie alle Fakten und Details in einer separaten Tabelle, die die unten aufgeführten Überschriften enthält. Vergessen Sie den Radiergummi nicht, denn kein Prozess wird sofort korrekt dokumentiert.

- Prozessschritte kommen in Rechtecke, die in numerischer Reihenfolge miteinander verbunden werden. Rautenförmige Symbole stellen Entscheidungen dar, die mit „ja" oder „nein" auf den Verbindungslinien entsprechend markiert werden. Des Weiteren empfiehlt es sich, die unterschiedlichen Bereiche, in denen die Aktivität stattfindet, entsprechend auf dem Symbol des Prozessschritts zu vermerken. Alternativ bietet sich die Prozessdokumentation in „Schwimmbahnen" an (Abbildung 57). Jede „Schwimmbahn" repräsentiert eine Abteilung, System oder Einheit, in der der Prozessschritt abläuft.

Tipps und Anregungen

- Verwenden Sie die Tabellenüberschriften als Kontrollpunkte während der Informationsbeschaffung. Verwenden Sie die allgemeingültigen Bestandteile der Prozess-Analyse, wie sie in Abbildung 56 dargestellt sind, für Ihre Arbeit.

- Es gibt viele verschiedene Arten, Prozessfluss-Diagramme zu zeichnen. Wichtig ist, dass es später einfach nachvollziehbar ist und alle Aspekte abdeckt. Definieren Sie Vorlagen in Softwareprogrammen wie z. B. MS Visio, um Ihre Zeichensymbole zu standardisieren.

Zehn Gebote der Prozess-Analyse (Quelle: Glass, mit Erweiterungen)

1. Arbeiten Sie von „oben nach unten" und von „unten nach oben", damit Sie die notwendige Unterstützung, Informationen und Verbesserungsvorschläge erhalten.

2. Seien Sie kundenorientiert – der Kunde, der letzendliche Nutznießer des Prozessergebnisses, kann innerhalb und außerhalb des untersuchten Bereiches sein.

3. Versuchen Sie, die Bedürfnisse und Anforderungen aller Benutzer und Nutzer während Ihrer Analyse im Hinterkopf zu behalten: „Was sind Zweck und das Ziel des Prozesses?"

4. Sichern Sie sich die Unterstützung durch das Top-Management, sonst sind die Untersuchung und die spätere Umsetzung leicht zum Scheitern verurteilt.

5. Seien Sie sich bewusst, dass eine Prozess-Analyse oder ein guter Prozess kein Ersatz für eine schlechte Strategie oder Produkt ist.

6. Arbeiten Sie auch außerhalb Ihrer „Systemgrenzen". Verwenden Sie das Silo-Tool (Abschnitt 3.1.11), um die Unterbrechungen des Prozessflusses durch die Bereichsgrenzen aufzuzeigen.

7. Vergessen Sie nicht, die Prozesse der Mitarbeiterbeurteilung und eines Bonus-Systems in Ihre Prozess-Analyse miteinzubeziehen. Beide Prozesse sowie die Beurteilungskriterien und Leistungsindikatoren müssen im Einklang miteinander stehen, sonst sabotieren sie sich gegenseitig.

8. Teilen Sie die Ergebnisse Ihrer Untersuchung und Prozess-Analyse allen betroffenen Beteiligten offen und ehrlich mit, bevor eventuelle Gerüchte größere Schäden anrichten.

9. Setzen Sie ein multi-disziplinäres Team ein, um unterschiedliche Perspektiven und ein universelles Ergebnis zu erhalten.

10. Streben Sie die ideale Lösung an und besinnen Sie sich erst dann auf das tatsächlich Mögliche und Erreichbare.

Allgemeingültige Bestandteile für eine Prozess-Analyse

Die Abbildung 56 zeigt die allgemeingültigen Bestandteile für eine Prozess-Analyse. Jeder Prozessschritt hat einen Input (z. B. Daten, Informationen), einen Auslöser, ein Ziel oder einen Zweck, Geschäftsbedingungen und Regeln, die den Prozess steuern und reglementieren, Ressourcen, die während des Prozesses benötigt werden, und natürlich einen Output. Alle diese Bestandteile sollten Sie während Ihrer Analyse für jeden Prozessschritt überprüfen und in Frage stellen.

Vorlage für die Tabellenüberschriften in der Prozessdokumentation

Es ist zu empfehlen, dass Sie jedem Prozessmodell eine Tabelle mit zusätzlichen Informationen beifügen, um das Diagramm nicht zu überladen. Die Tabelle kann die folgenden Überschriften enthalten:

- Titel, Referenz zu einem übergeordneten Prozess, Prozessziel, Inputs, Outputs, Kontrollmechanismen (die den Prozessfluss stoppen), Akteure und Stakehol-

Abbildung 56
Überprüfen Sie alle diese Bestandteile während Ihrer Prozess-Analyse für jeden Prozessschritt

der, Kurzbeschreibung, Auslöser, Verfügbarkeit (up time), Anmerkungen, alternative Prozessschritte, Geschäftsbedingungen und Regeln, Service Levels, Leistungsindikatoren in jeglicher Form, Qualitätsanforderungen, Annahmen (die bestätigt werden müssen), Beschränkungen, Dokumente, Glossar, involvierte Systeme, Sicherheitsanforderungen, Schnittstellen, Verbesserungsvorschläge, ausstehende Fragen, Prozess-Verantwortlicher, Autor/Analyst, Datum der letzten Aktualisierung.

Beispiel für ein einfaches Prozessflussdiagramm für das Mieten eines Autos (im Schwimmbahnen-Format)

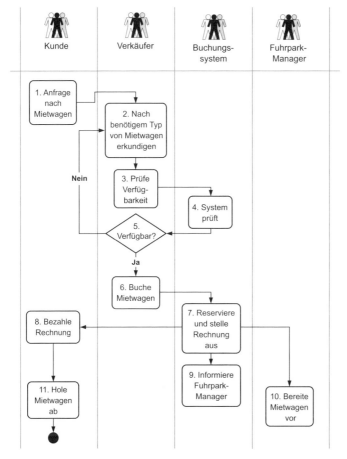

Abbildung 57 Prozessfluss für das Mieten eines Autos

Querverweis zu verwandten Tools in diesem Buch

Relationales Datenmodell (Abschnitt 5.2.4), Silo (Abschnitt 3.1.11).

5.2.4 Relationales Datenmodell

Zweck und Absicht (Warum und wann anwendbar)

Ein relationales Datenmodell ist eines der grundlegenden Tools für jede detaillierte, technische oder System-Analyse. Es kann helfen, eine Situation besser einzuschätzen. Deshalb kann es auch zur Festlegung des Kontextes oder des Projektrahmens verwendet werden. Im Vergleich zum Kontext-Tool (Abschnitt 3.1.10) bietet ein relationales Datenmodell viel mehr Einzelheiten.

Funktion und Aufgabe (Wie funktioniert es)

- Ein relationales Datenmodell stellt den Kontext zusammen mit allen relevanten Einheiten innerhalb der Systemgrenzen dar, d. h. es zeigt alle Systeme, alle Bereiche und Abteilungen, alle Geschäftseinheiten, jeden Transfer von Informationen und Daten zwischen Einheiten jeglicher Art und Form. Im englischen Sprachgebrauch wird das Diagramm als Datenflussdiagramm (Dataflow Diagram) oder Entity-Relationship-Diagramm (ERD) bezeichnet.

- Die transparente Darstellung des Datenflusses gibt Hinweise auf die zu Grunde liegenden Prozesse und ist daher eng mit der Prozess-Analyse verknüpft.

Anleitung (Wie gehe ich vor)

- Identifizieren und benennen Sie alle Einheiten, die in den zu untersuchenden Rahmen oder Problembereich fallen. Unter Einheiten können Abteilungen, Systeme, wichtige Stakeholdergruppen, Prozessbereiche usw., alles, was eine klare Grenze hat und etwas „Eigenständiges" ist, beschrieben werden.

- Untersuchen Sie den Daten- und Informationsfluss zwischen allen Einheiten. Stellen Sie Fragen: „Mit wem oder was tauscht sich Einheit X aus?" oder „Welche Art von Information wird zwischen Einheit X und Y ausgetauscht?"

- Identifizieren Sie die Quelle und die Daten für eingehende und ausgehende Datenflüsse.

- Verbinden Sie alle Einheiten mit den entsprechenden Datenflüssen.

- Überprüfen Sie Ihre Ergebnisse zusammen mit den Experten des jeweiligen Bereichs.

Tipps und Anregungen

- Falls Sie eine Stakeholder-Übersicht (Abschnitt 3.1.5) haben, verwenden Sie diese, um zu überprüfen, ob Sie einzelne Stakeholder übersehen haben. Verwenden Sie eine Black Box (Abschnitt 3.1.1), um sicherzustellen, dass Sie alle Bereiche abgedeckt haben und sich auch wirklich auf den richtigen Bereich konzentrieren. Eigentlich sollten diese Dokumente bereits als Teil der Projektdefinition und Projektdokumentation existieren.

- Sie können die Lese- und Benutzerfreundlichkeit erhöhen, wenn Sie die Einheiten in der Reihenfolge nummerieren, in der sich der logische Prozess abspielt.

Beispiel für ein relationales Datenmodell für den Verwaltungsbereich eines Hypotheken-Unternehmens in Abbildung 58

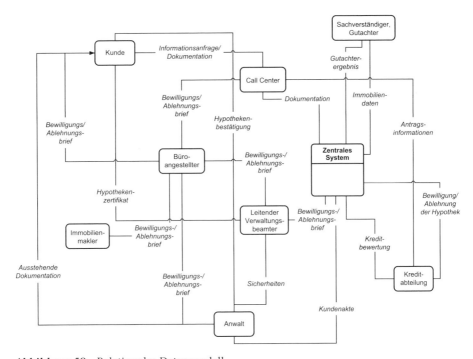

Abbildung 58 Relationales Datenmodell

Querverweis zu verwandten Tools in diesem Buch

Black Box (Abschnitt 3.1.1), Kontext (Abschnitt 3.1.10), Fischgräten-Ursachenanalyse (Abschnitt 3.3.13), Ist-Ist nicht (Abschnitt 3.1.2), Stakeholder-Übersicht (Abschnitt 3.1.5).

Bibliografie: Bassard und Ritter, Swanepoel, Chen.

5.2.5 Logisches Datenmodell

Zweck und Absicht (Warum und wann anwendbar)

Das logische Datenmodell zeigt die Informationen, die in einem System gespeichert werden und wie die Informationen und Daten logisch zusammenhängen.

Es ist dann hilfreich, wenn Sie wissen müssen, wie und wo Daten abgelegt sind, um eine flexible und präzise Nutzung der Daten, z. B. für Berichte, vornehmen zu können.

Funktion und Aufgabe (Wie funktioniert es)

Das logische Datenmodell beschreibt die unterschiedlichen Einheiten, für die oder in denen Informationen abgelegt werden, und wie diese in Beziehung zueinander stehen.

Anleitung (Wie gehe ich vor)

- Identifizieren Sie alle Einheiten, für die Informationen gespeichert werden. Es ist wichtig anzumerken, dass die hier genannten „Einheiten" nicht unbedingt die gleichen Einheiten sind, die in einem Kontext-Diagramm oder in einem relationalen Datemodell verwendet werden. Unter Einheiten wird hier eine Gruppierung von Daten und Informationen verstanden, die sich innerhalb des betrachteten Systems oder Bereichs befinden, z. B. Kunden, Konten, Produkte, Banken, Policen, Warengruppen usw. (in einem Versicherungskontext). Alle diese Einheiten haben eine Beziehung zueinander oder stehen durch andere Einheiten miteinander in Beziehung.

- Als nächsten Schritt müssen Sie für jede Einheit alle Attribute, Eigenschaften oder Merkmale identifizieren. Dazu zählen Sie einfach alle Felder auf, die ein Attribut beschreiben würden. Zum Beispiel hat die Einheit „Kunde" die folgenden Attribute (Felder): Name, Adresse, PLZ, Kreditrahmen usw. Erstellen Sie eine Tabelle, die alle Einheiten und die entsprechenden Attribute auflistet und im Detail definiert, da die Attribute nicht näher im Diagramm erwähnt werden.

- Als letzten Schritt klassifizieren Sie jede Beziehung in einer der drei Möglichkeiten, die zwischen zwei Einheiten bestehen kann:
    - one-to-many – z. B. *eine* Bank hat *viele* Niederlassungen, aber *eine* bestimmte Niederlassung gehört zu *einer* Bank.
    - many-to-many – z. B. *eine* Anfrage kann sich auf *mehrere* Dokumente beziehen und *ein* bestimmtes Dokument kann im Bezug zu *mehreren* Anfragen stehen.
    - one-to-one – z. B. *ein* Kunde hat *ein* einzigartiges Login für eine Webseite und *ein* Login kann immer nur mit *einem* Kunden in Zusammenhang gebracht werden.

- In Abbildung 59 gibt es z. B. die Einheiten „Konto/Account" und „Kunde". Es ist eine one-to-many-Beziehung (Kunde-Konten) – ein Kunde hat ein oder mehrere Konten. Des Weiteren haben mehrere Konten eine Beziehung zu einem Produkt (z. B. Sparbuch, Lebensversicherung u. a.) und ein Konto steht im Bezug zu mehr als einer Anfrage.

- In einem logischen Datenmodell-Diagramm wird die Einheit, die *mehrere* Beziehungen zu anderen Einheiten hat, durch einen Pfeilkopf auf der Verbindungslinie repräsentiert (siehe Abbildung 59).

- Weisen Sie jeder Einheit einen eindeutigen bzw. einzigartigen Identifikationsschlüssel oder eine ebensolche Kennung zu wie z. B. eine Kundennummer, eine Artikelnummer, die Personalausweisnummer.

Tipps und Anregungen

Bitten Sie einen Datenbankmodellierungsexperten für diese Dokumentation um Hilfe. Dieses Tool verlangt technisches und systemisches Wissen, wobei jedoch die konzeptionelle, logische Denkarbeit unabhängig von technischem Wissen ist. Versuchen Sie es einfach und definieren Sie die grundlegende Struktur und Gruppen von Daten (Einheiten).

Beispiel für ein logisches Datenmodell in Abbildung 59

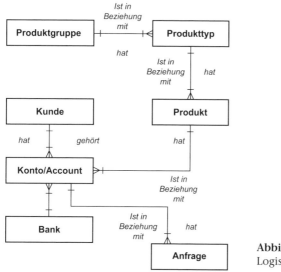

Abbildung 59
Logisches Datenmodell

Bibliografie: Swanepoel.

5.2.6 Technologie-Infrastruktur

Zweck und Absicht (Warum und wann anwendbar)

Das Technologie-Infrastruktur-Tool eignet sich zur kombinierten Darstellung von Technologien, Systemen, Programmen (Software) und Infrastruktur, die gegenwärtig (oder zukünftig) existieren. Es kann auch zum Aufzeigen von z. B. Maschinenparks, Fabrikplänen, Netzwerken, Kommunikations-, Sicherheits- oder Infrastruktur verwendet werden.

Funktion und Aufgabe (Wie funktioniert es)

Das Technologie-Infrastruktur-Tool modelliert die Technologie und Systeme innerhalb des zu untersuchenden Projektrahmens oder Problembereichs. Das resultierende Diagramm sollte idealerweise in seinem Abstraktions- und Detaillierungsgrad und seiner technischen Sprache auf das Publikum abgestimmt sein.

Anleitung (Wie gehe ich vor)

- Verwenden Sie vorhandene Diagramme wie z. B. Kontext-Tool (Abschnitt 3.1.10), relationales Datenmodell (Abschnitt 5.2.4), Architektur-Analyse (Abschnitt 5.2.1), um Ihr Verständnis und Wissen aufzubessern. Lassen Sie sich von den technischen Experten beraten. Der Begriff „System" bedeutet nicht exklusiv Computer-System, sondern steht für jede Art und Typ von Struktur und „Maschinerie".

- Dokumentieren Sie alle Systeme in einer separaten Tabelle, die jede Komponente kurz beschreibt.

- Falls Sie jedoch wie in Abbildung 60 eine EDV-orientierte Technologie-Infrastrukturdarstellung beabsichtigen, dann verwenden Sie als Gerüst und zur Gruppierung die folgenden Kategorien:

    - Interaktionskanäle
    - Front- und Backoffice-Softwareprogramme,
    - Support-Systeme/Programme und
    - sonstige Programme und Technologien (Business Intelligence, Data Mining, Intranet, VPN usw.).

Tipps und Anregungen

- Verwenden Sie die Vorlagen und standardisierten Symbole der gängigen Grafikprogramme (z. B. MS Visio).

- Ein Technologie-Infrastruktur-Diagramm kann ausreichen, um Schnittstellen darzustellen. Falls nicht, dann sollten Sie eine Schnittstellen-Analyse durchführen, in der Sie alle Schnittstellen identifizieren und die Anforderungen ermitteln: z. B. „welche Daten werden über eine bestimmte Schnittstelle zwischen den Systemen ausgetauscht?"

Schnittstellen-Analyse (zusätzlich zum Technologie-Infrastruktur-Diagramm)

Die Schnittstellen-Analyse wird im Zusammenhang mit dem Technologie-Infrastruktur-Tool verwendet, um das Zusammenspiel und den Datenaustausch der unterschiedlichen Systeme und Komponenten genauer zu beschreiben. Die Schnittstellen-Analyse besteht aus sechs Arbeitsschritten pro Schnittstelle:

- Was sind die Daten und Informationen, die von einem zum anderen System übertragen werden?

- Wie detailliert müssen die Informationen sein, die transferiert werden?

- In welchem Dateiformat liegen die Informationen vor?

- Was ist die Art der Verbindung und welche Leistungsparameter (z. B. Echtzeit-Interaktion) müssen erfüllt werden?

- Wie häufig findet der Datentransfer statt?

- Was sind die Schnittstellen-Anforderungen und -Funktionen der Systeme, die mit diesem System interagieren?

Beispiel für eine Technologie-Infrastruktur-Darstellung in Abbildung 60

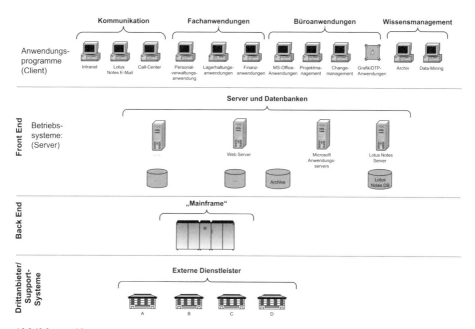

Abbildung 60
Technologie-Infrastruktur-Diagramm für die EDV-Struktur eines Unternehmens

Querverweis zu verwandten Tools in diesem Buch

Kontext-Tool (Abschnitt 3.1.10), relationales Datenmodell (Abschnitt 5.2.4), Architektur-Analyse (Abschnitt 5.2.1).

5.2.7   Anforderungskatalog

Zweck und Absicht (Warum und wann anwendbar)

- Ein Anforderungskatalog ist eine Auflistung aller funktionalen Anforderungen und eine Zusammenstellung der Spezifikationen und Anforderungen, die nötig sind, um damit ein Produkt, System, eine Maschine o. a. entwerfen, entwickeln und herstellen zu können.

- Ein Anforderungskatalog wird auch als Referenz für Qualitätskontrollen und Abnahmen durch den Auftraggeber und/oder Endbenutzer verwendet. Es ist daher der Haupt-Output einer Analyse und der Haupt-Input für die Phase der Tests und Qualitätskontrollen. Andere Begriffe für einen Anforderungskatalog sind Fachkonzept, Anforderungsanalyse. Oft werden auch die Bezeichnungen Pflichtenheft oder Lastenheft genannt, die jedoch EDV-lastige Begriffe sind.

Funktion und Aufgabe (Wie funktioniert es)

- Ein Anforderungskatalog ist eine komplette Beschreibung aller gewünschten und benötigten Funktionen und Fähigkeiten. Es wird dargestellt, was die noch zu entwickelnde Maschine, das System oder Produkte können müssen und wie gut, genau und effizient etwas erfolgen muss, damit es den vorher dokumentierten Erwartungen und (Geschäfts-) Anforderungen entspricht.

- Jede spezifizierte Anforderung sollte einen Querverweis zu einem Diagramm oder einer Beschreibung haben, die die Anforderung näher erklärt und anderen hilft, den Zusammenhang und die Hintergründe für die Anforderung zu verstehen.

Anleitung (Wie gehe ich vor)

- Die meisten der zuvor dargestellten Tools (z. B. Kontext-Tool, funktionale Analyse, Prozess-Analyse, relationales Datenmodell) dienen als Quellen, Referenz und Input für einen Anforderungskatalog, wobei auch andere Quellen hilfreich sein können.

- Zählen Sie alle Anforderungen und Funktionalitäten des Systems auf, die auf Datenmodellen basieren. Wenn eine Einheit in einem Datenmodell existiert, dann resultiert diese in einer Funktion, die etwas mit dieser Einheit macht, z. B. eine Abfrage speichern.

- Zählen Sie alle Anforderungen und Funktionalitäten des Systems auf, die auf Prozessen und Schnittstellen basieren. Die Prozessflüsse stellen den logischen Ablauf dar, der wiederum eine Funktion benötigt; z. B. kann ein Prozess die

Tabelle 16   Vorlage für einen Anforderungskatalog

Anforderungskatalog				
Kategorien				
Nr.	**Kurzbeschreibung**	**Wichtigkeit N/M/H**	**Refe-renz**	**Nutzungs-häufigkeit**
Kerngeschäft oder Hauptprodukt				
1	Die Fähigkeit ...			
2	Die Fähigkeit ...			
Sicherheit und Zugang				
	Die Fähigkeit ...			
Finanzkontrolle				
	Die Fähigkeit ...			
Systemkontrolle				
	Die Fähigkeit ...			
Systembackup und -sicherung				
	Die Fähigkeit ...			
Berichtswesen				
	Die Fähigkeit ...			
Leistungsindikatoren und SLA (bzgl. Zuverlässigkeit, Verfügbarkeit, Richtigkeit, Vollständigkeit)				
	Die Fähigkeit ...			
Datenschutz und -sicherung				
	Die Fähigkeit ...			
Geschäftsarchitektur (und Einklang mit der Systemarchitektur)				
	Die Fähigkeit ...			
Archivierung				
	Die Fähigkeit ...			

Prüfschritte für eine Autorisierung darstellen. Die Funktion, die dahinter steckt, wäre die Identifizierung und Autorisierung einer Person mit bestimmten Parametern. Des Weiteren können Schulungsunterlagen und Verfahrensanleitungen Quellen für Anforderungen und Funktionalitäten sein.

• Im Anforderungskatalog wird jede Anforderung und Funktion eines Produkts, einer Maschine oder eines Systems, beginnend mit der Formulierung

„Die Fähigkeit ..." beschrieben. Damit ist die Fähigkeit gemeint, etwas auszuführen, zu bewegen, darzustellen usw.

- Gruppieren Sie Anforderungen und Funktionen, die unter bestimme Kategorien fallen, in den entsprechenden Kategorien, die Sie kreieren können, wie z. B. Sicherheit, Berichte usw. (siehe Tabelle 16). Sprechen Sie sich mit den späteren Nutzern, Entwicklern, und Ingenieuren ab, welche Logik der Kategorisierung sich für alle Beteiligten am besten eignet.

- Jede Anforderung und Funktion sollte darüber hinaus auch eine Angabe über die Priorität und Wichtigkeit haben. Die folgenden drei Einstufungen werden empfohlen:

    - Hoch = unverzichtbar wichtig

    - Mittel = sollte vorhanden sein

    - Niedrig = wäre schön, ist aber nicht unbedingt erforderlich.

Querverweis zu verwandten Tools in diesem Buch

Kontext-Tool (Abschnitt 3.1.10), funktionale Analyse (Abschnitt 5.2.2), Prozess-Analyse, relationales Datenmodell (Abschnitt 5.2.4), logisches Datenmodell (Abschnitt 5.2.5), logische und funktionale Systemmodellierung (Abschnitt 5.2.8) – wobei die logischen Anforderungen und Funktionen im Anforderungskatalog festgehalten werden.

5.2.8   Logische und funktionale Systemmodellierung

Zweck und Absicht (Warum und wann anwendbar)

Das logische und funktionale Systemmodellierungs-Tool eignet sich, um die zukünftigen, geplanten Funktionen und Fähigkeiten eines Systems zu modellieren und zu konzipieren. Der Begriff „System" ist hier wieder als Platzhalter für jegliche Art von Anwendung, Infrastruktur, Maschine, Produkt usw. verwendet worden.

Funktion und Aufgabe (Wie funktioniert es)

- Das logische und funktionale Systemmodellierungs-Tool basiert auf einem einfachen vierstufigen Prozess, der Sie dabei unterstützt, „alles" gegenwärtig Existierende zu verbessern. Es kann auch als mentale/konzeptionelle Denkanleitung für die Anwendung von anderen System-Analyse-Tools dienen. Das Tool abstrahiert vom konkreten Physischen zum logisch Abstrakten – hier findet dann die Verbesserung statt – und übersetzt später das Abstrakte wieder in das Konkrete, physisch Greifbare zurück.

Anleitung (Wie gehe ich vor)

- Es geht darum, die Realität zu abstrahieren und dann – ohne weitere Beschränkungen durch die gegenwärtige Realität – die zukünftige Lösung und die neuen Funktionen auf einer abstrakten logischen Ebene zu entwerfen. Abbildung 61 stellt das Vorgehen dar. Beginnen Sie mit der gegenwärtigen konkreten und physikalischen Umwelt. Abstrahieren Sie dann, um die gegenwärtig existierenden logischen Funktionen zu erhalten. Entwerfen Sie anschließend die neuen Funktionen auf der abstrakten logischen Ebene, bevor diese letztlich in eine konkrete physikalische Realität übersetzt werden. Die vier Prozessschritte sind:

1. Wie (physikalisch) funktioniert das System gegenwärtig? – Die Frage ist: „Wie". Verwenden Sie die Tools von Informationsbeschaffung (Abschnitt 3.2), Prozess-Analyse (Abschnitt 5.2.3) oder das relationale Datenmodell (Abschnitt 5.2.4) um zu lernen, wie das jetzige System konkret funktioniert.

2. Was sind die logisch-abstrakten Funktionen, die das System gegenwärtig hat? Die Frage ist: „Was". Tools wie z. B. die funktionale Analyse (Abschnitt 5.2.2) oder der Anforderungskatalog (Abschnitt 5.2.7) können sich hier als hilfreich erweisen. Verlieren Sie sich nicht in Details, sondern bleiben Sie auf einer abstrakten „hohen" Ebene.

3. Was sind die logisch-abstrakten Funktionen, die das zukünftige System zu erfüllen hat? Die Frage ist: „Was"

4. Wie wird das zukünftige System konkret und physikalisch funktionieren? Die Frage ist: „Wie". Hier werden dann die abstrakten, logischen Spezifikationen und Anforderungen in die potenzielle zukünftige Realität übersetzt.

Darstellung des logischen und funktionalen Ablaufs des Systemmodellierungs-Tools in Abbildung 61

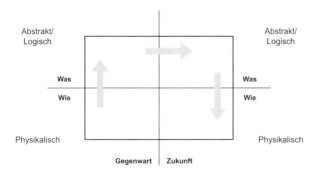

Abbildung 61
Logische und funktionale Systemmodellierung – Vom „Wie" zum „Was"
und dann wieder zum „Wie"

Bibliografie: Swanepoel.

5.3   Strategie-Analyse

Zweck der Kategorie	Name des Tools oder der Technik	Seite	Benutzer-freund-lichkeit	Aufwand/Nütz-lichkeit
Strategie-Analyse	Wertschöpfungskette	170	☺☺	☺☺☺
	Kritische Erfolgsfaktoren	174	☺	☺☺
	SWOT und TOWS	177	☺☺	☺☺
	Lebenszyklus	184	☺☺☺	☺
	5 Marktkräfte	189	☺	☺☺
	Wettbewerber-Analyse	193	☺	☺☺
	Umfeld-Analyse (PEST)	197	☺	☺☺
	Strategische Marktsegmente	200	☺☺	☺☺
	Kundensegmentierung	203	☺	☺☺☺
Strategie-entwicklung	Geschäftsfelder-Matrix	208	☺☺	☺☺
	Produkt-/Markt-Mix	213	☺☺	☺
	Strategieentwicklungsoptionen	217	☺☺	☺☺☺
	Strategie-Matrix	222	☺☺	☺☺

Strategie-Analysen können in zwei Bereiche unterteilt werden: die Untersuchung der internen und der externen Perspektiven. Die Untersuchungsergebnisse werden dann, wie Abbildung 62 darstellt, in der strategischen Entwicklung weiter verwendet.

Der Zweck der strategischen Entwicklung ist es, aus den Untersuchungsergebnissen zu lernen, neue Einblicke zu erhalten und dann einen strategischen Plan für das weitere Vorgehen zu entwickeln.

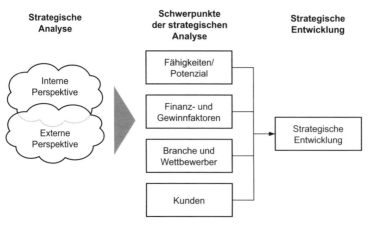

Abbildung 62
Strategische Arbeit beinhaltet die strategische Analyse und die strategische Entwicklung

Tabelle 17   Schwerpunkte der strategischen Analyse-Tools

	Name des strategischen Analyse-Tools	Schwerpunkte der strategischen Analyse-Tools				
		Kunde	Wett-bewerb/ Industrie	Finanzen Gewinn	Fähig-keiten	Strategi-sche Ent-wicklung
Interne Perspektive	Wertschöpfungskette (Abschnitt 5.3.1)		×	×	×	
	Kritische Erfolgsfaktoren (Abschnitt 5.3.2)			×	×	
	SWOT und TOWS (Abschnitt 5.3.3)		×		×	
	Lebenszyklus (Abschnitt 5.3.4)	×			×	
	5 Marktkräfte (Abschnitt 5.3.5)	×	×			
Externe Perspektive	Wettbewerber-Analyse (Abschnitt 5.3.6)		×		×	
	Umfeld-Analyse (PEST) (Abschnitt 5.3.7)		×			
	Strategische Marktsegmente (Abschnitt 5.3.8)	×	×			
	Kundensegmentierung (Abschnitt 5.3.9)	×				
	Geschäftsfelder-Matrix (Abschnitt 5.3.11)		×		×	×
	Produkt-/Markt-Mix (Abschnitt 5.3.12)				×	×
	Strategieentwicklungsoptionen (Abschnitt 5.3.13)					×
	Strategie-Matrix (Abschnitt 5.3.14)					×

Dieses Kapitel beginnt mit den Analyse-Tools für die interne und externe Analyse – eine klare Trennung zwischen intern und extern existiert leider nicht – und fährt dann mit Tools für die strategische Entwicklung fort.

Die Tabelle 17 verdeutlicht, wie jedes der strategischen Analyse-Tools sich mit mindestens einem der Schwerpunkte einer strategischen Analyse von Abbildung 62 befasst. Die vier Schwerpunkte einer strategischen Analyse sind:

- Kunden mit ihren Bedürfnissen und Anforderungen

- Wettbewerber und die Industrie

- Finanzielle Aspekte und Faktoren, die sich auf den Gewinn auswirken

- Gegenwärtige Kompetenzen und Fähigkeiten (des Unternehmens)

Die strategische Entwicklung ist – als das resultierende Ergebnis der strategischen Analyse-Tools – darauf ausgelegt, die Einblicke in Pläne und Lösungen für die Zukunft umzusetzen.

Offensichtlich ist das in Abbildung 62 dargestellte Konstrukt nicht die einzige Darstellungsform von strategischen Modellen, Tools und deren Zusammenhängen. Die erwähnten strategischen Tools und Techniken sind jedoch unabhängig von jedweder Methodik.

5.3.1 Wertschöpfungskette

Zweck und Absicht (Warum und wann anwendbar)

Die Analyse der Wertschöpfungskette eignet sich am besten, wenn Sie verstehen wollen, wie die unterschiedlichen Bereiche oder Aktivitäten innerhalb eines Unternehmens oder einer Industrie zusammenhängen und/oder wie die unterschiedlichen Bereiche oder Aktivitäten einen Mehrwert schaffen. Sie basiert auf der Annahme, dass jedes vorherige „Glied" in der Wertschöpfungskette einen Mehrwert oder eine Wertschöpfung für das nachfolgende Glied (Bereich/Aktivität) bietet. Das Tool bietet sich an, um ein Unternehmen und/oder eine Industrie zu untersuchen und herauszufinden, welches die Aktivitäten des Kerngeschäfts sind, die den Erfolg sichern.

Darüber hinaus ist die Wertschöpfungskette bei der systematischen Untersuchung aller kosten- und gewinntreibenden Aktivitäten hilfreich: Wo entstehen welche Kosten und welcher Mehrwert wird dabei geschaffen?

Weitere sekundäre Anwendungsmöglichkeiten für die Analyse der Wertschöpfungskette sind:

- Wettbewerber-Analyse: Analyse der Kostenstruktur der Mitwettbewerber und Differenzierung und Schaffung neuer Einblicke für die Strategie-Entwicklung.

- Analyse des Kundennutzens: Bestimmung der Faktoren, die den Kundennutzen und den Mehrwert sicherstellen.

- Schwerpunkt-Analyse des Unternehmens: Die Wertschöpfungskette hilft bei der Beantwortung der strategischen Frage: „Was ist unser Kerngeschäft und welche Aktivitäten kreieren wirklichen Mehrwert?"

- Analyse des Lieferketten-Managements: Ein besseres Verständnis der Verhandlungsposition und ähnlicher Situationen/Positionen anderer Käufer und Verkäufer in der Industrie erlaubt, neue Verhandlungsperspektiven und -Allianzen zu erschließen.

- Integration: Die Analyse der Wertschöpfungskette erlaubt ein besseres Verständnis für Investitionen in horizontale oder vertikale Integrationsstrategien, z. B. die Frage „Sollte ein Druckereiunternehmen eher ein Papierproduktionsunternehmen zur Absicherung der Produktionsrohstoffe oder ein Zeitungsunternehmen kaufen?"

- Strategisches Kostenmanagement: Das Schlüsselwort ist „Outsourcing". Welche Aktivitäten könnten kostengünstiger durch einen externen Dienstleister erledigt werden?

Funktion und Aufgabe (Wie funktioniert es)

Eine Analyse der Wertschöpfungskette befasst sich mit allen Stufen. Im Falle eines Produktes reichen diese von der Konzeption über die Produktion bis hin zum Verkauf und des Kundendienstes.

- Die Analyse der Wertschöpfungskette gruppiert die Unternehmensaktivitäten in ihre Hauptfunktionen (Glieder der Wertschöpfungskette) und stellt die gegenseitigen Abhängigkeiten und Schnittstellen zwischen den Gliedern heraus.

- Das Tool identifiziert die Kernaktivitäten sowie die Supportaktivitäten (z. B. Marketing in einem Produktionsunternehmen).

Anleitung (Wie gehe ich vor)

- Identifizieren Sie wichtige Aktivitäten – der Detaillierungsgrad hängt von dem geschaffenen Mehrwert der Aktivität sowie dem Zweck der Analyse ab.

- Gruppieren Sie die Aktivitäten in Kategorien (oder Funktionen), die am besten den Mehrwert und Beitrag für das Unternehmen repräsentieren.

- Unterscheiden Sie primäre von sekundären (Support) Aktivitäten und gruppieren Sie diese entsprechend der Kategorie und des Prozessflusses:

  - Inbound-Logistik (Einkauf, Warenlager usw.)

  - Produktion/Herstellung (Vorproduktion, Produktion, Fertigung, Montage, Kontrolle)

  - Outbound-Logistik (Zwischenlagerung und Vertrieb des Produktes)

  - Marketing und Verkauf (Werbung, Werbekampagnen, Produkt- und Preisgestaltung usw.)

  - Dienstleistung (Kundenservice, Fehlerware, Ausschussware, Reparaturen usw.)

- Bestimmen Sie, wie die Aktivitäten untereinander zusammenhängen und wie der Prozessverlauf ist. Sobald Sie die Prozessschritte und Sequenzen für die Wertschöpfungskette bestimmt haben, fügen Sie jedem Wertschöpfungskettenglied Kosten und andere angebrachte Leistungsindikatoren hinzu (siehe Abbildung 64). Zeichnen Sie ein Diagramm wie in Abbildung 63, um Ihr Ergebnis zu präsentieren.

Tipps und Anregungen

- Die Grenze zwischen den Kernaktivitäten (primär) und Supportaktivitäten (sekundär) ist fließend und hängt hauptsächlich von der Industrie und den jeweiligen Unternehmen ab. Eine Aktivität, die dazu dient, dass sich ein Unternehmen vom Feld der Wettbewerber absetzen und differenzieren kann oder die einfach nur überlebenswichtig ist, wird im Allgemeinen als Kernaktivität bezeichnet. Zum Beispiel ist in der Pharmaindustrie Forschung und Entwicklung (F&E) der Schlüssel zum Überleben, während die EDV eine Supportaktivität ist. Wenn man die großen Mode- und Sportmodenhersteller betrachtet, könnte man annehmen, dass die Produktion und Fertigung die Kernaktivitäten darstellen, welche jedoch in der Realität meist nach Asien outgesourced sind. Die meisten Unternehmen dieser Art sind „virtuelle Hülsen", die hauptsächlich aus Marketing, F&E und Produktdesign bestehen.

• Die besten (Prozess-) Optimierungen erreichen Sie nicht durch die Verbesserung einzelner Abteilungen oder Funktionen, sondern eher durch die ideale Verknüpfung der zahlreichen Aktivitäten in den verschiedenen Abteilungen und zwischen den Gliedern der Wertschöpfungskette. Konzentrieren Sie sich auf die Aktivitäten, die den größten Mehrwert und Nutzen für Ihre Kunden bringen, um wahre Veränderungen zu erwirken. Zu viel Aufmerksamkeit und Verbesserungsversuche für die einzelnen, in Isolation agierenden Bereiche, kann den Gesamtprozess negativ beeinflussen. So kann z. B. eine Reduktion der Vorratsmengen die Kapitalkosten reduzieren, kann jedoch auch die Produktion ins Stocken bringen.

• Stellen Sie die Kosten und den Mehrwert (oder Kundennutzen) jeder Aktivität fest und etablieren Sie, ob sich die Kosten rechtfertigen lassen. Das gleiche Vorgehen ist auch für Support-Aktivitäten möglich, jedoch mit Einschränkungen. Vergessen Sie jedoch nicht, dass es trotz der „Mode für Kosteneinsparungsmaßnahmen" ein Niveau gibt, unter dem weitere Kostenreduktionsmaßnahmen nur noch Nachteile und negative Auswirkungen auf den Kundennutzen haben.

• Verbesserungen – als Teil der Analyse der Wertschöpfungskette – können nicht nur von innen, sondern auch von außerhalb der Organisation kommen. Sie können einen gewaltigen Mehrwert erreichen, wenn Sie „Ihre" Wertschöpfungskette mit denen von anderen Käufern, Verkäufern, Kunden und Mitwettbewerbern verbinden, und somit die Wertschöpfungskette nicht in Ihrem Unternehmen aufhört. Eine Variante ist eine Industrie-Wertschöpfungskette, die über eine oder mehrere Industrien hinweg verläuft; z. B. Forstwirtschaft – Papierzellstoffindustrie – Druckereiindustrie – Verlagswesen usw.

• Verwenden Sie die Analyse der Wertschöpfungskette auch, um Möglichkeiten zur Differenzierung zu schaffen und begrenzen Sie sich dabei nicht auf die Differenzierung des Endproduktes, sondern ziehen Sie auch andere Bereiche mit in Betracht; z. B. einen Autohersteller, der die Leasing- und Finanzierungsdienstleistungen als Teil seiner Angebotspalette anbietet.

• Fragen Sie sich Folgendes: „Was sind die wichtigsten Veränderungen und Bewegungen der Industrie entlang der Wertschöpfungskette (vor und zurück)?

Was sind die Gründe, warum bestimmte Wettbewerber auf bestimmte Bereiche der Wertschöpfungskette abzielen? Ist die Wertschöpfungskette im Begriff, sich zu ändern?"

Eine konzeptionelle Wertschöpfungskette in Abbildung 63

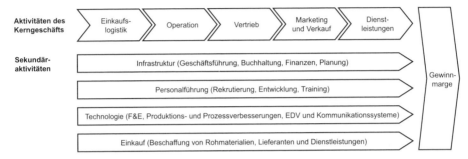

Abbildung 63
Eine klassische Wertschöpfungskette, die die typischen Kern- und Supportaktivitäten darstellt.

Beispiel für eine Wertschöpfungskette in der verarbeitenden Industrie in Abbildung 64

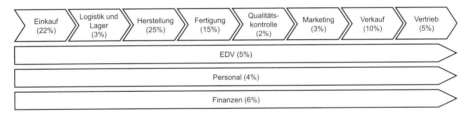

Abbildung 64
Prozentangaben in jedem Glied der Kette (=Prozessstufe) als Kosten oder Mehrwert, im Verhältnis zum Endprodukt.

Querverweis zu verwandten Tools in diesem Buch

Kritische Erfolgsfaktoren (Abschnitt 5.3.2), Struktur und Prozess (Abschnitt 5.1.3), Wettbewerber-Analyse (Abschnitt 5.3.6), Prozess-Analyse (Abschnitt 5.2.3).

Bibliografie: Michael E. Porter ist der Urheber der Wertschöpfungskette. Vgl. *„Competitive advantage" (1985)*, oder Fleischer, Hax, Wheelen.

5.3.2 Kritische Erfolgsfaktoren

Zweck und Absicht (Warum und wann anwendbar)

Dieses Tool basiert auf Entwicklungen von M. Porter und ist die konzeptionelle Grundlage für viele andere Tools der strategischen Analyse. Das Tool unterstützt dabei, ein Unternehmen, seine Erfolgsgrundlagen, Stärken und Schwächen besser zu verstehen. Es bietet auch eine standardisierte Vorlage, um verschiedene Bereiche, Unternehmen und selbst Industrien vergleichen zu können. Die Kenntnis über die kritischen Erfolgsfaktoren ist für viele strategische Untersuchungen ausschlaggebend – die Fähigkeit liegt in der korrekten Identifizierung der Erfolgsfaktoren.

Lernen Sie zwischen internen (kontrollierbaren) und externen (hauptsächlich unkontrollierbaren) Erfolgsfaktoren zu unterscheiden. Das Kritische-Erfolgsfaktoren-Tool befasst sich hauptsächlich mit den internen, daher kontrollierbaren Faktoren. Andere Tools wie z. B. die 5 Marktkräfte und das Umfeld-Analyse (PEST)-Tool untersuchen u. a. die externen Erfolgsfaktoren. Das Strategieentwicklungs-Tool (Abschnitt 5.3.10) vergleicht die internen Erfolgsfaktoren (des Unternehmens) mit den externen Erfolgsfaktoren (in der Industrie).

Funktion und Aufgabe (Wie funktioniert es)

Dieses Tool vergleicht die wesentlichen und erforderlichen Kompetenzen (Erfolgsfaktoren), die ein Unternehmen besitzen, ausführen und erfüllen können muss, damit es in der Industrie überleben kann. Beispiel: Eine Versicherung muss die Kompetenz haben, ihr Risiko erfolgreich abzusichern und versicherungsmathematische Berechnungen anstellen, obgleich dies noch keine Überlebensgarantie ist.

Damit sich ein Unternehmen von den anderen abgrenzt und hervorhebt, muss es bestimmte Erfolgsfaktoren besser beherrschen als andere: billiger, schneller, zuverlässiger usw. sein. Dies sichert den deutlichen Vorsprung, der dem Unternehmen erlaubt, die anderen Wettbewerber aus dem Feld zu schlagen. Das Kritische-Erfolgsfaktoren-Tool verwendet eine Matrix, um die jeweilige Leistungsfähigkeit aller untersuchten Unternehmen für jeden Erfolgsfaktor darzustellen. Die Erfolgsfaktoren werden manchmal auch als Wettbewerbsvariable, Unternehmenskompetenzen, Kategorien des Unternehmensprofils, Kernkompetenzen, zentrale Wettbewerbsfaktoren, Schlüsselfähigkeiten bezeichnet.

Anleitung (Wie gehe ich vor)

- Es bedarf eines guten und gründlichen Verständnisses der Geschäftsfelder des Unternehmens, das Sie untersuchen. Nutzen Sie daher alle zur Verfügung stehenden Analysen und Quellen für Input.

- Identifizieren Sie alle kritischen Erfolgsfaktoren und fragen Sie sich dazu: „Was müssen wir gut beherrschen, damit wir erfolgreich sind?" Verwenden Sie auch die Informationsbeschaffungs-Tools in Abschnitt 3.2. Relevante Fragen sind auch: „Wie kaufen die Kunden und was spielt eine wichtige Rolle bei der Kaufentscheidung? Wer ist in dem betreffenden Bereich erfolgreich und warum? Was sind die Trends und was sind die Gründe?"

- Stellen Sie sicher, dass Sie die betreffenden Markt- und Kundensegmente genau verstehen. Je nach Segment können die Erfolgsfaktoren variieren und Ihre Analyse wird zu farblos und aussagelos, wenn das Blickfeld zu weit gefasst ist und das Segment daher nicht richtig erfasst und verstanden wird. Untersuchen Sie die kritischen Erfolgsfaktoren auch von einer Kundenperspektive aus und berücksichtigen Sie daher beides – Fakten und subjektive Wahrnehmung der Erfolgsfaktoren durch den Kunden.

- Spezifizieren und präzisieren Sie die kritischen Erfolgsfaktoren für Ihre Situation. Typische Kategorien von kritischen Erfolgsfaktoren sind:

  - Marketing (Markenbildung, Corporate Identity, Marktforschungsfähigkeiten usw.)

  - Management (Geschäftsführungstalent, Führungsstil, Motivation, Kompetenz usw.)

  - Technologie (Zugriff zu Technologien, Anpassungsgeschwindigkeit an technologische Veränderungen, F&E usw.)

  - Personal (Personalentwicklung, Mitarbeiterbindung, Employer of choice usw.)

  - Produkte/Dienstleistungen (Bandbreite der Produktpalette, Kundendienst, Produktqualität, Marktanteil, Absatzorganisation usw.)

  - Herstellung (Qualität nach ISO 9000, Zuverlässigkeit, Produkteinführungszeit, Lieferzeiten, Kostenrentabilität, Vertriebskanäle usw.)

  - Finanzen

- Das Wesentliche bei der Analyse der kritischen Erfolgsfaktoren ist die Unterscheidung zwischen Erfolgsfaktoren, die ähnlich gut wie die anderen Mitwettbewerber (Industriedurchschnitt) erbracht werden und Erfolgsfaktoren, in denen das Unternehmen außerordentlich gut abschneidet. Diese repräsentieren dann die Wettbewerbsvorteile (Competitive Advantage) und sind die Grundpfeiler des Erfolgs. Diese außergewöhnlichen Erfolgsfaktoren erlauben einem Unternehmen, sich von der Masse der Wettbewerber zu differenzieren und abzusetzen. Das Beispiel in Abbildung 65 verdeutlicht, dass der Erfolg der Hotelkette „XXX" von den speziellen Wettbewerbsvorteilen Hygiene, Ruhe und Preis bestimmt wird.

Tipps und Anregungen

- Der richtige Einblick und der „Aha-Moment" resultieren aus der Erkenntnis, was der „Schlüssel des Erfolgs" des Unternehmens, der Industrie oder des Segments ist. „Was macht das Unternehmen so außergewöhnlich?" Die Tabelle 18 zeigt eine Form der Darstellung zum Vergleich kritischer Erfolgsfaktoren.

Tabelle 18   Beispiel eines Vergleiches der kritischen Erfolgsfaktoren in Tabellenform

Kritische Erfolgsfaktoren	Unternehmen											
	A			B			C			D		
	–	+	++	–	+	++	–	+	++	–	+	++
Image			■	■			■				■	
Zugang zum Kapitalmarkt			■	■			■			■		
Regionale Netzwerke			■	■			■					■
Kostenrentabilität	■				■			■			■	
Technologieniveau	■					■			■	■		
Service und Instandhaltung	■				■			■		■		
Wissenstransfer		■			■			■			■	■
Systemintegration	■					■		■		■		
Länderspezifische Produkte			■			■		■			■	

- Eine entsprechend rigorose Analyse der Wettbewerber und deren kritischer Erfolgsfaktoren resultiert in einer Wettbewerbsanalyse. Dazu müssen Sie die entsprechenden kritischen Erfolgsfaktoren für jedes Unternehmen miteinander vergleichen und eine Punktzahl vergeben. Die Gesamtpunktzahl ergibt die relative Leistungsfähigkeit der Unternehmen. Verwenden Sie das Nutzwertanalyse-Tool (Abschnitt 6.7) für einen detaillierteren Vergleich. Versuchen Sie, wo möglich, Ihr Urteil auf Basis quantitativer Daten zu bilden. Wenn Sie nur einen einfachen Vergleich vornehmen wollen, dann konzentrieren Sie sich auf die hauptsächlichen Erfolgsfaktoren und verwenden Sie einfache Bewertungsmaßstäbe wie z. B. „sehr gut", „gut", „Industriedurchschnitt", „schlecht", „sehr schlecht".

Beispiel für den Vergleich von Erfolgsfaktoren und ausgeprägten Wettbewerbsvorteilen für eine Hotelkette in Abbildung 65

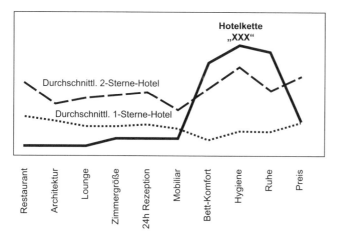

Abbildung 65
Die Hotelkette „XXX" übertrifft ihre Konkurrenten in bestimmten Erfolgsfaktoren, die somit zum Wettbewerbsvorteil werden

Querverweis zu verwandten Tools in diesem Buch

Die kritischen Erfolgsfaktoren sollten eigentlich das logische Ergebnis der Analyse und der Verwendung der folgenden Tools sein: Umfeld-Analyse (PEST) (Abschnitt 5.3.7), 5 Marktkräfte (Abschnitt 5.3.5). Verwenden Sie das Polaritäten-Tool (Abschnitt 6.6), um die Ergebnisse grafisch darzustellen. Das Kritische-Erfolgsfaktoren-Tool liefert Input für das SWOT- und TOWS-Tool (Abschnitt 5.3.3) sowie die Wettbewerber-Analyse (Abschnitt 5.3.6).

Bibliografie: Hax, Fleischer, Wheeler, Elkin.

5.3.3 SWOT und TOWS **+**

Zweck und Absicht (Warum und wann anwendbar)

Die Abkürzungen SWOT und TOWS stehen für die englischen Begriffe Strengths (Stärken), Weakness (Schwächen), Opportunities (Möglichkeiten), und Threats (Bedrohung). Eine SWOT-Analyse wird dazu verwendet, um zu untersuchen und zu vergleichen, ob und inwieweit die Unternehmensstrategie mit den gegenwärtigen internen Fähigkeiten (Stärken und Schwächen) und zukünftigen externen Entwicklungsfähigkeiten (Möglichkeiten und Bedrohungen) zusammenpasst und übereinstimmt.

Eine SWOT-Analyse ist eines der ältesten Strategie-Tools und neben der BCG-Matrix (BCG, Boston Consulting Group) das am meisten verwendete strategische Tool. Es eignet sich noch immer als einfaches und effektives Tool dazu, die persönliche oder Unternehmenssituation zu untersuchen. Darüber hinaus sind die positiven Nebeneffekte wie Kommunikation, Zusammenarbeit und Kollaboration mindestens genauso von Bedeutung wie der strategische Einblick, den Sie gewinnen. Das TOWS-Tool wird als Erweiterung dazu verwendet, um für die vier verschiedenen Szenarios des SWOT-Diagramms Strategien zu entwickeln.

Funktion und Aufgabe (Wie funktioniert es)

- Das SWOT-Tool bietet eine gute Übersicht und konsolidierte Zusammenfassung der Ergebnisse dieser und anderer Analysen. Es versorgt Sie jedoch nicht mit konkreten Antworten, sondern stellt Ihnen lediglich Information zusammen, damit Sie Strategien entwickeln können.

- Das Tool unterstützt Sie dabei, alle Dimensionen und Variationen in Betracht zu ziehen: Gegenwart und Zukunft, intern versus extern, Positives versus Negatives. Es ist sozusagen ein Tool zur Erweiterung Ihres Horizontes.

- **Stärken** sind die Faktoren, die ein Unternehmen wettbewerbsfähiger machen. Stärken sind die Ressourcen, Fähigkeiten und das Potenzial, die verwendet werden können, um die strategischen Ziele zu erreichen.

- **Schwächen** sind Fehler, Beschränkungen und Defekte, die die Organisation vom Erreichen der strategischen Ziele abhält. Es sind die Dinge, die die Organisation schlecht macht, oder wo sie minderwertige Ressourcen oder Fähigkeiten hat.

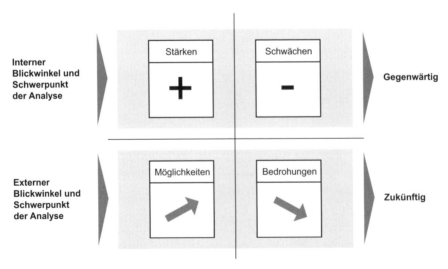

Abbildung 66
SWOT-Analyse-Tool – Beachten Sie, dass jeder Bereich einen anderen Schwerpunkt hat

- **Möglichkeiten** sind alle vorteilhaften gegenwärtigen und zukünftigen Situationen, Trends und Chancen, die die Nachfrage nach einem Produkt oder einer Dienstleistung unterstützen.

- **Bedrohungen** sind alle ungünstigen und unvorteilhaften Situationen und Trends im Umfeld des Unternehmens, welche sich gegenwärtig oder zukünftig schädlich auf das Unternehmen auswirken.

Anleitung (Wie gehe ich vor)

- Identifizieren Sie, welche Informationen Sie benötigen und wo kompetente Stakeholder sind. Die meisten Informationen bekommen Sie wahrscheinlich

Stärken	Schwächen
• Worin sind Sie gut? • Welche neuen Fähigkeiten hat das Unternehmen? • Was können Sie, was andere nicht können? • Wie könnten Sie einen Ihrer Erfolge wiederholen? • Was macht Sie einzigartig? • Warum kommen Kunden zu Ihnen?	• Worin sind Sie nicht gut? • Welche Fähigkeiten fehlen Ihnen? • Was können andere besser als Sie? • Was für Misserfolge hatten Sie? Was sind die Gründe? • Welche Kunden waren nicht zufrieden? Was sind die Gründe?
Möglichkeiten	Bedrohungen
• Gab/gibt es Veränderungen im Markt zu Ihrem Vorteil? • Welche neuen Produkte könnten Sie anbieten? • Welche neuen Zielgruppen könnten Sie anvisieren? • Wie könnten Sie sich einzigartig machen? • Wie könnte das Unternehmen in 4-6 Jahren aussehen?	• Gab/gibt es Veränderungen im Markt zu Ihrem Nachteil? • Was machen Ihre Wettbewerber? • Verändern sich die Kundenbedürfnisse zu Ihrem Nachteil? • Verändert sich das politische/wirtschaftliche Umfeld zu Ihrem Nachteil? • Gibt es Umstände, die Sie oder das Unternehmen bedrohen?

(handschriftliche Notizen am Rand: "Intern", "Extern", "Was kann mein Team/Unternehmen nicht, was für dieses Projekt relevant ist?", "Welche negative Auswirkung hat die externe Entwicklung xy auf mein Unternehmen/Projekt?", "Die externe Entwicklung muß antizipierbar und für mich relevant sein!", "ann mein m/Unternehmen t?", "che itive owirkung?")

Abbildung 67   Typische Fragen für eine SWOT-Analyse

über persönliche Kontakte und Befragungen; aber verwenden Sie auch andere Tools zur Analyse- und Informationsbeschaffung (Abschnitt 3.2).

- Das SWOT-Tool besteht aus einer Matrix mit den vier Bereichen interne Stärken und Schwächen, sowie externe Möglichkeiten und Bedrohungen (Abbildung 66). Wenn Sie die Möglichkeiten und Bedrohungen in einer Industrie oder Branche untersuchen, betrachten Sie besonders strategische und taktische Schachzüge und Neupositionierungen der Mitwettbewerber.

- Nachdem Sie jeden Aspekt mit Experten überprüft haben, priorisieren Sie diese und gruppieren Sie die größten Stärken, Schwächen, wichtigsten Möglichkeiten und Bedrohungen (Abbildung 70).

- Die Fragen in den vier Kästen der Abbildung 67 sollen Ihnen bei der Analyse helfen.

Checkliste für weitere Fragen, die Sie stellen können:

Finanzen (Stärken und Schwächen)

Wie sind die Gewinn- und Cashflow-Situation?

Wie empfindlich ist das Unternehmen im Bezug auf Nachfrageänderungen?

Wie ist die fixe und variable Kostenstruktur?

Wann setzt der Break-even-Punkt ein?

Wie akkurat und sachdienlich sind die finanziellen Informationen?

Wie akkurat und sachdienlich sind die Geschäftspläne, das Budget und die Prognosen?

Management und Personal (Stärken und Schwächen)

Wie ist das allgemeine Management-Niveau, sind die Kompetenzen, die Motivation?

Was ist die Führungsphilosophie des Unternehmens/Eigentümers?

Wie sehen die Geschäftsstrategie und der Plan aus?

Wie sehr sind die Angestellten motiviert und wie werden sie entlohnt?

Wie gut sind die Beziehungen zwischen dem Team und den Abteilungen?

Wettbewerbsfähigkeit (Möglichkeiten und Bedrohungen)

Wie intensiv ist der Wettbewerb?

Ist es wahrscheinlich, dass neue Wettbewerber in den Markt eindringen werden?

Wie sicher ist die gegenwärtige Marktposition des Unternehmens?

Technologien (Möglichkeiten und Bedrohungen)

Welche Auswirkungen haben neue Technologien auf das Unternehmen, auf Produkte, Prozesse usw.?

Infrastruktur, Ausrüstung, Einrichtungen (Stärken und Schwächen)

Wie ist der Zustand der Produktionsstätten, der Ausrüstung u. a.?

Wie gut ist die Auslastung der Einrichtungen?

Was ist das Qualitätsniveau der Fertigprodukte?

Wie geeignet sind die Anlage und die Ausrüstung für die gegenwärtigen und zukünftigen Bedürfnisse?

Lager und Warenhaltung (Stärken und Schwächen)

Wie hoch sind die Lagerbestände? Wie lauten die Lagerhaltungs- und Beschaffungsregeln? Wie gut ist der Lagerumschlag?

Wie hoch ist der Bestand an Halbfertigprodukten?

Wie hoch sind die Kapitalbindungen für das Rohstofflager und die Halbfertigprodukte?

Gibt es unverkäufliche Ware und alte Restbestände? Was ist deren Kapitalwert?

Welchen Einfluss hat das Unternehmen auf Lieferantenpreise?

Marketing und Verkauf (Stärken und Schwächen)
Wie ist der Trend der Kundenzufriedenheit?
Wie sicher und loyal ist die Stammkundschaft (xy % aller Kunden)?
Wie hoch ist die Marktdurchdringung?
Wie sieht das Kundenprofil aus?
Wie ist gegenwärtig das Marktverhalten?
Welchen Einfluss haben Kunden auf den Angebotspreis?
Soziale, politische, steuerliche, ökonomische, rechtliche Veränderungen (Möglichkeiten/Bedrohungen)
Inwiefern wird der Life Style auf das Unternehmen und die Produktpalette einwirken?
Welche Auswirkungen wird dies auf Mitarbeiter, Manager, Kunden haben?
Welche Auswirkungen hat die Regierungspolitik oder die europäische Politik?
Ist das Unternehmen durch Veränderungen von Steuern, Inflation, Rezession oder Leitzinsen verletzlich?

Tipps und Anregungen

• Die SWOT-Analyse sollte idealerweise durch mehrere Gruppenmitglieder und nicht durch Einzelpersonen durchgeführt werden. Dies fördert gegenseitiges Lernen und Kontrolle.

• Erstellen Sie auch eine SWOT-Analyse (SWOT-Diagramme) für Ihre Konkurrenten und Kunden – dies könnte Ihnen neue Einblicke und Möglichkeiten bieten.

TOWS – Wie Sie die SWOT-Ergebnisse für die Strategieentwicklung verwenden können

Eine SWOT-Analyse kann auch zu weiter reichenden Analysen verwendet werden: Außer den simplen und offensichtlichen Verwendungen, z. B. Bedrohungen für das Unternehmen zu vermeiden, nutzen Sie Ihre Stärken und Möglichkeiten, um sich gegenüber den Schwachen zu verteidigen. Abbildung 68 illustriert die TOWS-Struktur, die Sie verwenden können, um Ihre Ergebnisse zu testen und weiter zu verfeinern. Zum Beispiel können Sie Ihre Ergebnisse bzgl. des Aspektes „Stärke" gegenüber den zwei Kriterien der Stärke-Matrix „Fähigkeit, etwas zu nutzen" und „Schaffung von Mehrwerten" testen. Falls ein hoher Wert erreicht wird, handelt es sich um einen nennenswerten Faktor für das SWOT-Diagramm.

Das TOWS-Tool ist sehr hilfreich bei der Entwicklung von alternativen Strategien. Es demonstriert, wie Sie die externen Bedrohungen und Möglichkeiten mit den unternehmensinternen Stärken und Schwächen kombinieren können, um daraus die vier verschiedenen strategischen Richtungen zu entwickeln (siehe auch Abbildung 69):

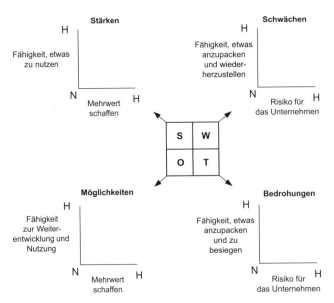

Abbildung 68   Die TOWS-Struktur für die Entwicklung von Strategien

- **SM** – Anpassung der internen **Stärken** auf die externen **Möglichkeiten**. Dies ist eine ideale Kombination zwischen den vorhandenen Ressourcen, Chancen und Möglichkeiten. Eine Strategie wäre, eine gute Kombination von Ressourcen und Wettbewerbsvorteilen zu finden, die Ihnen helfen kann, die internen Stärken zu verteidigen. Darüber hinaus würde es sich empfehlen, die vorhandenen internen Stärken wirksam einzusetzen, um einen maximalen Nutzen aus den externen Möglichkeiten zu ziehen.

- **MS** – Anpassung der internen **Schwächen** auf die externen **Möglichkeiten**. Eine generelle Strategie wäre es, die Möglichkeiten entsprechend zu nutzen, um die Schwächen zu überwinden. Dazu sollten Sie zwischen den Optionen abwägen: Investitionen, um eine Schwäche in eine Stärke zu verwandeln und so die vorhandenen Möglichkeiten auszuschöpfen, oder das Geschäftsfeld aufgeben.

- **SB** – Anpassung der internen **Stärken** auf die externen **Bedrohungen**. Eine strategische Option könnte sein, durch die gezielte Entwicklung von Wettbewerbsvorteilen die Bedrohung in eine Chance/Möglichkeit umzuwandeln. Alternativ könnte das Unternehmen der Bedrohung ausweichen und sich auf andere, attraktivere Bereiche konzentrieren.

- **BS** – Anpassung der internen **Schwächen** auf die externen **Bedrohungen**. Dies ist die schlimmste Position, die es zu vermeiden gilt. Die BS-Strategien sind hauptsächlich defensiv und darauf ausgelegt, die Schwächen zu minimieren und Bedrohungen auszuweichen. Eine Desinvestition könnte eine Option sein, um sich auf andere, attraktivere Bereiche konzentrieren zu können.

Externe Faktoren ╲ Interne Faktoren	Stärken	Schwächen
	Aufzählung aller internen Stärken	Aufzählung aller internen Schwächen
Möglichkeiten		
Aufzählung aller externen Möglichkeiten	**SM-Strategien** die Stärken nutzen, um aus den Möglichkeiten Vorteile zu ziehen	**MS-Strategien** die Möglich-keiten nutzen, um die Schwächen zu überwinden
Bedrohungen		
Aufzählung aller externen Bedrohungen	**SB-Strategien** die Stärken nutzen, um Bedrohungen zu vermeiden	**BS-Strategien** die Schwächen minimal halten und Bedrohungen vermeiden

Abbildung 69
TOWS-Diagramm, das die vier Kombinationen und strategischen
Richtungen beschreibt

Beispiel für ein SWOT-Diagramm in Abbildung 70

Stärken
• Starker Markenname
• Globale F&E-Kompetenzen
• Langährige Geschichte und Tradition

Schwächen
• Hohe Produktionskosten
• Schwache Marktposition
• Schwache Organisationsstruktur

Möglichkeiten
• Wachsender Markt in Asien
• Diversifikation in Dienstleistungen
• Einige bevorstehende Patent-genehmigungen

Bedrohungen
• Wettbewerb in Asien
• Einheimische wirtschaftliche Stagnation

Abbildung 70   Ergebnis einer SWOT-Analyse

Querverweis zu verwandten Tools in diesem Buch

Kritische Erfolgsfaktoren (Abschnitt 5.3.2), Umfeld-Analyse (PEST) (Abschnitt
5.3.7), Strategieentwicklung (Abschnitt 5.3.10).

Bibliografie: K. Andrews, Recklies.

5.3.4 Lebenszyklus

Zweck und Absicht (Warum und wann anwendbar)

Das Lebenszyklus-Tool ist ein universell einsetzbares Tool, das seine Anwendung im Marketing, in F&E, für Finanzen oder auch in der Produkt- und Strategieentwicklung findet. Denn es gehen nicht nur Produkte, sondern auch Unternehmen und Industrien durch mindestens einen Lebenszyklus. Das Tool sagt den Verlauf von Umsätzen und das damit verbundene Kunden- und Konkurrenzverhalten voraus, legt angemessene F&E- und Marketingstrategien für die Produkte in den verschiedenen Lebenszyklusphasen fest und untersucht die Stärken und Schwächen einer Produktpalette.

Von einer internen Perspektive aus bietet das Tool eine Messgröße für den Reifegrad eines Unternehmens und seiner Produkte. Von einer externen Perspektive aus bietet es einen Einblick in den Reifegrad einer Industrie. Aus einer Unternehmensperspektive bietet sich das Tool zur Darstellung der sich permanent ändernden Anforderungen an das Unternehmen sowie des Reifeprozesses des Unternehmens an. Somit kann das Tool auch als Teil der Organisations-Analyse eingesetzt werden.

Funktion und Aufgabe (Wie funktioniert es)

Das Lebenszyklus-Tool verwendet eine biologische Analogie, um die Entwicklung und den Reifeprozess von Umsatz, Verkaufszahlen, Produkten u. a., ähnlich denen von Lebewesen, darzustellen. Jedes Lebewesen durchläuft genauso wie ein Produkt oder ein Unternehmen vier Phasen während eines kompletten Lebenszyklus. Das Lebenszyklus-Tool prognostiziert – basierend auf dem Alter – die Umsatzentwicklung, Reifegrade, sich ändernde Anforderungen an das Produkt oder das Unternehmen usw. Die vier Phasen sind (Abbildung 71):

- **Einführung** – Die Gründungs- und Einführungshase mit der Inbetriebnahme und Etablierung.

- **Wachstum** – Die Phase der Expansion, Erweiterung, verbunden mit starkem Wachstum und Weiterentwicklung.

- **Reife** – Die Phase, in der die Wachstumskurve immer progressiver wird und sogar abfällt.Typisch ist, dass die Allgemeinkosten, der Aufwand, der Input-Output-Quotient immer unvorteilhafter werden und die Grenzkosten die Grenzumsätze übersteigen – es ist der Anfang vom langsamen Ende.

- **Niedergang** – Konstant abfallende Gewinne, Umsätze und Input-Output-Quotienten. Es besteht weiterhin Nachfrage, jedoch ist diese abnehmend.

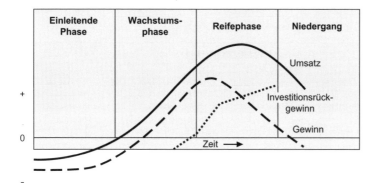

Abbildung 71 Klassisches Lebenszyklus-Diagramm

Anleitung (Wie gehe ich vor)

- Schätzen Sie die potenziellen oder realen Zahlen (Nachfrage, Umsatz usw.) ab. Verwenden Sie historische und gegenwärtige Zahlen oder Prognosen. Legen Sie dann die Preisspanne fest und berechnen Sie die Umsatzzahlen (Preis × Menge). Die Kurve ist eine Umsatzkurve. Berechnen Sie den Kurvenverlauf für unterschiedliche Preise und Zeiträume.

- Verwenden Sie auch statistische oder grafische Analysen und halten Sie historische Umsatzzahlen in einer Tabelle fest, damit Sie ein Verlaufsmuster erfassen können.

- Verwenden Sie Ihr Urteilsvermögen und die theoretischen Kurvenverläufe um zu bestimmen, wo auf der Lebenszyklus-Kurve (und in welcher Phase) Sie sich befinden.

- Es wäre ideal, wenn Sie Wendepunkte vorhersagen könnten, da Sie somit Ihre Strategie den zeitlichen Verläufen und Phasen, je nach strategischem Wendepunkt, anpassen können.

- Tabelle 19 erklärt die typischen Charakteristika für jede Reifephase und die verschiedenen Kategorien.

Tabelle 19 Typische Einblicke und Erkenntnisse aus der Lebenszyklus-Analyse für jede Phase des Zyklus

Kategorie	Lebenszyklusphasen (→)			
	Einführung	Wachstum	Reife	Niedergang
Käufer und Käuferverhalten	Höhere Einkommensschicht. Käufer müssen überzeugt sein, um das Produkt auszuprobieren.	Vergrößerung der Käufergruppe, aggressives Kaufen.	Massenmarkt, Sättigung, Wiederholungskäufer, Markentreue zählt, Kaufmuster existieren.	Kunden sind erfahrene Käufer.

Tabelle 19 Typische Einblicke und Erkenntnisse aus der Lebenszyklus-Analyse
für jede Phase des Zyklus *(Fortsetzung)*

Kategorie	Lebenszyklusphasen (→)			
	Einführung	Wachstum	Reife	Niedergang
Produkte und Produktänderungen	Schlechte Qualität, Produktdesign entscheidend, viele Varianten, keine Standards, häufige Designänderungen, simples Produktdesign.	Produkte haben technische und Leistungsunterschiede, Zuverlässigkeit ist wichtig, wettbewerbsfähige Produktverbesserungen.	Überdurchschnittliche Qualität, wenige Differenzierungen, Standardisierung, seltenere Modellwechsel, Inzahlungnahmen werden relevant.	Kaum Produktdifferenzierung, schlechte Qualität.
Marketing	Hohe Marketing-/Absatzkosten.	Hohe Werbungskosten, aber niedrigerer Prozentsatz als in der Einführungsphase.	Marktsegmentierung, Versuche der Zyklus-Verlängerung, Service und Angebote verbreiteter Verpackung ist wichtig, Werbungswettbewerb.	Kaum Ausgaben.
Herstellung und Vertrieb	Überkapazität, kleine Produktionsserien, hoher IQ-Anteil an der Produktion, hohe Produktionskosten, ausgewählte Vertriebswege.	Unterkapazität, Verschiebung hin zur Massenproduktion, alle Vertriebswege werden genutzt.	Optimale Kapazitätsauslastung, stabiler Produktionsprozess, niedrigere Qualifikationen, längere Produktionsserien, Wettbewerb innerhalb der Vertriebskanäle, hohe Vertriebskosten aufgrund von Massenvertrieb und Nutzen vieler Kanäle.	Beträchtliche Überkapazität, Massenproduktion, spezielle Kanäle.
F&E	Veränderte Produktion.	Investition in weitere F&E für die nächste Generation.		
Marktwachstumsrate	Beschleunigung, bedeutsame Zunahme, aber kleine Basis.	Schnellere Zunahme als Industrie oder BSP, aber konstant.	Gleich oder langsamer als BSP, zyklisch.	Abnehmend im Zeitablauf.
Industrie-Potenzial	Üblicherweise schwer zu bestimmen.	Im Wesentlichen übersteigt es das Industrievolumen.	Wohl bekannt, Markt erreicht Sättigungsgrad.	Sättigung erreicht.
Breite der Produktlinie oder -palette	Hauptproduktlinie ist eingeführt.	Schnelle Zunahme, während die Produktpalette erweitert wird.	Kaum Änderung der Produktpalette.	Abnehmend.
Zahl der Konkurrenten	Schneller Anstieg.	Zunahme bis zur Marktbereinigung.	Weitere Konsolidierung und Stabilisierung.	Abnahme.

Tabelle 19 Typische Einblicke und Erkenntnisse aus der Lebenszyklus-Analyse für jede Phase des Zyklus *(Fortsetzung)*

Kategorie	Lebenszyklusphasen (→)			
	Einführung	**Wachstum**	**Reife**	**Niedergang**
Stabilität des Marktanteils	Unberechenbar.	Wenige haben große Anteile, einige kleine.	Große Unternehmen sind etabliert und verwurzelt.	Anteile konzentrieren sich oder sind versprengt zwischen Kleinen.
Preis	Abschöpfen oder Durchdringung.	Abstimmung auf Konkurrenz.	Preissenkung.	Preissenkung.
Markteintritt	Gewöhnlich einfach, Möglichkeit mag nicht offensichtlich sein.	Gewöhnlich einfach, Gegenwart von Konkurrenz durch starkes Wachstum überdeckt.	Schwer, Unternehmen sind verwurzelt und Wachstum ist langsam.	Schwer, wenig Anreiz.
Technologie	Konzept und Produktentwicklung.	Produktlinie wird verfeinert und erweitert.	Prozess und Materialanpassungen: Kosten, Qualität.	Rolle der Technologie ist minimal.
Gesamtstrategie	Beste Zeit, um Marktanteil zu steigern, F&E ist Schlüssel zum Erfolg.	Preisanpassung oder Qualitätsimage, Marketing spielt Hauptrolle.	Ungünstige Zeit zur Erhöhung der Marktanteile, Kosteneffizienz ist Schlüssel zum Überleben, Preis oder Qualitätsimage beibehalten, Marketing ist sehr wichtig.	Kostenkontrolle ist sehr wichtig, Cost control key. Wiederbelebung oder Divestition.
Konkurrenz	Wenige Unternehmen.	Eintritt von Konkurrenz, viele Merger und Fehlschläge.	Preiswettbewerb, Marktbereinigung, Zunahme von kleinen Marken.	Ausstieg und weniger Konkurrenz.
Risiko	Hohes Risiko.	Risiko ist kalkulierbar, da hohes Wachstum.	Konjunkturempfindlichkeit beginnt.	
Management-Stil	Unternehmerisch, generalistisch, richtige Prioritäten.	Instandhaltung und Kontrolle des Geschäftes, Delegierung und Einführung von speziellen Funktionen.	Einführung von Prozessen und Regeln, Kontrolle der Gemeinkosten, Effizienz und Effektivität!.	Kompromissloser Krisenmanager.
Gewinnmargen und Gewinn	Hohe Preise und Margen, niedrige Gewinne, Preiselastizität nicht gut, Kostenkontrolle, strenge Liquiditätskontrolle.	Hohe Gewinne, ziemlich hohe Preise, aber niedriger als zuvor.	Fallende Preise, niedrigere Margen/Gewinne, erhöhte Stabilität und Preisstruktur, Investitionsrückgewinn beginnt trotz langsam abnehmender Gewinne.	Niedrige Preise und Margen, Preise fallen.

Tabelle 19 Typische Einblicke und Erkenntnisse aus der Lebenszyklus-Analyse
für jede Phase des Zyklus *(Fortsetzung)*

Kategorie	Lebenszyklusphasen ($\rightarrow$)			
	Einführung	Wachstum	Reife	Niedergang
Prioritäten	Liquidität sicherstellen, die Startphase überleben	Wachstum managen, Wahl zwischen Gewinn und Rentabilität	Konsolidierung und Kontrolle der Finanzen, der Kosten, Zuwächse, Größe und des Volumens	Reinvestition oder Divestition

Tipps und Anregungen

- Die Länge jeder Phase kann extrem variieren – von Monaten bis zu Jahrzehnten. Denken Sie z. B. an Speicher-Produkte wie LP, digitales Audio-Tonband (DAT), Mini-Disc, CD, DVD, iPod, HD-DVD usw. Manche Produkte und/oder Unternehmen haben die Niedergangsphase erreicht und bekommen – meist durch technologische Innovationen – einen Revitalisierungsschub und beginnen einen neuen Lebenszyklus. Denken Sie auch an die Kohleindustrie während der Ölkrise, oder die Fahrradindustrie (MTBs) oder Armbanduhren (Swatch).

- Bedenken Sie, dass Wachstum und ein „Neustart" selbst in einer Reifephase möglich sind, jedoch dafür viel mehr Investitionen oder Kreativität benötigt werden, als bei Produkten, die sich in einer früheren Phase befinden. Prophezeiungen sind problematisch. Unternehmen können jedoch die Gestalt und Form der Kurve durch Produktinnovationen, Produkterweiterungen, Neupositionierungen usw. beeinflussen.

- Wenn Sie die Kurve zeichnen, berücksichtigen Sie saisonale Schwankungen, Konjunkturschwankungen und sonstige Einflüsse. Vergewissern Sie sich, dass die Kurve nicht durch Produktinnovationen, Produkterweiterungen, Neupositionierungen verändert wurde, da dies die Form der Kurve, die Wendepunkte und daher die resultierende Strategie beeinflusst.

- Das Unternehmensberatungsunternehmen A. D. Little hat eine Lebenszyklus-Portfolio-Matrix entwickelt. Basierend auf der Reifephase und der relativen Position der Konkurrenz lassen sich unterschiedliche Strategien ableiten.

- Ein anderes Konzept fällt auch unter die Lebenszyklus-Perspektive: das Marketing- und absatzorientierte Konzept des Lebenszeitwertes eines Kunden. Nicht nur ein Unternehmen oder ein Produkt hat einen Lebenszyklus, sondern auch ein Kunde. Durch die Beziehung, die er mit einem Produkt zum Unternehmen hat, durchläuft auch er einen Lebenszyklus. Diese Kundenbeziehung bezieht sich auf den Wert der Beziehung für das Unternehmen und sollte ebenso etabliert, genährt, entwickelt, genutzt und beendet werden wie eine klassische Lebenszyklus-Beziehung eines Produktes.

Beispiel für ein klassisches Lebenszyklus-Diagramm in Abbildung 71

Abbildung 71 zeigt ein klassisches Lebenszyklus-Diagramm.

Querverweis zu verwandten Tools in diesem Buch

Organisationsstruktur (Abschnitt 5.1.1) für die Darstellung des Reifegrads einer Organisation.

Bibliografie: Porter, Rowe, Fleischer, Hax, Glass, Hofmann.

5.3.5 5 Marktkräfte

Zweck und Absicht (Warum und wann anwendbar)

Porter's 5 Marktkräfte (5 Forces) ist ein Tool, das sich für die Analyse des Umfeldes eines Unternehmens oder der Industrie eignet. Es wurde 1980 durch das Buch von Michael E. Porter „Competitive Strategy" in der Wirtschaftswelt eingeführt. Es ist eines der klassischen Strategietools, das trotz seines Alters nichts an seiner „Schärfe" verloren hat, sofern es richtig eingesetzt wird. Das 5-Marktkräfte-Tool wird am besten für folgende Aufgabenstellungen verwendet:

- Einschätzung der Attraktivität und des Wettbewerbes in einer Industrie

- Identifizierung der Bereiche und Trends, die neue Möglichkeiten und Bedrohungen darstellen

- Analyse, wie ein Unternehmen im Vergleich zu der Konkurrenz und den Kräften des Marktes positioniert ist

- Einschätzen der Rentabilität und Gewinnchancen

- Startpunkt, um ein besseres Verständnis und einen Einblick in wichtige Trends und treibende Kräfte zu erhalten.

Das Tool kann auf Unternehmen, Marktsegmente, Industrien als auch Regionen angewendet werden. Es eignet sich besonders für die Bereiche der Massenproduktion oder in Bereichen, in denen der Schwerpunkt auf der Produktion und nicht auf Dienstleistungen liegt.

Der Wert des Tools von Porter liegt darin, dass es einer Person hilft, über die gegenwärtige Situation (und die Industrie) einfach und strukturiert nachzudenken oder als Ausgangspunkt für weitere detailliertere Analysen.

Funktion und Aufgabe (Wie funktioniert es)

Das Tool nimmt an, dass die Strategie eines Unternehmens auf die externen Chancen und Bedrohungen im Umfeld des Unternehmens angepasst sein sollte. Das Tool basiert auf der Erkenntnis, dass der Wettbewerb in einer Industrie und für ein bestimmtes Unternehmen von 5 Marktkräften abhängt:

- **Potenzielle Neueinsteiger:** Markteintritts-Schranken bestimmen, wie einfach es ist, in den Markt einzudringen.

- **Verhandlungsmacht der Käufer und Kunden:** die Verhandlungsmacht der Käufer und Kunden wird durch Angebot und Nachfrage, Kundenverhalten und Preiselastizität beeinflusst.

- **Verhandlungsmacht der Lieferanten:** die Verhandlungsmacht der Lieferanten wird durch Angebot und Nachfrage, Kosten und Produktionstheorie sowie Preiselastizität beeinflusst.

- **Bedrohung durch Substitute:** der Substitutionseffekt treibt die Ablöse und Erneuerung von Produkten und Dienstleistungen an.

- **Wettbewerb zwischen bestehenden Unternehmen:** Die Rivalität zwischen den existierenden Unternehmen beeinflusst die Marktstrukturen, Anzahl der Teilnehmer, Marktgröße und Steigerungsrate.

Die vereinte Stärke und die Auswirkungen all dieser 5 Marktkräfte bestimmen das letztendliche Gewinnpotenzial und die Position in der Industrie.

Anleitung (Wie gehe ich vor)

Unterschiedliche ökonomische, betriebswirtschaftliche und technische Merkmale einer Industrie sind entscheidend für die Stärke jeder der 5 Marktkräfte.

- Legen Sie den Rahmen für den zu untersuchenden Markt fest.

- Identifizieren und analysieren Sie alle wichtigen Faktoren und Aspekte für jede der Marktkraft für diesen Markt. Dabei ist es nicht notwendig, alle Faktoren und Aspekte mit dem gleichen Aufwand zu untersuchen.

- Beurteilen Sie den Einfluss der Faktoren und Aspekte auf die Industrie oder das Unternehmen und legen Sie eine Bewertung (positiv (+), neutral (0) oder negativ (-)) fest. Welche der 5 Marktkräfte ist im Wandel und was bedeutet dies für die Industrie bzw. das Unternehmen?

- Schätzen Sie die Auswirkungen der stärksten und bedeutendsten Marktkräfte ein. Verwenden Sie einen Gradmesser (H/M/N: Hoch/Mittel/Niedrig), um anzuzeigen, wie kritisch und entscheidend dies für den zukünftigen Erfolg ist (siehe Tabelle 20).

- Dokumentieren Sie die Risiken und Konsequenzen für die Industrie oder das Unternehmen sowie die strategischen Optionen, um den Kräften zu begegnen.

- Mit Ihrem neu erlangten Wissen bzgl. der 5 Marktkräfte können Sie nun Optionen entwickeln, um diese 5 Marktkräfte so zu beeinflussen, dass Ihre Marktposition gestärkt wird. Das Ergebnis könnte eine neue strategische Richtung sein; z. B. eine Neupositionierung, Aufbau strategischer Allianzen, Neuausrichtung Ihrer Produkte usw.

Tabelle 20 Vorlage für die Analyse der 5 Marktkräfte

Marktkräfte	Einfluss +/0/-	Auswirkung H/M/N	Risiken und Konsequenzen
Neueinsteiger			
Verhandlungsmacht der Käufer			
Verhandlungsmacht der Lieferanten			
Bedrohung durch Substitute			
Wettbewerb zwischen Unternehmen			

- Im nächsten Schritt geht es darum, den Einfluss der 5 Marktkräfte zu kontrollieren und zu reduzieren. Dazu könnten Sie die nachfolgend erläuterten Beispiele verwenden. Vergessen Sie jedoch nicht, dass ein Unternehmen nicht nur Entwicklungsmöglichkeiten hat, die auf den externen Gegebenheiten basieren, sondern auch eigene interne Fähigkeiten und Ressourcen:

  – Maßnahmen zur Minderung der Gefahr durch potenzielle Neueinsteiger: Patente und Schutz des geistigen Eigentums, Erhöhung der effizienten Produktionskostenschwelle (Grenzkosten) für kleine Produktionsserien, Allianzen mit Lieferanten und Vertriebspartnern, Entwicklung von Vergeltungsmaßnahmen, Schaffung einer starken Marke oder eines Images, Allianz mit Anbietern von ähnlichen Produkten/Dienstleistungen.

  – Möglichkeiten zur Einschränkung der Verhandlungsmacht von Käufer und Kunden: Etablierung von Partnerschaften mit Käufern, Verwendung von Supply Chain Management zur Stärkung der eigenen Position, Entkoppelung der Kaufentscheidung oder Verhandlung vom Preis, direkter Kontakt/Verkauf an den Kunden unter Umgehung von (zu) einflussreichen Zwischenhändlern, Erhöhung der Anreiz-/Bonussysteme und Schaffung von Mehrwerten zur Stärkung Ihrer Position.

  – Möglichkeiten zur Einschränkung der Verhandlungsmacht der Lieferanten: Allianzen, Verwendung von Supply Chain Management und Training, Abhängigkeitsverhältnis herstellen, Datenbank über Kosten und Methoden des Lieferanten aufbauen, vertikale Integration mit vorgelagerten Lieferanten (Aufkauf eines Lieferanten).

  – Optionen zur Verminderung der Gefahr durch Substitute: Rechtliche Schritte zur Wahrung der Produktrechte (Warenzeichen o. Ä.), Allianzen oder direkte Kooperation mit dem Substitut-Markt („mit dem Teufel im Bunde sein"), Erhöhung der (Produkt)-Wechselkosten, Umfragen, um die Kundenbedürfnisse besser zu verstehen und anpassen zu können.

  – Maßnahmen, den bestehenden Wettbewerb zwischen Unternehmen einzudämmen: Vermeiden von Preiskämpfen, Ankaufen der Konkurrenz

(Anteilseigner werden), Differenzierung Ihres Produktes, Reduktion von Industrie-Überkapazitäten durch Bildung von Kartellen und Allianzen sowie Aufbau (legaler!) Kommunikation mit den Mitwettbewerbern, Neuorientierung auf andere Marktsegmente.

Tipps, Anregungen und Grenzen

- Porter's Theorie basiert auf der ökonomischen Situation in den 1980er-Jahren, die durch starken Wettbewerb, Zyklen und relativ stabile Marktstrukturen geprägt waren. Sein Modell konzentriert sich auf die Analyse der aktuellen Situation (Kunden, Lieferanten, Konkurrenz) sowie der absehbaren Entwicklungen (Neueinsteiger, Substitute usw.). Der Wettbewerbsvorteil entsteht durch die Stärkung der eigenen Position innerhalb der 5 Marktkräfte. Das Tool kann jedoch leider nicht die heute vorherrschende, sehr dynamische und ständig wechselnde Wirtschaft einschätzen. Technologische Neuerungen und dynamische Neueinsteiger mit neuen Geschäftsmodellen lassen sich nicht von Markteintritts-Schranken und etablierten Allianzen aufhalten.

- M. Porter ist ein Volkswirt und sein Modell basiert auf der mikro-ökonomischen Theorie. In der Volkswirtschaft bestimmt die Konstellation der Marktkräfte die wirtschaftliche Zukunft (Quelle: Recklies). Seien Sie sich auch bewusst, dass das Tool auf einem klassischen, perfekten Markt und dessen Marktverhalten basiert. Je regulierter ein Markt oder eine Industrie ist, desto bedeutungsloser sind die Ergebnisse, die das Tool liefert.

- Wie erwähnt, ist das Tool am geeignetsten für Analysen von einfachen Marktstrukturen. Eine detaillierte Analyse aller 5 Marktkräfte könnte in komplexen Industrien sehr schwierig werden. Jedoch kann ein zu enger Fokus auf ein bestimmtes Marktsegment dazu führen, dass Sie wichtige Aspekte übersehen.

- Das Tool basiert auf der Voraussetzung von Wettbewerb und Konkurrenz: Unternehmen gewinnen, indem Sie sich einen Wettbewerbsvorteil gegenüber der Konkurrenz erarbeiten. Daher sind Strategien, die auf Kollaboration, Kooperation und anderen Formen der Zusammenarbeit beruhen (z. B. Verknüpfung aller Informationssysteme entlang der Lieferkette und teilnehmenden Unternehmen, virtuelle Netzwerke innerhalb der Industrie usw.) oft von vornherein ausgeschlossen.

Übersicht über die 5 Marktkräfte (aus makro-ökonomischer Sicht)

Abbildung 72 zeigt einen Übersicht über die 5 Marktkräfte.

Querverweis zu verwandten Tools in diesem Buch

Umfeld-Analyse (PEST) (Abschnitt 5.3.7), SWOT und TOWS (Abschnitt 5.3.3), kritische Erfolgsfaktoren (Abschnitt 5.3.2).

Bibliografie: Recklies, Elkin, Wheeler, Glass.

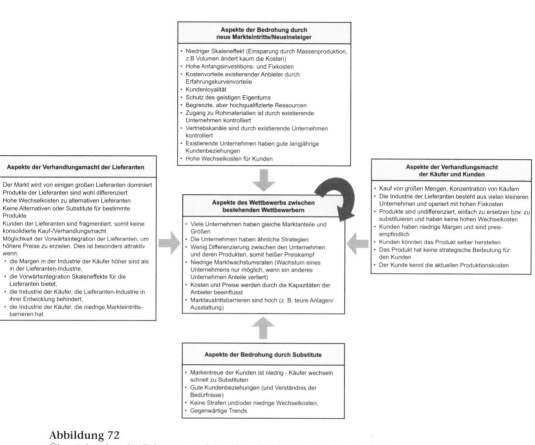

Abbildung 72
Übersicht über die Faktoren und Aspekte, die die Marktkräfte beeinflussen
(Quelle: www.themanager.org u. a., erweitert durch Autor)

5.3.6   Wettbewerber-Analyse

Zweck und Absicht (Warum und wann anwendbar)

Nach einer Reihe von strategischen Tools in den vorherigen Kapiteln, die sich mehr mit der internen Sichtweise befassen, konzentriert sich die Wettbewerber-Analyse wieder mehr auf externe Aspekte und vergleicht die Mitwettbewerber. Eine gründliche Wettbewerber-Analyse ist ein unerlässlicher Teil einer strategischen Analyse und sollte nicht auf informellen oder persönlichen Eindrücken oder Intuitionen basieren.

Die Wettbewerber-Analyse eignet sich am besten für folgende Aufgaben:

- Ermittlung der zukünftigen Strategien und Pläne der Konkurrenz,

- Prognose der wahrscheinlichsten Reaktionen der Konkurrenz auf die eigenen Initiativen,

- Feststellung, ob die Kapazitäten und Fähigkeiten der Konkurrenz mit den strategischen Plänen abgestimmt sind,

- Ermittlung der Schwachstellen der Konkurrenz.

Eine Wettbewerber-Analyse hilft Ihnen, die folgenden Fragen zu beantworten:

- Was sind die (volks-)wirtschaftlichen Grenzen des Umfeldes des Unternehmens und inwieweit ändern sich diese?

- Wie ist das Unternehmen – im Vergleich zur Konkurrenz – ausgestattet, um Mehrwerte zu schaffen?

- Wo und wie sind Grenzen gesteckt? Gibt es erfolgreiche Unternehmen, die z. B. in Nischen ihr Geld verdienen?

- Wie groß ist der Markt und wie schnell wächst er? Welche Bereiche wachsen schneller?

- Was sind die durchschnittlichen Renditen in der Industrie? Haben sich diese im Laufe der Zeit verändert und wie? Inwieweit weichen die Renditen zwischen den Konkurrenten voneinander ab?

- Gibt es Neueinsteiger und warum? Sind diese rentabel?

- Gibt es Unternehmen, die das Marktsegment verlassen haben? Was sind die Gründe dafür?

- Wie ist die Gesamtleistungsentwicklung des Unternehmens im Vergleich zur Konkurrenz (z. B. Marktanteile, Rentabilität usw.)?

Funktion und Aufgabe (Wie funktioniert es)

Das Wettbewerber-Analyse-Tool ...

- ist ein Prozess, der Ihnen ein gutes Grundverständnis über die Leistungen der Konkurrenz und Ihr Unternehmen aufzeigt. Es ermittelt Namen, Nummern, Schlüsselbereiche und andere wichtige Informationen bzgl. Konkurrenten und deren Verhalten.

- hilft Ihnen, die strategischen Positionen (bzgl. der Produkte, Segmente, Kanäle usw.) der Konkurrenz zu verstehen und

- bereitet weitere Analysen vor, die die Stärken, Schwächen, Fähigkeiten usw. der Unternehmen verdeutlichen.

Anleitung (Wie gehe ich vor)

- Eignen Sie sich ein allgemeines Grundwissen über die Unternehmen, Konkurrenten und deren Industrien an. Bestimmen Sie, wer die aktuellen und potenziellen Mitwettbewerber sind. Verwenden Sie Internetsuchen, Berichte von Asset-Managern, Finanzreports usw., um sich ein besseres Bild über die Unternehmen zu machen und analysieren Sie die Rohdaten.

- Ermitteln Sie, wer an welcher Stelle in die Wertschöpfungskette (Abschnitt 5.3.1) passt.

- Verwenden Sie die Tabelle 21 als eine Übersicht, die Ihnen verschiedene Kategorien und Arten von Informationen für die Analyse vorschlägt. Erarbeiten Sie sich nun die entsprechenden Informationen für die Kategorien der Tabelle. Verwenden Sie aber auch die anderen Tools, die in den Querverweisen vorgeschlagen sind. Analysieren Sie jedoch nur Daten, die notwendig, angemessen und dienlich sind.

Tabelle 21 Typische Kategorien von Informationen für eine Wettbewerber-Analyse

Hintergrundinformationen	Produkte und Dienstleistungen	Management-Profil
• Name, Ort • Kurze Beschreibung und Geschichte • Management-Team • Unternehmensvision	• Produkte und Dienstleistungen • Vielfalt und Bandbreite der Produktpalette • Qualität, Kundennutzen • Marktanteil pro Produkt	• Geschichte, Stil und Management-Nachwuchs • Motivation und Bestreben • Hintergrund zum Management-Team
Organisations-Struktur	**Finanzen**	**Marketing**
• Mitarbeiterzahlen • Art von Organisation und Hierarchie • Querfunktionen • Eigentumsverteilung • Kulturelle Anpassung • Führungsstil (siehe auch Organisationsanalyse-Tools in Abschnitt 5.1)	• Gegenwärtige, historische und projizierte Finanzzahlen • Finanzielle Kennzahlen und Quotienten • Kostenstruktur • Cashflow-Analyse • Liquidität • Bonitätseinstufung	• 4-P: Produkt, Preis, Promotion, Platzierung • Hauptkunden und Kundensegmente • Produkt- und Marktsegmente • Markenbildung, Image und Corporate Identity • Werbung
Personalwesen	**Operationen**	**Technologie**
• Mitarbeiterfluktuation • Mitarbeiterkosten • Gewerkschaftsbeziehungen • Mitarbeiterfähigkeiten	• Fertigungskapazität • TQM und ISO 9000 • Lean Produktion, CAM und Fabrikationsfähigkeit • Kosten- und Margenstruktur, Gemeinkostenanteile, ABC-Kosten	• F&E und Innovationsfähigkeiten • Patente, Warenrechte und geistiges Eigentum • Informations- und Kommunikationsstruktur • Wissensmanagement, Allianzen, Joint Ventures • Prozesstechnologie
Sozial-politisch	**Strategie**	**Kundenwert**
• Staatliche Verträge und öffentliche Angelegenheiten • Stakeholder-Ansehen • Investitionsklima • Besteuerung, Devisenkontrolle • Siehe auch Umfeld-Analyse (PEST) (Abschnitt 5.3.7)	• Vision, Mission, strategischer Horizont, Ziele, Scorecard • Beteiligungsportfolio, Diversifikation • Allianzen, Synergien • Kernkompetenzen, Stärken, Schwächen usw.	• Qualitätsmerkmale • Kundendienst und Garantien • Kundenerwartungen und -ziele

- Bestimmen Sie die Ziele, gegenwärtige Strategien, Ressourcen, Kernkompetenzen (aller Unternehmen) und vergessen Sie nicht, Ihre Annahmen und Vermutungen, die Sie während der Untersuchung machen, klar und transparent anzugeben.

- Versichern Sie sich, dass Ihre Analyse Antworten auf Fragen liefert, die Sie sich stellen – und nicht einfach nur Antworten. Das SWOT- und TOWS-Tool (Abschnitt 5.3.3) kann Ihnen beim Klären von Fragestellungen weiterhelfen.

- Präsentieren Sie Ihre Ergebnisse in einem anschaulichen Format. Verwenden Sie z. B. Vergleiche wie das Polaritäten-Tool (Abschnitt 6.6), Radar-Diagramm oder Übersichten wie in Tabelle 20. Sie können auch jedem Aspekt aus Tabelle 21 einfach eine Punktzahl vergeben (von 1-10) und das Profile ähnlich wie das Polaritäten-Tool darstellen. Ein Bild sagt mehr als Tausend Worte.

- Vergleichen Sie die gleichen Faktoren und Aspekte zwischen Ihrem Unternehmen und denen der Mitwettbewerber. Wo und was sind die Unterschiede? Dieser Vergleich der Unternehmensprofile sollte Ihnen helfen, zu bestimmen, was Sie tun sollten, um erfolgreich im Wettbewerb zu sein. Verwenden Sie den Programm-Plan (Abschnitt 7.4) um einen strategischen Plan zu entwickeln, der das weitere, notwendige Vorgehen festlegt.

Tipps und Anregungen

- Lassen Sie sich nicht von der Masse an Informationen überwältigen. Fassen Sie die Kernaussagen zusammen, konzentrieren Sie sich auf die Zukunft und nicht nur auf die Gegenwart. Vergessen Sie nicht den Zweck Ihres Tuns und strukturieren Sie Ihre Arbeit und Informationsbeschaffung dementsprechend. Vergewissern Sie sich, welche Informationen Sie wirklich benötigen. Behalten Sie die Pareto-80:20-Regel (Abschnitt 3.3.14) im Hinterkopf.

- Falls der Markt sehr fragmentiert sein sollte, konzentrieren Sie sich auf die Hauptkonkurrenten, aber vergessen Sie nicht, dass die Konkurrenz Segmente anders definiert haben könnte und Sie folglich nicht „Gleiches mit Gleichem" vergleichen.

- Es ist zugegebenermaßen nicht einfach, die strategischen Bewegungen und Absichten der Wettbewerber vorherzusehen. Der wahre Wert liegt in der fortlaufenden Überwachung und Berichterstattung aller strategischen Bewegungen über einen längeren Zeitraum.

Faktoren, die die Reaktion der Wettbewerber beeinflussen

Abbildung 73 zeigt vier Faktoren, die die Reaktion der Wettbewerber beeinflussen.

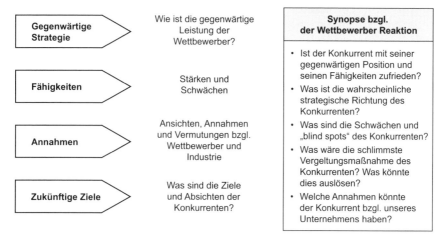

Abbildung 73 Vier Faktoren, die die Reaktion der Wettbewerber beeinflussen

Querverweis zu verwandten Tools in diesem Buch

Wertschöpfungskette (Abschnitt 5.3.1), kritische Erfolgsfaktoren (Abschnitt 5.3.2), SWOT und TOWS (Abschnitt 5.3.3), 5 Marktkräfte (Abschnitt 5.3.5), strategische Marktsegmente (Abschnitt 5.3.8), Umfeld-Analyse (PEST) (Abschnitt 5.3.7), Polaritäten-Tool (Abschnitt 6.6).

Bibliografie: Fleischer, Hax, Wheeler.

5.3.7 Umfeld-Analyse (PEST)

Zweck und Absicht (Warum und wann anwendbar)

Ein Unternehmen sollte im Gleichgewicht mit seinem Umfeld und seiner Umgebung sein. „Es sollte eine strategische Übereinstimmung bestehen zwischen dem, was das Umfeld benötigt, und dem, was das Unternehmen offeriert und umgekehrt." (nach Wheelen). Der Ausgangspunkt für die meisten strategischen Analysen ist eine Art von Untersuchung der externen Bedingungen, um z. B. Möglichkeiten und Bedrohungen zu identifizieren.

Das Tool hilft bei der Vermeidung von (strategischen) Überraschungen durch das Umfeld und gewährleistet, dass die strategischen Pläne nicht von externen Ungewissheiten und Bedrohungen durch die Umwelt durchkreuzt werden.

Funktion und Aufgabe (Wie funktioniert es)

Strategische Aktivitäten werden oft durch Umstände beeinflusst, die außerhalb des Einflussbereiches des Unternehmens liegen. Das Umfeld-Analyse-Tool (PEST) liefert den Lenkern und Unternehmensentscheidern möglichst akkurate und ob-

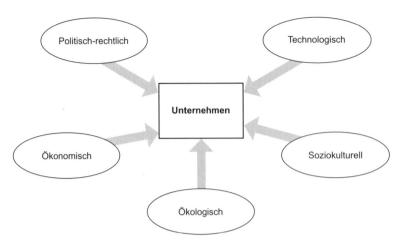

Abbildung 74   Die Umfeld-Faktoren der erweiterten PEST/STEEP-Analyse

jektive Prognosen über Trends im Umfeld des Unternehmens, damit sie den Erkenntnissen entsprechend zum Vorteil des Unternehmens reagieren können.

Die Abkürzung PEST des Tools steht für die vier Aspekte des Umfeldes: politisch, ökonomisch, soziokulturell und technologisch. STEEP ist eine Alternative, die zusätzlich den Aspekt ökologisch mit einbezieht (siehe Abbildung 74 und Tabelle 22).

Anleitung (Wie gehe ich vor)

- Machen Sie sich vertraut mit den externen Kräften und Umweltfaktoren, die Sie näher untersuchen wollen. Was waren/sind die Ereignisse und Tagesgeschehen innerhalb der verschiedenen Kategorien und welche Trends ergeben sich daraus?

- Gibt es Anhaltspunkte und Beweise, die diese Trends belegen können? Wie haben sich diese Trends historisch entwickelt?

- Was sind die potenziellen Auswirkungen dieser Trends auf das Unternehmen und sein Umfeld?

- Versuchen Sie, eventuelle Wechselwirkungen und gegenseitige Abhängigkeiten zu identifizieren und zu verstehen. Gibt es Konflikte zwischen Trends – sind diese widersprüchlich?

- Verknüpfen Sie gegenwärtige problematische Bereiche (im Unternehmen) mit den passenden Trends. Was sind die Zusammenhänge? Identifizieren Sie die Trends, die am wahrscheinlichsten eine Auswirkung auf das Unternehmen in der Zukunft haben. Entwickeln Sie entsprechende Maßnahmen.

- Prognostizieren Sie die Zukunft. Unterscheiden Sie zwischen Ursachen (Trends) und den resultierenden Symptomen (Problemen). Schätzen Sie dann ein, wie sich die resultierenden Symptome (Probleme) zeitlich entwickeln und schon haben Sie eine fundierte Prognose. Entwickeln Sie aber auch alternative Prognosen. Binden Sie das Fischgräten-Ursachenanalyse-Tool (Abschnitt 3.3.13) mit in Ihre Arbeit ein.

• Formulieren Sie Ihre aufschlussreichen Einblicke und Ergebnisse. Stellen Sie die Auswirkungen auf das Unternehmen und die strategischen Pläne heraus. Wie ist die Konkurrenz davon betroffen? Dieser Einblick sollte Ihnen Input für die Festlegung der zukünftigen strategischen Richtung geben.

Tipps und Anregungen

• Andere Umfeld-Faktoren, die eine Rolle spielen könnten, sind: neue Wettbewerber, Deregulierung, Globalisierung, Änderung des Konsumenten- oder Endkundenverhaltens, Geo-politische Spannungen, Naturkatastrophen, Terroranschläge (9/11) usw. Was ist davon relevant?

• Es ist zugegebenermaßen schwer, Trends zu prognostizieren. Es ist ein Spagat zwischen zukunftsnahen Aktivitäten und den langfristig resultierenden Schlussfolgerungen. Manche Trends benötigen Jahre, bis sie sich realisieren.

• Sie können nicht die Zukunft vorhersehen, indem Sie auf die Gegenwart und Vergangenheit schauen und daraus ableiten; aber Sie können davon lernen.

Tabelle 22 Aspekte der Umfeld-Analyse

Politisch-juristisch	Ökonomisch	Soziokulturell	Technologisch	Ökologisch
• Parteipolitische Programme • Kartellgesetz • Steuergesetze • Außenhandelsgesetze • Außenpolitische Einstellung • Arbeitsgesetzgebung • Stabilität der Regierung • Politische Stimmung und Trends • Eigentumsschutzgesetze • Möglichkeiten der Einflussnahme auf Politik und Wirtschaft	• BSP-Trends • Leitzins und Inflation • Volkswirtschaftl. Geldvolumen (M3) • Arbeitslosenrate • Lohn-Preis-Verhältnisse • Einkommensverteilung • Energieversorgung und -kosten • Verfügbares Einkommen • Investitionsklima	• Bevölkerungswachstumsrate • Geburtenrate und Lebenserwartung • Wertesystem der sozialen Klassen • Einkommensschere • Lifestyle-Veränderungen • Karriere- und Konsumverhalten • Regionale Bevölkerungsbewegungen (Landflucht)	• Schutz geistigen Eigentums • F&E-Subventionen und -ausgaben • Geschwindigkeit der technologischen Veränderungen • Technologische Erfahrungskurve • Neue Produkte • Fokus auf technologische Neuerungen • Universitäts- und Technologie-Ansiedlungen (Wissenschafts-Parks)	• Umweltschutzbestimmungen • Verschmutzungswerte • Negative externe Effekte • Abfallwirtschaft und Recycling • Luft-, Boden- und Wasserqualität • Energieversorgung und -quellen • Erneuerungsfähigkeit von Ressourcen

Querverweis zu verwandten Tools in diesem Buch

5 Marktkräfte (Abschnitt 5.3.5), strategische Marktsegmente (Abschnitt 5.3.8), Lebenszyklus (Abschnitt 5.3.4).

Bibliografie: Wheelen, Fleischer.

5.3.8 Strategische Marktsegmente

Zweck und Absicht (Warum und wann anwendbar)

Ein strategisches Marktsegment ist eine Gruppe von Unternehmen mit einer gemeinsamen strategischen Ausrichtung. Sie verfügen über ähnliche Strukturen, kulturelle Aspekte, Prozesse und Erfolgsfaktoren, die mit dieser Strategie einhergehen. In anderen Worten: Die Unternehmen sind relativ homogen in ihrer Art zu operieren.

Die Untersuchung von Unternehmen (und deren Marktsegmenten) sollte Teil einer jeden Analyse sein (sei es Industrie-, Wettbewerbs- oder PEST-Analyse). Somit erhalten Sie einen neuen Einblick in die Industrie und den spezifischen Markt. Benutzen Sie dieses Tool, wenn Sie eine der folgenden Fragen untersuchen wollen:

- Wie schaffen Unternehmen in jedem ihrer Geschäftsbereiche Mehrwerte und wie verändert sich dies?

- Wie ist Ihr Unternehmen im Umfeld des Wettbewerbs bezüglich der Schaffung von Mehrwert positioniert und wie verändert sich dies?

- Wo liegen die wirtschaftlichen Grenzen, Ähnlichkeiten und Unterschiede in diesem Markt und wie verändert sich dies?

Funktion und Aufgabe (Wie funktioniert es)

Das Strategische-Marktsegmente-Tool hilft, einen bestimmten relevanten Teilbereich eines Markts zu untersuchen und zu verstehen, indem es die unterschiedlichen Kriterien des Unterbereichs eines Marktes innerhalb einer Branche betrachtet (siehe Abbildung 75).

Anleitung (Wie gehe ich vor)

Unternehmen können auf Basis zahlreicher Merkmale sowie aufgrund von Industrie- und Marktbetrachtungen analysiert werden.

- Benutzen Sie Abbildung 75 und „schälen Sie die Zwiebel" von außen, um ein entsprechendes strategisches Marktsegment zu erhalten. Versuchen Sie, innerhalb der selben Gruppe alle Unternehmen mit vergleichbaren Merkmalen und einer ähnlichen Wettbewerbsstrategie zu identifizieren. Zum Beispiel

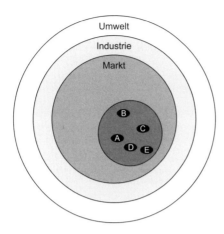

Abbildung 75
Strategisches Marktsegment als
Teil der „Zwiebelschichten"

sind McDonalds und Mövenpick beide in der Gastronomie tätig, sie verfolgen jedoch unterschiedliche Strategien und Ziele und konzentrieren sich jeweils auf andere Zielgruppen und Produkt- bzw. Dienstleistungsangebote. Somit gehören sie unterschiedlichen Marktsegmenten an. Beginnen Sie mit der höchsten Ebene einer Industrie und arbeiten Sie sich dann durch die unterschiedlichen Märkte bis hin zum strategischen Marktsegment „nach unten" durch.

- Benutzen Sie die folgenden Kategorien und Dimensionen, um eine Industrie und einen Markt zu definieren:
  – Wachstumsmärkte (z. B. Biotechnologie), rohstoff-basierende Industrien (z. B. Papierzellstoff und Papier), fragmentierte Industrien (z. B. Möbel), Schlüsselindustrien (z. B. Automotive-Branche), vertriebsorientierte Branchen (z. B. Einzelhandel), markengesteuerte Branchen (z. B. Banken), Halbfertigprodukte-Industrien (z. B. Baumaterial), Vernetzungsindustrien (z. B. Kreditkartenunternehmen, Telekommunikation).

- Benutzen Sie die im Folgenden angeführten Kategorien und Dimensionen, um jede Schicht aufzuschneiden und die zahlreichen Marktsegmente zu definieren:
  – Spezialisierung, technologische Führerschaft, Führerschaft bei Produkten, Vertriebs- und Interaktionskanäle, Marken-Identifikation, Beziehungen mit der Muttergesellschaft, Produktqualität, vertikale Integration, Reifegrad, Breite der Produktpalette, Marktanteil, geografische Abdeckung.

- Wählen Sie die passsenden zwei Dimensionen aus und stellen Sie die entsprechenden Unternehmen in einer 2×2-Matrix dar (Abbildung 76).

- Überprüfen Sie die aktuelle strategische Ausrichtung und bilden Sie Szenarien künftiger Entwicklungen für das strategische Marktsegment ab.

Beispiele

Abbildung 76 zeigt vier Faktoren, die die Reaktion der Wettbewerber beeinflussen.

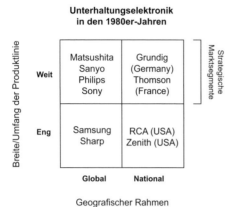

Abbildung 76
Die strategischen Marktsegmente
in der Unterhaltungselektronik
in den 1980er-Jahren

Tipps und Anregungen

- Achten Sie bei der Auswahl der zwei Dimensionen (Achsen der Matrix) darauf, dass sie in keinem Zusammenhang zueinander stehen, da sonst die Marktsegmente überlappen und somit wenig Einblick und Schlussfolgerungen erlauben (Abbildung 77).

- Verwenden Sie unterschiedliche Standards für Industrieklassifizierungen wie SIC (Standard Industrial Classification, ein US-amerikanischer Industriestandard), um ein Gefühl für gängige Klassifizierungslogiken zu bekommen.

Die Matrix in Abbildung 77 veranschaulicht einen ungewöhnlichen Blick auf ein strategisches Marktsegment, indem es unterschiedliche Reifegrade darstellt (eingestuft nach den Kategorien „Etablierte Produkte/Dienstleistungen", „In der Entwicklung", „Pionier und Wegbereiter") für Produkte, Dienstleistungen und Kombinationen eines Unternehmens (oder einer Industrie). Je größer die Kreise, desto größer sind die Vormachtstellung oder der Umsatz.

Dies ähnelt in gewisser Weise der Logik einer klassischen BCG-Matrix (siehe Geschäftsfelder-Matrix in Abschnitt 5.3.11). Die BCG-Matrix, welche die Attraktivität und internen Stärken (relativer Marktanteil) eines Produkts veranschaulicht, definiert demnach Kategorien und die strategische Richtung wie z. B. „Cash Cow" = Marktabschöpfung, „Poor Dog" = Aufgabe des Segments usw.

Die Matrix in Abbildung 77 stellt den Reifegrad durch die Kategorien „Etablierte Produkte/Dienstleistungen (Reife, Cash Cow), „In der Entwicklung" (Übergang, Wachstum, Risiko) und Pioniere (potenzielle Stars oder „?") dar. Stellen Sie sich ein Unternehmen vor, das Folgendes anbietet: A = Autos, C = Wasserstoff-Autos, B = Finanzierung/Leasing, D = Car-Sharing-Service.

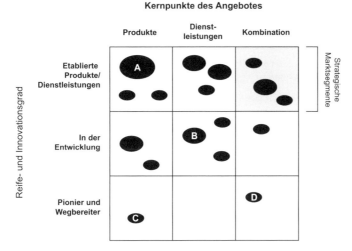

Abbildung 77
In diesem Beispiel bietet ein Unternehmen seine Produkte und Dienstleistungen A, B, C und D in unterschiedlichen Marktsegmenten an.

Querverweis zu verwandten Tools in diesem Buch

Lebenszyklus (Abschnitt 5.3.4), Kundensegmentierung (Abschnitt 5.3.9), 5 Marktkräfte (Abschnitt 5.3.5), Wettbewerber-Analyse (Abschnitt 5.3.6).

Bibliografie: Wheelen, Fleischer, Elkin, Hax.

5.3.9   Kundensegmentierung

Zweck und Absicht (Warum und wann anwendbar)

Die Analyse der Kundensegmente ist eine moderne Antwort auf die traditionel-
len wirtschaftsorientierten Strategie-Tools, die hauptsächlich auf dem Gebiet der
Massenproduktion und bei Kosteneinsparungen verwendet wurden.

Kundensegmentierung wird oft als erster Schritt bei der Umweltanalyse verwendet und ermöglicht ein Verständnis darüber, wie unterschiedlich verschiedene
Teile (Kundensegmente) des Marktes operieren. Sie ist besonders dort geeignet,
wo Kundennutzen mehr auf Geschmack und Vorlieben basieren als auf Preis,
Kosten und Trends des Massenmarktes, und wo es verschiedene Kundengruppen
im Markt gibt.

Funktion und Aufgabe (Wie funktioniert es)

Kundensegmentierung hilft, den Rahmen einer Unternehmensstrategie in Bezug
auf Produkt- und Serviceorientierung festzulegen. Warum aber „festlegen"? Es ist

schier unmöglich, alle Kunden zu bedienen und absolut zufriedenzustellen – und selbst wenn es möglich ist: Ist es auch profitabel?

Ein Segment setzt sich aus Kunden zusammen, die ähnliche Merkmale (z. B. Bedürfnisse, Kaufkriterien usw.) aufweisen. Kundensegmentierung erlaubt Ihnen, jeden Markt als die Summe unterschiedlicher Segmente zu interpretieren, wobei jedes Segment ein bestimmtes Profil darstellt. Daher kann Kundensegmentierung dazu verwendet werden, ein Unternehmen herauszufordern, Verschiedenheiten in den Kundenbedürfnissen, Geschmäckern und Vorlieben anzuerkennen und sich besser am Markt zu orientieren. Die zu Grunde liegende Annahme ist, dass diese Kunden ein gleiches Konsumverhalten haben.

Kundensegmentierung will die folgenden Fragen beantworten:

- Was sind die Merkmale meiner Kunden?
- Wie können sie unterschieden/segmentiert werden?
- Wie gut bedienen die Wettbewerber jedes Segment?
- Auf welches Segment sollte ich mich konzentrieren und wie (indem geeignete Produkte, Dienstleistungen und Marketing für die verschiedenen Segmente bereitgestellt werden?)

Anleitung (Wie gehe ich vor)

- Segmentierung: das Ziel der Kundensegmentierung ist, Kundengruppen zu identifizieren, die sowohl innerhalb eines Segments ähnlich sind, aber unterschiedlich zwischen den Segmenten. Es gibt zahlreiche Wege, Kunden mit ähnlichen Eigenschaften zu segmentieren.

Die Schlüsselfragen der Klassifikation sind entweder wo, was, wie, oder warum.

- Kundenmerkmale: Ein Nutzer-orientierter Ansatz, der fragt: „Wer erwirbt was?" Hier kann in die folgende Kategorien eingeteilt werden:

  - Demografische Merkmale – Alter, Familiengröße, Geschlecht, Ehestand
  - Geografische Merkmale: global, national, Staat, Klima, ländlich vs. urban
  - Unternehmensmerkmale: Größe, verwendete Technologien, Branche, Positionierung innerhalb einer Branche
  - Sozioökonomische Merkmale: Einkommen, Klasse, Bildung, Religion, ethnische Zugehörigkeit, Kultur

- Produktmerkmale: Ein Ansatz, der fragt: „Was erwerben sie?", und der in folgende Kategorien eingeteilt werden kann:

  - Nutzertypen: regelmäßig, Stammkunde, Erstkäufer, potenzieller Käufer, Nicht-Nutzer u. a.

- Markentreue, Preis-Sensibilität, Kosten/Qualität

- Einkaufsvolumen, Einkaufspolitik

- Merkmale der Interaktions-/Vertriebskanäle: Ein systemischer Ansatz, der fragt: „Wie erwerben sie", und der wie folgt kategorisiert werden kann:

  - Zahlungsart: Nachnahme, Barzahlung, Kreditkarte, Überweisung usw.

  - Erwerbskanal: Versandbestellung, Kaufhaus, Call-Center, Home-Shopping, Internet u. a.

  - Vertriebskanal: Großhandel, Einzelhandel, Multi-Level-Marketing, Internetshop, traditioneller Handel usw.

  - Marktkräfte und Konzentration innerhalb der Vertriebskanäle entweder auf Käufer- oder Verkäuferseite, z. B. OPEC (Rohöl-Kartell), Rohstoffhandel/-Einkaufsportale usw.

- Entscheidungstheorie: Dieser bedürfnisorientierte Ansatz fragt: „Warum erwerben sie etwas?", und ist insbesondere für das Verständnis von Kundenbedürfnissen von Bedeutung. Folgende Kategorien sind hier relevant:

  - wahrgenommener Nutzen, Bedürfnisse: Erfordernisse beim Kundenservice, Verlässlichkeit der Lieferung, Verfügbarkeit von Produkten, Vorlaufzeit für die Lieferung, inhaltliche Korrektheit usw.

  - Konsumverhalten, z. B. Impulskauf vs. Routinekauf, Gewohnheiten, Sucht (z. B. Alkohol oder Zigaretten)

  - Lebensstil: Einstellungen, Interessen, Moden, Vorlieben, Wahrnehmungen

  - Medieneinfluss

- Zielgruppenfestlegung: Nachdem Sie einige vielversprechende Segmente identifiziert haben, sollten Sie die Segmente mit den nachfolgenden Fragen überprüfen:

  - Erreichbarkeit: Können Sie Ihre Kunden durch eine einfach durchführbare Kommunikationsstrategie erreichen? Seien Sie ganz spezifisch darin, wie Sie jedes Segment erreichen und bedienen.

  - Messbarkeit: Können Sie das Segment bezüglich Größe und Produktnutzung quantifizieren? Können Sie die für Ihre Kunden bedeutsamen Kauffaktoren gemäß einer Reihenfolge darstellen?

  - Zugänglichkeit: Wie effizient sind die verschiedenen Kanäle zur Bedienung jedes Segments?

  - Nachhaltigkeit: Wie viele Segmente machen Sinn? Sind die Segmente groß genug um die Ressourcen und den notwendigen Aufwand für ein gezieltes Marketing zu rechtfertigen? Ist die Zugehörigkeit zu dem Segment stabil?

– Reaktionsfähigkeit: Reagiert das Segment auf das Marketing, die Kommunikationsstrategie, das Produkt- oder das Dienstleistungsangebot?

– Profitabilität: Ist das Segment voraussichtlich profitabel genug für den erforderlichen Aufwand?

– Kompatibilität mit dem Wettbewerb: Wie interessiert sind Ihre Hauptwettbewerber an dem Segment? Verfolgen sie ihre Interessen hier aktiv oder zeigen sie eher schwaches Interesse?

– Effektivität: Haben Ihre Verkaufs- und Vertriebsmannschaft die Fähigkeiten und Ressourcen, um das Segment langfristig bedienen zu können? Kann man auf das Segment handelnd Einfluss nehmen?

– Verteidigungsstärke: Kann Ihr Unternehmen dieses Segment gegen Angriffe von starken Wettbewerbern verteidigen?

• Strategische Positionierung: Die strategische Positionierung des Produkts/Services resultiert in Bezug auf wettbewerbsfähige Angebote (für Ihr betrachtetes Kundensegment) in der Anwendung der klassischen „4 P" des Marketing-Mix: Produkt, Preis, Promotion, Platzierung. Hinzu kommen aber auch die Faktoren Personen, Prozesse und Beweisführung. Der entscheidende Schritt davor ist eine Analyse des Kundennutzens – was sind die geschätzten Kosten eines Erwerbs durch den Kunden im Falle eines Verkaufs?

Tipps und Anregungen

• Wenn Sie den Ansatz der Kunden-Bedürfnisse verwenden, dann sollten Sie die Bedürfnisse während der ganzen Wertschöpfungskette betrachten (siehe Abschnitt 5.3.1). Ziehen Sie in Betracht, im Vorfeld eine Umfrage durchzuführen – dies könnte hilfreich sein, um eine Reihe von Kundenbedürfnissen zu identifizieren. Verwenden Sie ausreichend Zeit dafür, Hypothesen über Bedürfnisse aufzustellen (Abschnitt 3.1.4), andere erforderliche Informationen zusammenzutragen und Informationsbeschaffungs-Tools zu testen.

• Wenn Sie nicht genug Zeit oder Ressourcen für einen komplexen Informationsgewinnungsprozess haben, sollten Sie in Erwägung ziehen, ein Marktforschungsunternehmen mit der Umfrage, der Darstellung der Ergebnisse und der Segment-Analyse zu beauftragen.

• Stellen Sie sicher, dass Ihre Kriterien für die Segmentierung valide sind und testen Sie diese mit Leuten, die von einem Produkt/einer Dienstleistung Gebrauch machen werden. Verwenden Sie hierzu Tools wie Verwandtschaftsdiagramm (Abschnitt 3.3.11), Venn-Diagramm (Abschnitt 3.3.12) oder ABC-Tool (Abschnitt 3.3.15), um Ihre Segmente darzustellen.

Querverweis zu verwandten Tools in diesem Buch

Wertschöpfungskette (Abschnitt 5.3.1), Hypothesen (Abschnitt 3.1.4), strategische Marktsegmente (Abschnitt 5.3.8) Verwandtschaftsdiagramm (Abschnitt 3.3.11), Venn-Diagramm (Abschnitt 3.3.12) ABC-Tool (Abschnitt 3.3.15).

Bibliografie: Fleischer.

5.3.10 Strategieentwicklung

> Behalten Sie bei der Entwicklung strategischer Optionen im Hinterkopf, dass die Lösung nicht allein aus der Analyse kommt. Nehmen Sie sich Zeit für die Reflektion dessen, was Sie herausgefunden haben: Lösungen kommen aus den gewonnenen Einsichten und Erkenntnissen.

Viele Strategien scheinen auf der Basis aufgebaut zu sein, die richtige Ausrichtung der Fähigkeiten der Firma auf die Marktgegebenheiten zu erzielen und nicht nach neuen Möglichkeiten Ausschau zu halten. In der Vergangenheit lag die Herausforderung für viele Unternehmen darin, einzuschätzen, „in welchem Markt" man sich befindet, welche die eigene Marktposition ist und wie man sich dort am

Tabelle 23
Gegensätzliche Sichtweisen von Strategieentwicklung und Implementierung
(Quelle: Glass)

Traditionelle Sichtweise	Moderner Ansatz
Mit den Wettbewerbern Schritt halten, es ihnen gleichtun, wenn sie Kosten kürzen, Qualität verbessern, mehr Werbung schalten usw.	Neue Wege finden, um wettbewerbsfähig zu sein – neue Allianzen, Technologien, Produktangebote.
Basis der strategischen Anpassung und der aktuellen Fähigkeiten des Unternehmens.	Annahme, dass ein Unternehmen lernen und sich verbessern will.
Vorwiegendes Streben nach Wachstum des Shareholder-Vermögens.	Ziele, die auch für die Angestellten von Bedeutung sind.
Sorgsame Planung bis ins kleinste Detail.	Die Richtung ist klar, die einzelnen Leute werden sich dann ums Detail kümmern.
Annahme, dass das Unternehmen den Leitlinien folgt und wie angewiesen agiert.	Verständnis für die Schwierigkeiten beim Verhaltenswandel eines Unternehmens.
Unternehmen wird als eine Reihe von Geschäftseinheiten betrachtet.	Ein Unternehmen wird als Ganzes gesehen, wobei ein Teil den anderen unterstützen kann.
Annahme, dass nur das Top-Management ein Verständnis des gesamten Geschäftsfeldes hat und daher dazu berufen ist, strategische Entscheidungen zu treffen.	Wissen darüber, dass das Top-Management die Ziele definieren muss, jedoch gleichzeitig ein Bewusstsein, dass die Angestellten wesentlichen Input für die Zielerreichung liefern können, weil sie dem Kunden, der Entwicklung, Produktion usw. nahestehen.

erfolgreichsten behaupten kann. Die in diesem Kapitel folgenden Tools können Ihnen helfen, solche Fragen zu beantworten, zu analysieren, zu verstehen, zu kommunizieren und schließlich auf komplexe Situationen reagieren zu können.

Gleichzeitig ist es wichtig, sich dessen bewusst zu sein, dass es einem Unternehmen weniger darum gehen muss, zu wissen „wie wir den Wettbewerbern heute begegnen", sondern vielmehr darum, Erkenntnis darüber zu erlangen, wie man den Veränderungen in der Umwelt durch Wandel im Unternehmen rechtzeitig begegnet. Viele standardisierte Analyse-Techniken können hierbei nur begrenzt unterstützen. Hingegen entstehen nun neue Tools, die Organisationen helfen, Strategien für den steten und raschen Wandel zu entwickeln.

Tabelle 23 soll darstellen, wo das strategische Denken vor 20-30 Jahren war und wie es sich seitdem entwickelt hat. Es geht nicht darum, dass die traditionelle Sichtweise und manche vielleicht mangelhaften Tools völlig falsch oder veraltet sind. Vielmehr soll die Gegenüberstellung als eine Veranschaulichung dessen interpretiert werden, wie sich Strategien mit der Entwicklung der Umwelt ebenfalls entwickeln sollten.

5.3.11 Geschäftsfelder-Matrix

Zweck und Absicht (Warum und wann anwendbar)

Zwei der klassischen Strategieentwicklungstools sind Geschäftsfelder-Matrices: die Marktwachstum/Marktanteil- und die Industrieattraktivität/Stärke-Matrix, auch bekannt als die BCG- und die GE-Matrix. Sie entstanden, als das mikroökonomische Denken auf dem Vormarsch war. Beide haben die gleichen Schwächen, mechanisch zu sein, zu wenige strategische Optionen hervorzubringen und potenziell als Ersatz, anstatt als Hilfe für kreatives, fantasievolles Denken verwendet zu werden. Trotz dieser Nachteile sind diese Matrices eine hervorragende Unterstützung, um schnell viele Variablen zu klassifizieren und rasch und einfach ein aufschlussreiches Bild zu zeichnen – besser, als viele Worte es beschreiben könnten.

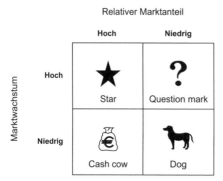

Abbildung 78
Die klassische 2×2-Marktanteil/
Marktwachstum-BCG-Matrix

Funktion und Aufgabe (Wie funktioniert es)

Die Geschäftsfelder-Matrix, manchmal auch Portfolio-Matrix genannt, stellt grafisch die wettbewerbliche Gesamtsituation eines Portfolios der Geschäftsfelder eines Unternehmens dar. Jede Matrix positioniert das Unternehmen und seine Geschäftsbereiche gemäß zweier Dimensionen (Achsen). Eine davon ist eine externe Dimension und nicht kontrollierbar. Sie ist eine subjektive Einschätzung, die auf externen Faktoren basiert. Dadurch sollen die Industrie und die Wettbewerbsstruktur, in der das Unternehmen operiert, widergespiegelt werden. Die andere Dimension ist weitgehend unter Kontrolle der Firma und bezieht sich auf die kritischen Erfolgsfaktoren, die ihre Stärken repräsentieren. Sehen Sie hierzu Tabelle 24 für weitere Details zu den internen und externen Faktoren.

Das der Marktwachstum-/Marktanteil-Matrix zu Grunde liegende Konzept ist eng mit der Erfahrungskurve und dem Produktlebenszyklus verbunden (siehe Abschnitt 5.3.4).

Die Industrieattraktivität-/Stärke-Matrix basiert auf der Theorie des Wettbewerbvorteils (siehe Abschnitt 5.3.2). Benutzen Sie die entsprechenden Tools für den jeweiligen Matrix-Typ.

Beide Matrices basieren auf der Idee, ein Portfolio von Geschäftseinheiten durch Zuteilung von Überschussgeldern aus erfolgreichen Einheiten an vielversprechende, zukünftig hoffentlich erfolgreiche Einheiten, zu managen. Abhängig von der Position der Geschäftseinheit in der Matrix lassen sich unterschiedliche allgemeingültige strategische Empfehlungen ableiten.

Tabelle 24   Interne und externe Faktoren für die Geschäftsfelder-Matrix

Interne Faktoren	Externe Faktoren
• Marktanteil	• Marktwachstum
• Größe einer Geschäftseinheit	• Marktpotenzial und Angebotsvielfalt
• Positionierung	• Wettbewerbsstruktur
• Wettbewerbvorteil	• Kapitalmarktsituation
• Image, Ruf, Stärke der Marke	• Eintritts- und Austrittsbarrieren
• F&E	• Soziopolitische Faktoren
• Breite der Produktpalette	• Umwelt
• Qualitätsniveau	• Inflation
• Vertikale Integration	• Gesetzliche Situation und Situation der Regierung
• Kompetenz des Managements	• Absolute Marktgröße
• Technologische Stärke	• Gesamtmarktrentabilität
• Marketing	• Technologien
• Kundenservice	
• Kapazität von Produktion und Distribution	
• Kapitalmittel	

Anleitung (Wie gehe ich vor)

- Legen Sie für die 3×3-Industrieattraktivität-/Stärke-Matrix die aktuelle strategische Position fest. Positionieren Sie auf der Matrix die Geschäftseinheiten, basierend auf dem Einblick und Verständnis der internen und externen Faktoren, die Sie durch Ihre vorhergehende Analysearbeit (z. B. Lebenszyklus, Abschnitt 5.3.4, kritische Erfolgsfaktoren, Abschnitt 5.3.2 usw.) ermitteln konnten.

- Für die 2×2-Marktwachstum-/Marktanteil-Matrix müssen Sie die folgenden zwei Zahlen berechnen, um die Geschäftseinheiten auf der Matrix positionieren zu können:

    - Berechnung des externen Faktors:

$$\text{Marktwachstumrate [\%]} = \frac{\text{Gesamtjahresumsatz (Jahr x)}}{\text{Gesamtjahresumsatz (Jahr x−1)}}$$

    Verwenden Sie die durchschnittliche Markwachstumsrate als die horizontale Grenzlinie in der Mitte, alternativ verwenden Sie einfach 10 %. Zeichnen Sie dann das Ergebnis Ihrer Berechnung auf der Vertikalen in die Matrix ein.

    - Berechnung des internen Faktors:

$$\text{Relativer Marktanteil} = \frac{\text{Umsatz der Geschäftseinheit}}{\text{Umsatz des führenden Konkurrenten}}$$

    Verwenden Sie eine halb-logarithmische Achsenskalierung für die horizontale Achse. Die vertikale Grenzlinie ist auf „1" festgesetzt. Jeder Marktanteil, der sich zahlenmäßig links der vertikalen Grenzlinie befindet, repräsentiert einen starken Marktanteil.

- Zeichnen Sie Kreise um die Koordinatenpunkte, die die relative Marktgröße jeder Geschäftseinheit darstellen (= Geschäftseinheitenumsatz/Gesamtumsatz des Unternehmens). Je größer der Kreis, desto größer der Umsatz.

- Der nächste Schritt ist die Bestimmung einer angemessenen Strategie, abhängig von Ihrer gegenwärtigen strategischen Position. Es bieten sich zwei unterschiedliche Denkweisen an:

    - Reaktive Strategien: Bestimmen Sie eine angemessene Strategie, die Ihre internen Fähigkeiten und Ressourcen den externen Herausforderungen des Marktes anpasst und Ihnen somit einen Wettbewerbsvorteil verschafft.

    - Proaktive Strategien: Verwenden Sie die internen Fähigkeiten und Ressourcen, um die Marktstrukturen und die Industrie aktiv zu beeinflussen. Somit führen Sie den Markt und gewinnen einen Wettbewerbsvorteil.

- Für das Aufstellen der 2×2-Marktwachstum-/Marktanteil-Matrix verwenden Sie Tabelle 25.
- Für das Aufstellen der 3×3-Industrieattraktivität/Stärke-Matrix verwenden Sie Abbildung 79 und Tabelle 26.

Strategische Optionen für die Positionen in der 2×2-Marktwachstum-/Marktanteil-Matrix in Tabelle 25

Tabelle 25 Vorstellbare strategische Optionen für die 2×2-Matrix

Quadrant in der 2×2-Matrix (BCG)	Marktanteil	Rentabilität	Investitionsanforderungen	Netto Cashflow
Cash cow	Halten/erhöhen	Hoch	Hoch	Null oder leicht negativ
Stars	Halten	Hoch	Niedrig	Sehr positiv
Question marks	Erhöhen oder veräußern	Niedrig oder negativ	Sehr hoch oder veräußern	Sehr negativ oder positiv
Poor dogs	Ausschlachten/ veräußern	Niedrig oder negativ	Veräußern	Positiv

Strategische Optionen für die Positionen in der 3×3-Industrieattraktivität-/Stärke-Matrix in Abbildung 79

Industrieattraktivität \ Stärken	Hoch	Mittel	Niedrig
Hoch	Wachsen und Position konsolidieren, Marktdominanz, Maximieren der Investition	Identifizieren von Wachstumssegmenten, nachhaltige Investition!, Position halten	Gesamtposition halten, Cash-flow anstreben, Investitionen zur Instandhaltung
Mittel	Segmentierung! Identifizieren von Schwächen, Stärken ausbauen	Identifizieren von Wachstumssegmenten, Spezialisieren, ausgewählte Investitionen	Produkt-/Serviceangebote reduzieren, Investitionen minimieren, Position zum Abstoßen
Niedrig	Spezialisieren, und Nischen, suchen, Akquisition?!	Erhalten und „abernten", Spezialisieren, Nischen suchen, Gelegenheitsverkauf?!	Zeit zum Verkaufen – den besten Zeitpunkt und gutes Angebot abwarten

Abbildung 79 Vorstellbare strategische Optionen für die 3×3-Matrix

Tipps und Anregungen

- Drei der vier möglichen Strategien (Veräußern, Halten, Ausschlachten) der 2×2-Matrix sind passiver Natur – und auf den Rückzug, auf Zeitgewinn und Aufgeben ausgerichtet. Nur eine Option ist aggressiv auf Wachstum ausgerichtet. Die vorgeschlagenen Strategien ziehen nicht unbedingt die Möglichkeit in Betracht, durch Innovationen, Technologien usw. den Bereich neu zu stärken und zu beleben. Verwenden Sie die Tabelle 26, um dem strategisch, kreativen Denken einen neuen Ansporn zu geben.

- Nehmen Sie zur Kenntnis, dass die Portfolio-Matrices als strategische Tools durch eine Reihe von neuen strategischen Innovationen wie z. B. Business Process Reengineering (BPR), Total Quality Management (TQM), Rückbesinnung auf das Kerngeschäft, Allianzen usw. ersetzt wurden. Dies soll nicht heißen, dass die Matrices ihre Bedeutung komplett verloren haben, aber sicherlich ihren Anspruch auf Einzigartigkeit. Eine naive und ahnungslose Verwendung dieser Tools kann zu unangemessenen und irreführenden strategischen

Tabelle 26   Eine erfrischend andere Sichtweise der klassischen 2×2-BCG-Matrix-Anwendung mit alternativen Interpretationen (Quelle: Glass)

Quadranten der 2×2-Matrix	Traditionelle strategische Ausrichtung	Alternative Perspektiven
Cash cow	Da der Markt stagnierend ist und kaum wächst, lohnen Investitionen nicht. Verwenden Sie lieber Ihr überschüssiges Geld, um es in Stars zu investieren.	Sie haben eine starke Position in einem stagnierenden Markt. Sie haben ein gutes Marktwissen, Vertriebswegkontrolle, Produktionsanlagen usw. – eine gute Ausgangslage für Wachstum. Versuchen Sie, Ihr Geschäft, das Sie so gut kennen, zu revitalisieren, anstatt Ihr Geld mit den hungrigen Stars zu riskieren.
Stars	Sie haben eine starke Position in einem schnell wachsenden Markt. Investieren Sie hier, es wird die Zukunft des Unternehmens werden, selbst wenn es kurzfristig keine Gewinne gibt.	Die Tatsache, dass der Markt schnell wächst, zieht viele Konkurrenten an, führt zu niedrigeren Marktanteilen und Überkapazitäten. Fallen Sie (als Unternehmen) nicht auf und lernen von den Fehlern der anderen. Kaufen Sie die, die den Markt verlassen, günstig auf.
Question marks	Eine schwache Position in einem Wachstumsmarkt erbringt wenige Gewinne, kann aber mit genug Investitionen zum Star werden.	Eine schwache Position in einem Wachstumsmarkt, der bald viele Neueinsteiger haben wird. Verlassen Sie den Markt und verkaufen Sie an einen „gläubigen" Käufer. Der Markt wird bald übersättigt sein.
Poor dogs	Eine schwache Position in einem stagnierenden Markt. Marktanteile können nur von Konkurrenten kommen, da der Markt nicht wächst. Abstoßen!	Stagnierend bedeutet nicht, dass es kein Potenzial gibt. Vielleicht fehlen Investitionen, vielleicht wollen Wettbewerber den Markt verlassen. Wählen Sie gezielt gute Schnäppchen aus und attackieren Sie weise.

Empfehlungen führen. Verwenden Sie auch hier das Tool, um einen besseren Einblick zu bekommen und denken Sie kreativ.

- Versuchen Sie nicht, die Geschäftsbereiche in Isolation zu betrachten und zu verbessern. Der Erfolg resultiert oft aus der Kombination und einer gemeinsamen Verwendung von Ressourcen, Wissen, Netzwerken, die sich über das gesamte Unternehmen hinweg spannen. Die Auflösung einer nicht tragfähigen Geschäftseinheit könnte negative Auswirkungen auf das gesamte Unternehmen haben.

- Das Augenmerk des Managements sollte sich weniger mit dem Streben nach einer Strategie befassen, die festlegt, „wie sich das Unternehmen entwickeln muss". Vielmehr sollte auf die Herausforderung geachtet werden, „Fähigkeiten zu entwickeln, die sich das Unternehmen zunächst nicht zugetraut hätte." (Quelle: Glass).

Querverweis zu verwandten Tools in diesem Buch

Kritische Erfolgsfaktoren (Abschnitt 5.3.2), SWOT und TOWS (Abschnitt 5.3.3), Lebenszyklus (Abschnitt 5.3.4), Wettbewerber-Analyse (Abschnitt 5.3.6).

Bibliografie: Hax, Fleischer, Glass.

5.3.12 Produkt-/Markt-Mix

Zweck und Absicht (Warum und wann anwendbar)

Der Produkt-/Markt-Mix wurde vor einigen Jahrzehnten von Igor Ansoff eingeführt und wird auch als Ansoff-Matrix oder Wachstums-Vektor-Analyse bezeichnet. Es werden damit mögliche Entwicklungsrichtungen für Wachstum beschrieben.

Das Produkt-/Markt-Mix-Tool eignet sich am besten zur Betrachtung der möglichen strategischen Richtungen eines Unternehmens. Das Tool ist einfach anzuwenden und ermöglicht eine umfassende Betrachtung aller in Frage kommenden Variationen von Markt- und Produktkombinationen.

Funktion und Aufgabe (Wie funktioniert es)

Das Produkt-/Markt-Mix-Tool stellt die verschiedenen Konstellationen von Produkt- und Marktpositionen für ein Unternehmen dar. Das Tool hilft, die Markt- und Wettbewerbsbedingungen systematisch einzuschätzen, um angemessene Wachstumsmöglichkeiten für Produkte und Märkte zu finden. Abbildung 80 zeigt die vier klassischen Herangehensweisen:

1. **Marktdurchdringung** – Verbleiben Sie im angestammten Markt und verkaufen Sie mehr der vorhandenen Produkte; erhöhen Sie also Ihren Marktanteil und die Marktdurchdringung.

2. **Marktentwicklung** – Verwenden Sie die vorhandenen Produkte, um in einen neuen Markt einzusteigen.

3. **Produktentwicklung** – Verbleiben Sie im angestammten Markt und bieten Sie neue Produkte an.

4. **Diversifikation** – Steigen Sie mit einem neuen Produkt in einen neuen Markt ein. Hierbei handelt es sich um die risikoreichste Wachstumsstrategie, da Sie – wie die Matrix deutlich zeigt – den „Heimathafen" mit Ihren angestammten Produkten und Kunden verlassen und zu neuen Ufern mit zwei unbekannten Variablen aufbrechen.

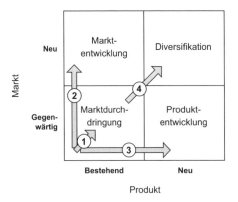

Abbildung 80
Die vier Pfeile repräsentieren
die vier möglichen strategischen
Wachstumsrichtungen

Diversifikation kann als Integrationsstrategie auch in zwei Formen auftreten: als vertikale oder horizontale Integration. Die vertikale Integration beschreibt die Bewegung entlang der Wertschöpfungskette. Im Falle der Bewegung in Richtung der Rohstoffquelle und des Inputs, wird dies als Rückwärts- oder Upstream-Integration (Flussaufwärts) bezeichnet. Die Bewegung in Richtung des Endproduktes und des Zielmarktes wird als Vorwärts- oder Downstream-(Flussabwärts)-Integration bezeichnet. Betrachtet man als Beispiel ein Unternehmen, das sich von seinem Kerngeschäft – der Papierzellstoffproduktion – in Richtung Papierherstellung und/oder Druckereiwesen bewegt und anfängt, Druckdienstleistungen anzubieten, dann wäre dies eine Vorwärts-Integration. Wenn das Unternehmen sich dagegen in Richtung Forstwirtschaft engagieren würde, dann wäre es eine Rückwärts-Integration.

Der Begriff horizontale Integration bezeichnet die Integration in die Breite (Expansion). Dies kann durch eine Expansion und Ausbreitung des Geschäftsfeldes in andere geografische Regionen geschehen oder durch den Zusammenschluss (oder Aufkauf) mit anderen Firmen. In dem zuvor erwähnten Beispiel könnte das Unternehmen z. B. seine Papierzellstoffproduktion auf andere Länder ausweiten.

Eine modernere Version der Produkt-/Markt-Mix-Matrix – die weiterentwickelte 3×3-Produkt-/Markt-Mix-Matrix ist in Abbildung 81 dargestellt. Sie enthält eine Zwischenstufe zwischen „gegenwärtig" und „neu". Diese Zwischenstufe erlaubt einen feineren, stufenweisen Übergang zwischen den Positionen. Befassen Sie sich mit den neun verschiedenen strategischen Optionen in dieser 3×3-Matrix in Abbildung 81.

		Bestehendes Produkt	Verbessertes Produkt	Neues Produkt
Markt	Neuer Markt	Markt-entwicklung	Produkt/ Dienstleistungs-erweiterung und Marktentwicklung	Diversifikation
	Angrenzender Markt	Markt-erweiterung	Markt segmenzierung/ Produkt-differenzierung	Produkt-entwicklung/ Markt-erweiterung
	Gegenwärtiger Markt	Markt-durchdringung	Produkt-erweiterung (z. B. Variation, Imitation)	Produkt-entwicklung (z. B. Erweiterung der Produktlinie)

Produkt

Abbildung 81   Die weiterentwickelte Produkt-/Markt-Mix-Matrix

Anleitung (Wie gehe ich vor)

- Ermitteln Sie die bestehenden Produkte und gegenwärtigen Märkte, in denen das Unternehmen tätig ist.

- Zeichnen Sie die identifizierten Produkte und Märkte in eine 2×2- (Abbildung 80) oder 3×3-Matrix (Abbildung 81) ein. Finden Sie heraus, wo und wie Sie die bestehenden Produkte und gegenwärtigen Märkte anpassen und „verschieben" können. Jeder Quadrant in der Matrix repräsentiert eine bestimmte strategische Option, die genau durchdacht werden sollte. Zum Beispiel schlägt der Quadrant „verbessertes Produkt/gegenwärtiger Markt" die strategische Option der Produkterweiterung durch Variation, Imitation o. a. vor. Dies könnte die Einführung von neuen Produktmerkmalen, Eigenschaften oder Fähigkeiten wie z. B. Produktvariationen, Differenzierung durch unterschiedliche Qualitätsniveaus, neue Technologien oder Lizenzen bedeuten, die Ihnen erlauben, das Produkt von Konkurrenzprodukten abzugrenzen.

- Die Schwierigkeit besteht darin, die besten Pläne für das weitere Vorgehen, für die jeweilige strategische Richtung zu finden. Verwenden Sie auch Kreativitäts-Tools von Abschnitt 3.3 und schauen Sie sich die Beispiele in den Abbildungen 82 und 83 zur Verdeutlichung an.

Beispiel der Produkt-/Markt-Mix-Matrix für
einen Sportausrüstungshersteller in Abbildung 82

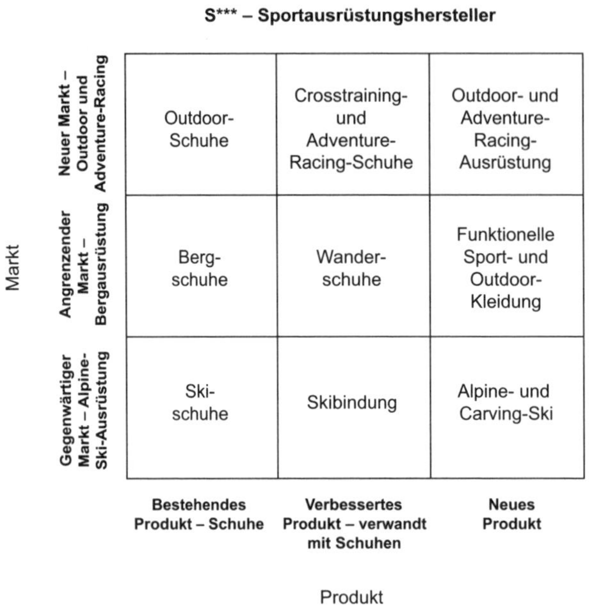

S*** – Sportausrüstungshersteller

Abbildung 82
Der betrachtete Sportausrüstungshersteller begann mit Skischuhen
und hat sich entlang beider Achsen weiterentwickelt

Tipps und Anregungen

Obwohl die Matrices nur Produkte betrachten, stehen diese selbstverständlich auch für Dienstleistungen, die manchmal auch eine Form der Erweiterung oder einen Zusatz zu einem Produkt darstellen können.

Das Beispiel in Abbildung 83 beschreibt das Szenario eines Skischuh-Herstellers, der sich von seinem angestammten Markt in beide Richtungen der Matrix bewegt hat (vom Alpinen-Skiausrüster zum angrenzenden Markt der Bergausrüstung).

Können Sie Strategien für das folgende Beispiel in Abbildung 83 eines Autoherstellers entwickeln?

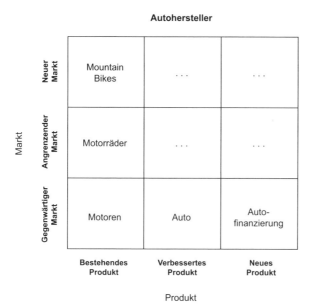

Abbildung 83 Zu vervollständigende Produkt-/Markt-Mix-Matrix eines Autoherstellers

Querverweis zu verwandten Tools in diesem Buch

Strategische Marktsegmente (Abschnitt 5.3.8), Wertschöpfungskette (Abschnitt 5.3.1).

Bibliografie: Ansoff, Fleischer.

5.3.13 Strategieentwicklungsoptionen

Zweck und Absicht (Warum und wann anwendbar)

Dieses Tool verwenden Sie am besten, wenn Sie Ihre strategischen Analyseaktivitäten erledigt haben und strategische Optionen und das weitere Vorgehen planen wollen. Es ist nicht die Absicht, die Strategieentwicklung auf eine mechanische Tätigkeit zu reduzieren und/oder Sie auf die möglichen Optionen zu beschränken, die in Tabelle 25 und Abbildung 79 (Seite 211) dargestellt sind.

Die Absicht des Strategieentwicklungsoptionen-Tools ist es, Ihnen eine Übersicht an brauchbaren, realisierbaren, umfassenden, übergreifenden und praktikablen Optionen für die Strategieentwicklung anzubieten.

Funktion und Aufgabe (Wie funktioniert es)

Das Tool zeigt Ihnen eine Übersicht verschiedener strategischer Optionen und der zahlreichen zu Grunde liegenden Konzepte. Es gibt eine einfache, grundlegende Trennung in wettbewerbliche und kooperative Strategien (siehe Abbildung 84). Wettbewerbliche Strategien sind auf das Gewinnen und Siegen ausgerichtet während kooperative Strategien mehr auf Kollaboration aufbauen.

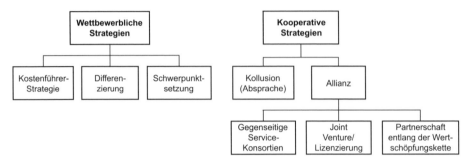

Abbildung 84   Wettbewerbliche und kooperative Strategien

Anleitung (Wie gehe ich vor)

Überdenken und überprüfen Sie die Ergebnisse und Schlussfolgerungen aus Ihren vorhergehenden Analysen. Spielen Sie mit den zahlreichen strategischen Optionen, die in Abbildung 84 und Abbildung 86 dargestellt sind.

Abbildung 85 stellt die vier wettbewerblichen Strategien gegenüber, die näher erklärt werden:

- **Kostenkontrolle und Fragmentierung:** Diese Strategie zielt auf ein enges Wettbewerbsfeld und die Konzentration auf eine bestimmte Nische ab. Es herrscht kein signifikanter Wettbewerbsvorteil, aber ein Fokus auf ein bestimmtes Produkt (oder eine Dienstleistung) für einen „guten" Preis in einem fragmentierten, oft auch geografisch aufgeteilten oder abgetrennten Markt. Ein Beispiel ist die klassische Bäckerei von nebenan. Sie hat normalerweise keinen richtigen Wettbewerbsvorteil gegenüber den anderen Bäckereien der Stadt. Aber sie versucht, ein gutes Produkt zu einem vernünftigen Preis in dem fragmentierten Markt (lokales, nachbarschaftliches Einzugsgebiet) anzubieten.

- Um bei dem Beispiel zu bleiben: Falls die Bäckerei wachsen, zu einem Brotproduzenten und einer Großbäckerei aufsteigen und Kunden außerhalb des lokalen Umfeldes beliefern würde, dann würde das Unternehmen einer **Kostenführer-Strategie** in einem Massenmarkt nachgehen. Der Wettbewerbsvorteil ist nicht signifikant und lediglich auf Kosten und durch die Massenproduktion auf den Preis beschränkt. Das Wettbewerbsfeld hat sich stark erwei-

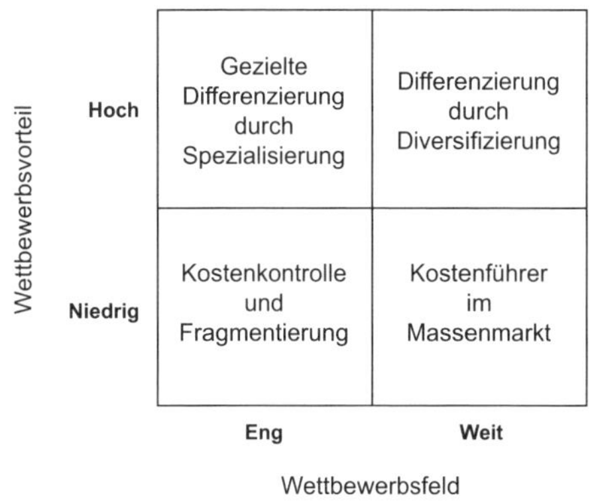

	Eng	Weit
Hoch	Gezielte Differenzierung durch Spezialisierung	Differenzierung durch Diversifizierung
Niedrig	Kostenkontrolle und Fragmentierung	Kostenführer im Massenmarkt

Wettbewerbsvorteil (vertikale Achse) — Wettbewerbsfeld (horizontale Achse)

Abbildung 85
Die vier wettbewerblichen Strategien, basierend auf Abbildung 84

tert und umfasst jetzt die regionale oder nationale Ebene, da die Bäckerei nun überall Kunden beliefert und im regionalen oder nationalen Wettbewerb steht.

- Falls die Bäckerei wachsen würde und ein Spezialist für ein spezielles Produkt werden würde (z. B. ein Brezel-Bäcker in einer ausländischen Hauptstadt), dann würde die Bäckerei eine gezielte Differenzierung durch eine **Spezialisierungsstrategie** verfolgen. Das Wettbewerbsfeld ist ein Nischenmarkt, und die Spezialisierung ist der Wettbewerbsvorteil, der den Erfolg sichert.

- Die letzte der vier wettbewerblichen Strategien ist die **Differenzierung durch Diversifizierung**. Es ist die Kombination mit einem Produkt (oder einer Dienstleistung), das von einem breiten Wettbewerbsfeld (einer breiten Masse) als einzigartig eingeschätzt wird. Der einzigartige Wettbewerbsvorteil schützt das Produkt und erlaubt die Ansiedlung oberhalb des Preiskampfniveaus. Typische Produkte dafür sind z. B. Luxusgüter.

Wie schon erwähnt, setzen kooperative Strategien auf die Kollaboration und Formen der Zusammenarbeit, um einen wirtschaftlichen Vorteil zu erlangen. Die Formen der kooperativen Strategien variieren hauptsächlich durch den Grad der Abhängigkeit und Nähe mit den anderen Parteien. Die verschiedenen möglichen kooperativen Strategien, die in Abbildung 84 dargestellt wurden, werden nun näher erklärt:

- **Kollusion** (geheime Absprache) ist die aktive Kooperation von Unternehmen innerhalb einer Branche/Industrie, um die Ausbringungsmenge bzw. den Ausstoß zu reduzieren, den Preis zu erhöhen und das Gleichgewicht von Angebot und Nachfrage zur deren Vorteil zu beeinflussen. Die Absprache muss nicht automatisch illegal sein. Die Details solch eines Abkommens sind jedoch geheim und sind daher ein Wettbewerbsvorteil. Kartelle sind eine transparentere und offenere Version dieser Form der Kooperation. Sie sind ein Konsortium (Vereinigung) von unabhängigen Partnern, die miteinander kooperieren, um den Wettbewerb durch Produktions- und Vertriebsvolumenbegrenzungen zu ihren Vorteilen zu beeinflussen.

- **Gegenseitige Service-Konsortien** ist eine Partnerschaft ähnlicher Unternehmen in ähnlichen Industrien, um ihre Ressourcen zu bündeln und damit Projekte zu realisieren oder Produkte zu entwickeln, die sie nicht allein finanzieren und entwickeln könnten, z. B. moderne Computertechnologie. Zum Beispiel hatten sich ein Bereich der Siemens AG, IBM und Toshiba vor einigen Jahren zusammengetan, um einen Chip zu entwickeln. Ein gegenseitiges Service-Konsortium ist eine relativ schwache und distanzierte Allianz mit sehr wenig Interaktion und Kommunikation zwischen den Allianzpartnern.

- **Joint Ventures (JV) und Lizenzierungen** sind unternehmerische Vorhaben durch eine Partnerschaft oder ein Konglomerat (Gemisch von Unternehmen), um Risiken und Wissen zu teilen. Joint Ventures (JV) werden oft als Markteintrittsstrategien verwendet, um Zugang zu einem beschränkten Markt oder Land zu erhalten. Ein typisches Beispiel ist ein Lizenzabkommen zwischen einem internationalen Unternehmen (der Lizenzgeber), das sein Wissen und seine Erfahrung für die Produktion und/oder den Verkauf eines Produktes als Lizenz vergibt. Als Gegenleistung erhält das internationale Unternehmen exklusive Marktzutritts- oder Produktionsrechte für den Markt oder das Land. Oft wird ein JV-Unternehmen mit beinahe ausgeglichenen Anteilen zwischen einem lokalen Partner (oder einer Regierung eines Landes) und dem globalen Unternehmen gegründet. Diese Form der Kooperation hat selten eine lange Lebensdauer, da die beiden Seiten gegensätzliche Interessen haben. Das andere Risiko ist, dass der lokale Lizenznehmer Fähigkeiten und Kompetenzen entwickelt und erlernt, die ihm zur Unabhängigkeit verhelfen, so dass er zum Wettbewerber des Lizenzgebers werden kann. Einem Lizenzgeber ist deshalb angeraten, niemals seine Kernkompetenzen als Lizenz zu vergeben.

- **Partnerschaft entlang der Wertschöpfungskette** ist die stärkste und engste Form einer Allianz und besteht aus einer Vereinbarung oder Kollaboration zwischen Unternehmen, die entlang der Wertschöpfungskette zusammenarbeiten. Die Vereinbarung besteht typischerweise zwischen zwei Unternehmen, die eine gegenseitige Käufer-Verkäufer-Abhängigkeit oder -Beziehung haben wie z. B. ein Reifenhersteller und ein Autoproduzent. Diese Form ist auch eine Integrationsstrategie, zu der Sie weitere Details im Produkt-/Markt-Mix-Tool in Abschnitt 5.3.12 finden.

Eine ganz andere Kategorisierung von strategischen Optionen ist in Abbildung 86 dargestellt und wird hier nur kurz beschrieben, da einige der Optionen schon teilweise in anderen strategischen Tools erwähnt sind.

- Absatz- und Marketing-Strategien:
  - Marktentwicklung
  - Export von existierenden Produkten/Dienstleistungen
  - Marktdurchdringung – intensive „Bearbeitung" des gegenwärtigen Marktes

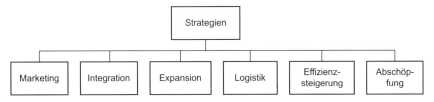

Abbildung 86 Sechs Strategie-Kategorien

- – Neue Produkte/Dienstleistungen in einem neuen Markt
- – Neue Produkte/Dienstleistungen im gegenwärtigen Markt
- – Existierende Produkte/Dienstleistungen in einem neuen Markt (siehe Abschnitt 5.3.12)

- Integrationsstrategien:
  - – Vertikale Integration (auch Vorwärts/Downstream- und Rückwärts-/ Upstream-Integration entlang der Wertschöpfungskette genannt)
  - – Horizontale Integration (siehe Abschnitt 5.3.12 für mehr Details)

- Außenwirtschaftliche Expansionsstrategien:
  - – Gründung einer Niederlassung im Ausland
  - – Produktionsstätte im Ausland
  - – Lizenzvergabe an ein ausländisches Unternehmen/Land

- Logistik-Strategien:
  - – Kapazitätserweiterung
  - – Rationalisierung des Marktes
  - – Rationalisierung der Produktion
  - – Rationalisierung der Produktlinie oder -palette
  - – Rationalisierung der Vertriebswege

- Effizienzsteigerungsstrategien (Schwerpunkt ist das Input-Output-Verhältnis):
  - – Effizienz und Wirksamkeit von Verfahren und Funktionen
  - – Konventionelle Kosteneinsparungsmaßnahmen, als „Effizienz" deklariert
  - – Technologische Effizienzen (Auslastungen, Wirkungsgrade usw.)

- Abschöpfungs-Strategien:
  - – Auflösung und Schließung von Geschäftseinheiten (Kostenfallen)
  - – Instandhalten (Erhalten und Abschöpfen)
  - – Hegen, pflegen und investieren
  - – Abschöpfen und ausschlachten

Querverweis zu verwandten Tools in diesem Buch

Strategische Marktsegmente (Abschnitt 5.3.8), Geschäftsfelder-Matrix (Abschnitt 5.3.11), Produkt-/Markt-Mix (Abschnitt 5.3.12), Strategie-Matrix (Abschnitt 5.3.14).

Bibliografie: Elgin, Wheeler, Hax, Fleischer.

5.3.14 Strategie-Matrix

Zweck und Absicht (Warum und wann anwendbar)

Das Tool eignet sich zur Konsolidierung Ihrer strategischen Analysetätigkeiten in einer einfachen Tabelle, um den Auswahl- und Entscheidungsprozess für die beste strategische Option zu unterstützen (siehe Abbildung 87). Das Tool kann für strategische Geschäftseinheiten, Segmente oder andere konsistente Einheiten angewandt werden.

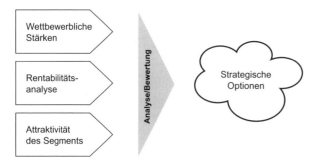

Abbildung 87 Die drei Analyse-Bereiche des Strategie-Matrix-Tools

Funktion und Aufgabe (Wie funktioniert es)

Das Tool kombiniert die Ergebnisse der Unternehmens- und Marktanalyse mittels unterschiedlicher strategischer Tools und bewertet diese, um daraus acht verschiedene strategische Optionen zu erhalten und Ihnen die strategische Entscheidung zu vereinfachen.

Anleitung (Wie gehe ich vor)

Beurteilen Sie alle drei Bereiche – wettbewerbliche Stärke, Rentabilität und Attraktivität des Segments – unabhängig voneinander und verwenden Sie die empfohlenen Tools:

- Verwenden Sie z. B. Tools wie kritische Erfolgsfaktoren (Abschnitt 5.3.2), SWOT und TOWS (Abschnitt 5.3.3), um die wettbewerblichen Stärken und Kernkompetenzen des Unternehmens und der Konkurrenten festzustellen.

Bewerten Sie Ihre Ergebnisse und vergeben Sie eine Gewichtung für den Marktanteil und die Markttrends. Andere Faktoren, die Sie ebenfalls gewichten und bewerten sollten, sind Stärke der Marke, Markteintrittsbarrieren, Intensität des Wettbewerbs, Anzahl der Konkurrenten, Bedrohung durch Substitute und die gegenwärtige Position innerhalb des Lebenszyklus (siehe auch Abschnitt 5.3.4).

- Verwenden Sie einfache finanzielle Analysen, um die finanziellen Kennzahlen, Trends und Kostenstrukturen zu ermitteln. Wie haben sich Umsatz, Gewinn, Kosten, Vermögen, Kapital und liquide Mittel entwickelt? Bestimmen Sie Quotienten und finanzielle Indikatoren z. B. ROI, Cashflow, operationelles Betriebsergebnis usw., um die finanzielle Situation des Unternehmens zu ermitteln.

- Verwenden Sie Tools wie Geschäftsfelder-Matrix (Abschnitt 5.3.11), 5 Marktkräfte (Abschnitt 5.3.5), strategische Marktsegmente (Abschnitt 5.3.8) und die Kundensegmentierung (Abschnitt 5.3.9), um die Attraktivität des Segments zu ermitteln. Berücksichtigen Sie Faktoren wie die Wachstumsrate des

Tabelle 27 Die acht resultierenden strategischen Optionen

	Ergebnisse der strategischen Analyse			Strategische Optionen
	Wettbewerb- liche Stärken	Rentabilität	Attraktivität des Segments	
1	☺	☺	☺	Investition in das Segment und Steigerung des Marktanteils.
2	☺	☹	☺	Die Rentabilität verbessern (Kostenreduktion, Preiserhöhung, Mengenerhöhung), falls möglich.
3	☺	☺	☹	Die Position halten und erweitern, falls möglich.
4	☹	☺	☺	Investition in das Segment und Steigerung des Marktanteils. Kooperative Strategien erwägen (z. B. Allianzen, JV (siehe Abschnitt 5.3.13).
5	☺	☹	☹	Die Rentabilität steigern und den Markt abschöpfen.
6	☹	☹	☺	Investition in neue Technologien und/oder Kernkompetenzen/ Ressourcen, um Marktanteile zu gewinnen.
7	☹	☺	☹	Position so lange wie möglich (er-)halten.
8	☹	☹	☹	Falls möglich, den Markt abschöpfen oder aussteigen oder das Segment vermeiden.

Segments, Markteintritts/-austrittsbarrieren, Trends usw. Bewerten Sie Ihre Ergebnisse wieder und vergeben Sie eine Gewichtung; die Wachstumsrate des Segments bekommt das höchste Gewicht.

- Verwenden Sie Tools wie das Polaritäten-Tool (Abschnitt 6.6) oder die Nutzwertanalyse (Abschnitt 6.7) für die Gesamtbewertung. Wie Sie aus der Tabelle 27 sehen können, müssen Ihre Ergebnisse nicht quantifiziert werden. Sie müssen einfach nur entscheiden können, ob Ihr Ergebnis ein ☺ oder ein ☹ erhält. Also übertreiben Sie es nicht.

- Verwenden Sie die Tabelle 27, um die „Siegerstrategie" zu bestimmen. Das Strategieentwicklungsoptionen-Tool in Abschnitt 5.3.13 hilft Ihnen mit der detaillierteren Ausarbeitung der strategischen Optionen.

Querverweis zu verwandten Tools in diesem Buch

Kritische Erfolgsfaktoren (Abschnitt 5.3.2), SWOT und TOWS (Abschnitt 5.3.3), Geschäftsfelder-Matrix (Abschnitt 5.3.11), 5 Marktkräfte (Abschnitt 5.3.5), strategische Marktsegmente (Abschnitt 5.3.8), Kundensegmentierung (Abschnitt 5.3.9), Strategieentwicklungsoptionen (Abschnitt 5.3.13).

6 Entscheidungsfindung (inkl. Evaluierung, Priorisierung)

Wenn Sie den kreativen Teil Ihrer Arbeit beendet haben, Optionen und mögliche Lösungen identifiziert haben, dann kann es gut sein, dass Sie von der Fülle an Optionen und Alternativen überwältigt sind. Das ist ein Zeichen, dass Sie den letzten Schritt der vier Problemlösungsschritte, den Schritt der Entscheidungsfindung, erreicht haben. Folgende Fragen treten in dieser Phase auf:

- Welche Optionen sollen gewählt werden und warum?
- Was sind die Vorteile und Nachteile?
- Kann ich die verschiedenen Alternativen vergleichen und wie?
- In welcher Reihenfolge sollte dies geschehen und warum?
- Was ist die beste Wahl?

Es gibt viele Entscheidungsfindungstools, die aber nicht in jeder Situation angemessen sind. Zugleich gibt es nicht für jede Situation ein angemessenes Tool.

Eine Frage, die Sie sich stellen sollten: ob die momentane Komplexität der Entscheidung den Aufwand für die Analyse rechtfertigt (siehe Abbildung 88).

Dieses Kapitel befasst sich mit Aspekten bezüglich Evaluierung, Rangfolgen, Einschätzungen, Priorisierungen, Vergleichen und Entscheidungsfindung. Die meis-

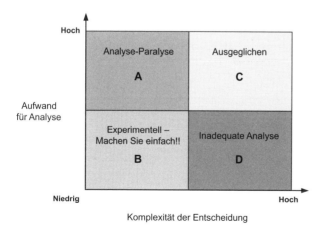

Abbildung 88   Analyse vs. Komplexität der Entscheidung

ten Tools kombinieren Aspekte der Evaluierung von Vergleichen, Ratings, Bewertungen, grafischen Darstellungen der Ergebnisse usw. Es wurde an dieser Stelle keine weitere Gruppierung in Untergruppen vorgenommen, um die Anwendung der Tools nicht unnötigt komplizierter zu machen.

Verwenden Sie die Tabelle 28 auf Seite 230, um das Ihrer Situation angemessene Tool zur Entscheidungsfindung zu finden.

Zweck der Kategorie	Name des Tools oder der Technik	Seite	Benutzer-freund-lichkeit	Aufwand/ Nütz-lichkeit
Entscheidungs-findung	Entscheidungsbaum	230	☺☺	☺☺
	Perspektiven[3]	233	☺☺	☺☺
	Argumenten-Waage	235	☺☺☺	☺☺☺
	Kreuz der Annahmen	236	☺☺	☺☺
	Polaritäten-Tool	237	☺☺	☺☺
	Nutzwertanalyse	239	☺	☺☺☺
	Nominales Gruppen-Tool	242	☺☺☺	☺☺☺
	100 Punkte	244	☺☺☺	☺☺☺
	Kartesische Koordinaten	245	☺☺	☺☺
	Vroom Yetton	247	☺☺	☺☺
	Risikoanalyse	250	☺	☺☺
	Schwerpunkt-Matrix	255	☺☺☺	☺☺

6.1 Einführung in die Entscheidungsfindungstheorie

Der lateinische Ursprung des Wortes „Entscheidung" bedeutet „wegschneiden" und dies sagt bereits viel über die tatsächliche Bedeutung des Wortes aus: Eliminieren des Unnötigen, Fokussieren auf den Kern, die Essenz, das Wesentliche als Ziel der Aufgabenstellung.

Die Entscheidungsfindung ist hierbei der Weg und das weitere Vorgehen, welches zum Ziel führt.

Ziel der Entscheidungsfindung ist es, die Wahrscheinlichkeit für eine falsche Entscheidung zu reduzieren.

Entscheidungsfindung bedeutet (Quelle: Russell-Jones):

- Die bewusste Entscheidung für eine Option und damit gegen die anderen möglichen Alternativen,
- Entscheiden unter unsicheren Bedingungen,

- Risiko eingehen,

- eine Handlung herbeiführen, trotz der Unsicherheiten und unter Inkauf-
  nahme eines Risikos,

- ein konkretes Ziel oder Ergebnis erreichen.

> Es ist wichtig, dass es zu einer Auswahl kommt, die proaktiv, selektiv und be-
> wusst vorgenommen wird, ansonsten ist die Entscheidung einfach nur Zufall
> bzw. ein Vorkommnis. (Russell-Jones)

Die Entscheidungsfindung ist immer auch ein emotionaler Prozess! Aktuelle Stu-
dien zeigen, dass die Mehrzahl der Entscheidungsfindungsvorgänge in unserer
rechten Gehirnhälfte – dem Zentrum von Sprache, Kreativität, Instinkt, Vorstellung und emotionaler Intelligenz – und nicht in der „rationalen" Hälfte stattfinden, wo wir es erwarten würden (Kremer 2001). Die These des Autors lautet:
„Menschen treffen Entscheidungen unbewusst und vielleicht sogar instinktiv.
Anschließend versuchen sie rationale Gründe zu finden und ihre Einschätzung
und Argumente bewusst so anzupassen, damit sie zu den Schlussfolgerungen und
endgültigen Entscheidungen gelangen, die sie bereits unbewusst getroffen haben." *vgl Kognitive Dissonanz*

Ziehen Sie diese Möglichkeit in Betracht und überprüfen Sie, ob dies für Sie zu-
treffen könnte.

Vielen ist das Treffen einer Entscheidung unangenehm und es wird daher oft mit
allen Mitteln vermieden. Wenn Sie jedoch erkennen und realisieren, dass der
Sinn aller „Vorbereitungs"-Aktivitäten der ist, Ihnen mehr Informationen zur
Entscheidungsfindung zu liefern, sollten Sie sich sicherer fühlen. Ihre Bedenken
werden sich in Luft auflösen oder zumindest relativieren.

Weitere positive Ergebnisse eines effektiven Entscheidungsfindungsprozesses
sind (Quelle: Russell-Jones 2000):

- **Einbeziehend** – Einbezug und Berücksichtigung aller relevanten und betroffenen Parteien.

- **Vertretbar** – Evaluierung und Scoring aller relevanten Daten und Informationen.

- **Optimal** – Das bestmögliche Ergebnis für die Problemstellung unter den ge-
  gebenen Umständen.

- **Sensibel** – Das Ergebnis ist für alle Beteiligten verständlich.

- **Nachvollziehbar** – Das Ergebnis ist realistisch und rational nachvollziehbar.

- **Wertschöpfend** – Die Organisation oder einzelne Personen „haben es besser"
  als zuvor.

Ein Risiko ist ein grundlegender Bestandteil der Entscheidungsfindung. Der Begriff „Risiko" wird verwendet, um die Wahrscheinlichkeit des Eintritts eines Ereignisses zu beschreiben. Dabei werden zu erwartende Konsequenzen und Auswirkungen mit in Betracht gezogen. Sprechen wir von Entscheidungsfindung, so sprechen wir eigentlich vom Managen der Risiken und Konsequenzen dafür, dass unsere Entscheidung nicht wie erwartet zu Stande kommen sollte.

Als Evaluierung wird die Einschätzung und Bewertung der kognitiven und rationalen Kriterien und Faktoren und das Abwägen zwischen allen möglichen Optionen verstanden. Priorisierung bzw. Rating bezüglich der im Vorfeld festgelegten Gründe, wie z. B. Dringlichkeit, Zeit, Konsequenzen oder finanzielle Werte, setzt die verschiedenen Optionen in eine Rangfolge.

Das Ergebnis einer Evaluierung und Priorisierung kann sowohl qualitativ, d. h. nicht zähl-, mess- oder quantifizierbar, als auch quantitativ sein, d. h. es gibt ein klares messbares Ergebnis wie z. B. „Option C erreicht den höchsten Stand mit 66 von 100 Punkten".

> Quantitativ = klare Zahlenangaben,
> Einstufungen (Ranks), messbares Ergebnis.
>
> Qualitativ = weiche Indikatoren,
> immateriell, nicht messbar, beschreibend, nach Güte.

Schritte im Entscheidungsfindungsprozess

Die wichtigsten Schritte im Entscheidungsfindungsprozess sind in erster Linie die, die in diesem Buch als Grundlage verwendet werden: Diagnose, Zielsetzung, Analyse und das endgültige Treffen der Entscheidung. Der Entscheidungsfindungsprozess kann weiter in folgende Schritte unterteilt werden:

- Untersuchen Sie alle Alternativen und definieren Sie alle möglichen Optionen.

- Legen Sie Kriterien fest, mit deren Hilfe Sie die Bewertung und Entscheidungsfindung vornehmen können. In diesem Kapitel werden Kriterien als Auswahlfaktoren gesehen.

- Identifizieren Sie mögliche Optionen basierend auf Ihrem Wissen und auf Erfahrungen von früheren Situationen – gibt es Fehler, aus denen Sie lernen könnten?

- Wägen Sie die potenziellen Konsequenzen ab.

- Bedenken Sie die Auswirkungen und Einflüsse auf das Projekt und dessen Durchführung. Was könnten die weiteren Auswirkungen für das Projekt bzgl. Ruf, Marke, Firma, Umgebung, Personen usw. sein.

- Ermitteln Sie die Akzeptanz der Entscheidung durch die wichtigsten Stakeholder. Wie wird die Entscheidung angenommen werden?

- Entscheiden Sie, ob die Entscheidung von Ihnen allein oder gemeinsam mit anderen getroffen werden sollte.

- Prüfen Sie die Machbarkeit und Durchsetzbarkeit.

- Halten Sie Balance zwischen Entscheidungsrisiko und der Menge an Informationen, über die Sie verfügen (oder annehmen, verfügen zu müssen).

- Verpflichten Sie sich zu einem Vorgehen mit Integrität. Was wird für die Durchführung der Entscheidung benötigt?

- Nach all diesen Schritten: „Walk the talk!" Stehen Sie zu Ihrem Wort und setzen Sie um, was Sie entschieden haben. Das ist Integrität.

Auswahl der Entscheidungsfindungstools

Zweck der Tabelle 28 ist es, Ihnen ein Hilfsmittel zur Verfügung zu stellen, welches Ihnen bei der Suche nach einem Entscheidungsfindungstool hilft. Untersuchen Sie Ihre Situation und identifizieren Sie das Szenario, das Ihre Situation am besten beschreibt.

- Haben Sie viele oder wenige Optionen, aus denen Sie wählen können? Kaufen Sie z. B. eine Wohnung und können unter sechs verschiedenen Wohnungen wählen, dann erscheint die Situation vielleicht zu komplex. Sie haben viele Optionen zur Auswahl. Die linke Spalte in der Tabelle befasst sich mit Tools, falls Sie viele Optionen haben. Falls Sie jedoch mehr als acht bis zehn Optionen haben, dann war Ihre Analyse wahrscheinlich zu ungenau bzw. Ihre Zielsetzung zu vage.

- Haben Sie viele oder wenige qualifizierende Kriterien, die für die Auswahl in Betracht gezogen werden? Vergleichen Sie z. B. Ferienziele (Karibik, Toskana, Tunesien), so haben Sie wahrscheinlich viele Kriterien, die Sie zur Betrachtung und Bewertung heranziehen werden (Preis, Klima, Reisezeit usw.).

Auswahltabelle für einzelne Entscheidungsfindungstools

Tabelle 28 unterstützt bei der Auswahl eines angemessenen Entscheidungstools in Abhängigkeit der Optionen. Beispielsituationen und Kombinationen zur Erläuterung werden in Tabelle 29 dargestellt.

Der Kauf eines Anzugs kann als Beispiel einer Kombination von vielen Optionen mit wenigen Kriterien dienen. Die wenigen Kriterien sind hier die korrekte Größe, die Farbe und die Preisspanne von 500-700 Euro. Die vielen Optionen ergeben sich aus der Anzahl der Geschäfte und der erhältlichen Marken und Schnitte. Die Tabelle 28 schlägt für diesen Fall das nominale Gruppen-Tool vor (Abschnitt 6.8).

Tabelle 28
Wählen Sie das angemessene Entscheidungsfindungstool abhängig von der Anzahl an Optionen und Kriterien

	Viele Optionen (ca. 4-10)	Wenige Optionen (ca. 2-5)
Viele Kriterien	Nutzwertanalyse – quantitativ (Abschnitt 6.7)	Polaritäten-Tool – qualitativ (Abschnitt 6.6)
Wenige Kriterien	Nominales Gruppen-Tool – quantitativ (Abschnitt 6.8) 100 Punkte – quantitativ (Abschnitt 6.9)	Argumenten-Waage – qualitativ (Abschnitt 6.4) Entscheidungsbaum – qualitativ (Abschnitt 6.2) Kreuz der Annahmen – qualitativ (Abschnitt 6.5) Kartesische Koordinaten – qualitativ (Abschnitt 6.10) Schwerpunkt-Matrix – qualitativ (Abschnitt 6.13)

Tabelle 29
Beispielsituationen, die Ihnen die Wahl des richtigen Tools erleichtern sollen (Entscheidungsfindungsmatrix)

	Viele Optionen (ca. 4-10)	Wenige Optionen (ca. 2-5)
Viele Kriterien	• Hauskauf • Urlaubsplanung	• Firmenkauf • Autokauf
Wenige Kriterien	• Kauf eines Anzuges/Kleides • Auswahl eines Buchs zum Lesen	• Restaurant- /Entertainment-Planung • Jobangebot

Ein Beispiel für eine Kombination von vielen Optionen und vielen Kriterien könnte der Kauf eines Hauses sein. Die Tabelle 28 schlägt dafür das Nutzwertanalyse-Tool vor.

6.2   Entscheidungsbaum   +

Zweck und Absicht (Warum und wann anwendbar)

Der Entscheidungsbaum ist ein überzeugendes Tool, um mögliche Optionen und deren Entscheidungshierarchie transparenter zu machen. Darüber hinaus kann der Entscheidungsbaum als kreatives Hilfsmittel verwendet werden, um weitere Optionen zu finden, die jedoch von Entscheidungen auf einem vorherigen Niveau abhängig sind. Es stellt sich also die Frage: „Welche Optionen sind tatsächlich möglich, relevant und unter welchen Umständen?"

Funktion und Aufgabe (Wie funktioniert es)

Das Tool identifiziert alle Entscheidungspunkte und zeigt diese und alle nachfolgenden Optionen als Verästelungen in einem Diagramm, ähnlich wie die Äste eines Baumes. Der Stamm dieses Entscheidungsbaumes symbolisiert die Grundoptionen, jede Gabelung einen Entscheidungspunkt mit weiteren Optionen. Jeder Ast stellt eine eigene Option dar. In anderen Worten: Ein Entscheidungsbaum repräsentiert eine einfache Hierarchie von Entscheidungen.

Anleitung (Wie gehe ich vor)

- Klären Sie die Problemstellung und legen Sie das Ziel dar.

- Identifizieren Sie alle relevanten, aber sich gegenseitig ausschließenden Optionen aus der ersten Ebene heraus. Jede Option repräsentiert einen „Ast" als zweite Ebene.

- Identifizieren Sie die Entscheidungspunkte und zutreffende Kriterien (falls möglich, mit einer Angabe über die Eintrittswahrscheinlichkeiten).

- Verwenden Sie eine Tabelle, um Bedingungen und die resultierenden Handlungen zusammenzustellen.

Tipps und Anregungen

- Alle Optionen schließen sich gegenseitig aus – es gibt keine Überschneidungen der Optionen untereinander. Ein gutes Tool, um herauszufinden welche Optionen sich ausschließen, ist das „Venn-Tool" in Abschnitt 3.3.12.

- Jede Option muss linear sein, d. h. die Äste müssen sich gegenseitig ausschließen. Alle Optionen sollten dargestellt werden.

- Um den Wert dieser Übung zu steigern, versuchen Sie die verschiedenen Optionen im Hinblick auf Zeit, Kosten, Aufwand und Wahrscheinlichkeit zu beurteilen.

- Die Logik des Entscheidungsbaums ist ähnlich der „If, then, else"-Logik, die in der Entwicklung von Softwareanwendungen genutzt wird. „Falls A, dann B, andernfalls C".

- Das Entscheidungsbaum-Tool kann auch als Szenario-Tool verwendet werden, um neue Szenarien zu entwickeln oder um Risikoauswirkungen aufzuzeigen. Kombinieren Sie dazu die verschiedenen Optionen mit der Eintrittswahrscheinlichkeit des Risikos. Wenn Sie so den Aspekt „Risiko" einbringen, quantifizieren und kalkulieren, dann wird aus dem Entscheidungsbaum ein Risikobaum.

- Der Entscheidungsbaum kann auch zur Fehler-Ursachen-Analyse (oder Fehlerbaum-Analyse, engl.: Fault Tree-Analysis FTA) genutzt werden. Diese Analyse verfolgt Ursachen und Auswirkungen von Fehlern. Eine andere Variante ist die Fehlermöglichkeits- und Einfluss-Analyse (FMEA). Dieses Sicherheits- und Zuverlässigkeitsmodell quantifiziert Risiken, Wahrscheinlichkeiten und Auswirkungen, indem für jeden Entscheidungspunkt eine Eintrittswahrscheinlichkeit kalkuliert wird.

Beispiel eines Entscheidungsbaums in Abbildung 89: „Ein Manager hat ein Problem mit Leistung und Verhalten eines Mitarbeiters"

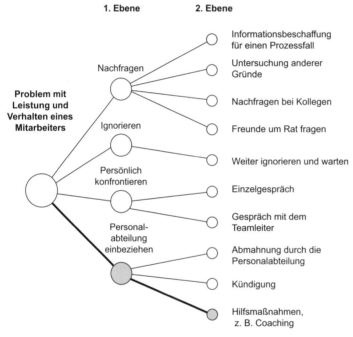

Abbildung 89
Entscheidungsbaum: „Was ist zu tun und was sind die Optionen?"
Die grau schraffierten Kreise zeigen den Entscheidungsprozess auf.

Bibliografie: Russell-Jones, Haberfellner, Bassard und Ritter.

6.3 Perspektiven³ —

Zweck und Absicht (Warum und wann anwendbar)

Selten trifft eine einzelne Person eine Entscheidung. Normalerweise sind mehrere Personen involviert. Diese Mitglieder einer Gruppe haben sowohl Gruppenziele, als auch eigene persönliche Ansichten. Es ist wichtig, die Psychologie der Entscheidungsfindung und die zahlreichen Auffassungen aller Beteiligten zu verstehen. Dieses Tool hilft, verschiedene Positionen und Ansichten zu verstehen.

Um eine Entscheidung von einer Gruppe zu erhalten, müssen Sie jedes Mitglied und dessen rationale, emotionale und politische Ansichten verstehen, um alle zu überzeugen.

Funktion und Aufgabe (Wie funktioniert es)

- Das Tool erläutert die (drei) verschiedenen Perspektiven des Denkens und Fühlens, die beim Entscheidungsfindungsprozess eine Rolle spielen.
- Das Perspektiven³-Tool hilft, die persönlichen Ziele einer Person besser zu verstehen.
- Es zeigt, wie komplex eine Entscheidungsfindung sein kann.

Anleitung (Wie gehe ich vor)

- Verwenden Sie Abbildung 90 und setzen Sie sich mit den drei Dimensionen des Bewusstseins im Umgang mit Menschen auseinander:
    - Emotional – Was wird die Veränderung für mich persönlich bedeuten? Wie wird es mein Leben verändern? Wird sich meine Position in den Augen anderer ändern? Werde ich fähig sein, die Veränderungen in meiner Rolle und Position zu bewältigen?
    - Politisch – Werde ich die Kontrolle über Ressourcen, Personen oder Entscheidungen verlieren? Werde ich weiterhin Teilnehmer von einflussreichen Gremien sein? Werde ich in der Lage sein, auf Entscheidungen Einfluss zu nehmen, die meinen Bereich und mich betreffen?
    - Rational – Ist die Veränderung für die Organisation richtig? Wurde die beste Lösung, zur richtigen Zeit und mit der passenden Strategie gefunden? *Ökonomisch*
- Überprüfen Sie, welche „Perspektive" momentan die Ansichten der „gegnerischen Parteien" am meisten beeinflusst. Passen Sie Ihr Vorgehen dementsprechend an und argumentieren Sie in der gleichen Dimension.

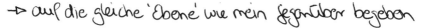
→ auf die gleiche 'Ebene' wie mein gegenüber begeben

233

Tipps und Anregungen

- In jeder Interaktion mit Menschen gibt es immer einen zu bedenkenden Rahmen. Meist gibt es auch eine Unternehmensperspektive und einen speziellen Kontext, den Sie verstehen müssen.

- Verstehen Sie die andere Person und deren Beweggründe, so sind Sie in einer besseren Position, um eine angemessene Antwort zu finden. Reagieren Sie nicht auf emotionale Reaktionen mit rationalen Rechtfertigungen. Verstehen Sie eher die Gefühle und Ängste, die ein Individuum zu einer bestimmten Reaktion veranlasst. Dies ist auch Voraussetzung dafür, eine Win-Win-Lösung zu finden.

- Oft versuchen Manager, die Zustimmung und Akzeptanz für eine Veränderung von ihren Mitarbeitern durch rationale Argumente zu gewinnen. Die Mitarbeiter hören jedoch alles durch deren eigene Filter, die voller emotionaler und politischer Ängste sind. Der Manager sagt: „Wir stehen vor der großen Möglichkeit, dieses System zu implementieren und der führende Serviceprovider dieses Landes zu werden." Was die Mitarbeiter durch ihren Filter hören ist: „Ich muss meinen Arbeitsplatz verlagern, was wird meine Familie sagen? Nach allen Anstrengungen, um diese Position zu erreichen, wird die Abteilung rationalisiert und aufgelöst. Ich bin sicher, sie werden uns mit der anderen Abteilung fusionieren usw." Seien Sie sich dieses Sachverhaltes der gefilterten Wahrnehmung bewusst, wenn Sie mit anderen interagieren.

Die Perspektive[3]-Ansicht in Abbildung 90

Abbildung 90 Drei Dimensionen und Perspektiven einer Person

6.4   Argumenten-Waage +

Zweck und Absicht (Warum und wann anwendbar)

Die Argumenten-Waage ist eines der einfachsten Entscheidungsfindungstools und ideal zum Vergleich einfacher Optionen mit geringer Komplexität oder begrenzter Kriterienanzahl.

Funktion und Aufgabe (Wie funktioniert es)

- Dieses Tool hilft, eine limitierte Anzahl von Optionen zu vergleichen und dokumentiert alle Argumente für oder gegen jede der verschiedenen Optionen in einer Tabellenform.

Anleitung (Wie gehe ich vor)

- Identifizieren Sie alle zur Diskussion stehenden Optionen.

- Legen Sie eine Bezeichnung – eine Überschrift – für jede Option fest.

- Identifizieren Sie für jede Option alle positiven Argumente, aber auch Bedenken und Nachteile.

Tipps und Anregungen

Vergleichen Sie immer die gleiche Art von Argumenten oder Aspekten, damit Sie die verschiedenen Optionen auch untereinander vergleichen können. Wenn Sie z. B. ein Kostenargument vorbringen, dann vergleichen Sie alle Optionen bezüglich dieses Argumentes (siehe Tabelle 30).

Tabelle 30   Beispiel einer Argumenten-Waage für Firmenexpansionssituation

Argumenten Waage		
Optionen	**Vorteile**	**Nachteile**
A (Verkaufen)	• Liquidität • Offen für Neues	• Spürbarer Rückgang der Produktivität • Emotionaler Verlust
B (Reinvestieren und upgraden)	• Gesteigerte Produktivität • Geringe Liquidität	• In Frage zu stellender Wert des Geldes – alter Artikel funktioniert noch
C (Behalten und unverändert belassen)	• Keine Überraschungen • Keine Investition, kein Bargeldproblem	• Ersetzen durch Technologie mit mehr Personen und Zeit

Bibliografie: Haberfellner, Russell-Jones.

6.5   Kreuz der Annahmen   —

Zweck und Absicht (Warum und wann anwendbar)

Dieses Tool ist ideal für Entscheidungsfindungs-Situationen, für die keine Fakten oder nur limitierte Informationen vorliegen. Das Kreuz-der-Annahmen-Tool hilft, die persönlichen Annahmen und Vorurteile bei einer Entscheidung zu identifizieren und an die Oberfläche zu bringen. Die Beziehung zwischen dem anfänglichen Ziel und der beabsichtigten, lösungsorientierten Entscheidung, kann somit überprüft werden, bevor eine endgültige Entscheidung getroffen wird. Diese Wechselbeziehung sollte verstanden werden, um Fehler zu vermeiden. Das Tool kombiniert „Zielsetzung" mit „Entscheidungsfindung".

Funktion und Aufgabe (Wie funktioniert es)

Das Tool macht die persönliche Einstellung und Annahmen über die Umwelt sichtbar. Dies ist besonders dann relevant, wenn die Fakten limitiert und persönliche Ansichten wichtig sind. Es soll die unbewussten, unbekannten und unausgesprochenen Vermutungen einer Person im Bezug auf die Entscheidungsfindung deutlich machen.

Anleitung (Wie gehe ich vor)

- Schreiben Sie Ihr ursprüngliches Ziel auf und platzieren Sie die Kernaussage Ihres Ziels in der Mitte eines Kreises (z. B. „Autokauf").

- Identifizieren Sie die von den Zielen betroffenen oder beeinflussten Bereiche (z. B. beeinflusst der Kauf eines Autos die Finanzen, den Lifestyle, die Mobilität, das eigene Selbstwertgefühl usw.)

- Zeichnen Sie kreuzweise Linien um und durch den Kreis. Die Linien ergeben einzelne Sektionen für die identifizierten Bereiche (siehe Abbildung 91).

- Schreiben Sie Ihre Vermutungen, Prognosen und Vorstellungen darüber auf, wie sich die Ziele auf die identifizierten Bereiche auswirken könnten. Zum Beispiel könnten Sie gewisse Annahmen und Vermutungen darüber haben, wie der Kauf eines Autos Ihre Finanzen beeinflusst (weniger Geldmittel), verbesserte Marketing-Möglichkeiten (abhängig von der Marke des Autos), verbesserte steuerliche Absetzbarkeit usw. Notieren Sie Ihre persönlichen positiven, negativen und anderen unbekannten Annahmen und Vermutungen über Auswirkungen in den entsprechenden Bereichen des Kreuzes.

- Testen Sie Ihre Erkenntnisse auf Durchführbarkeit und Vollständigkeit. Machen Sie den „Peace of mind"-Test CISAN („Can I Sleep At Night": „Kann ich nachts schlafen") für Ihre getroffene Entscheidung.

Beispiel der getroffenen Annahmen zum Autokauf in Abbildung 91

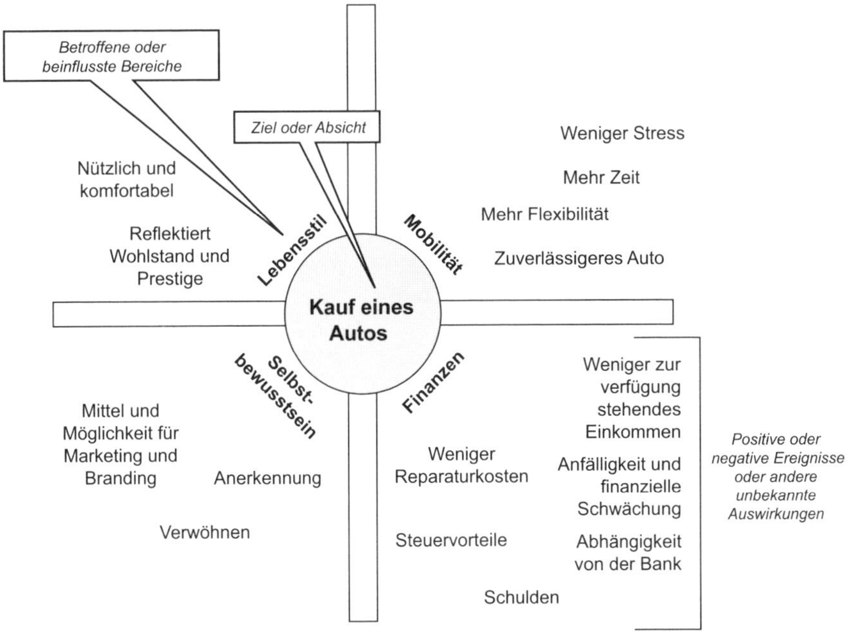

Abbildung 91 Was wären Ihre Annahmen in diesem Beispiel?

Querverweis zu verwandten Tools in diesem Buch

Prüfen Sie mit den Tools zur Zielsetzung (Kapitel 4).

Bibliografie: Catherine Ciolli (Spiral-in Coaching).

6.6 Polaritäten-Tool   *vgl. Scoring Modell +*

Zweck und Absicht (Warum und wann anwendbar)

Das Polaritäten-Tool ist das ideale Tool, um Vergleiche zwischen einer kleineren Anzahl von Alternativen für ein größeres Set an Kriterien zu ziehen, z. B. der Vergleich von zwei Firmen unter Verwendung aller finanziellen, operationalen, Marketing- und Produktionskriterien.

Verwenden Sie dieses Tool nicht, wenn Sie konkrete qualitative Ergebnisse benötigen. Verwenden Sie dann eher das Nutzwertanalyse-Tool aus Abschnitt 6.7.

Funktion und Aufgabe (Wie funktioniert es)

Dieses Tool vergleicht eine Auswahl von Kriterien einiger weniger Optionen durch Beurteilung der Kriterien, das Vergeben eines Ratings und Präsentation der Ergebnisse in grafischer Form. Eine einfache Skala wird verwendet, um Vergleiche zu ermöglichen.

Anleitung (Wie gehe ich vor)

- Identifizieren Sie alle Faktoren (z. B. Erfolgsfaktoren), die für alle Optionen relevant und anwendbar sind. Stellen Sie sicher, dass Sie über ausreichend Informationen verfügen, um jede Option anhand der Kriterien bewerten und vergleichen zu können.

- Definieren Sie eine einfache Skala, z. B. von „sehr gut = ++" über „0 = durchschnittlich" bis zu „−− = sehr schlecht"

- Evaluieren Sie für jedes Kriterium (z. B. Preis, Qualität usw.) den Wert für jede Option (z. B. Produkt oder Firma A).

- Ordnen Sie für jedes Kriterium und jede Option einen Wert auf Ihrer Skala zu. Sie werden sich möglicherweise fragen, wie Sie am besten ein Kriterium evaluieren. Da dies kein quantitatives (messbares) Tool ist, sollten Sie auch nicht zu viel Zeit mit der Durchführung Ihrer Evaluierung verbringen. Vergleichen Sie einfach die zur Verfügung stehenden Optionen und drücken Sie Ihre Meinung mit einem Wert von „++" bis „−−" aus.

Tabelle 31 Beispiel für einen Vergleich von zwei Optionen, z. B. Produkte oder Firmen

Polaritäten zum Produktvergleich					
Kriterien oder Erfolgsfaktoren	++	+	0	−	−−
Preis					
Kundendienst					
Kompatibilität					
Lebenszyklus des Produkts und Service					
Garantie und Haftung					
Zahlungsbedingungen					
Kernfunktionen des Produkts (spez. Anforderungen)					
usw.					

———— Option/Firma/Produkt A   · · · ·   Option/Firma/Produkt B

vgl. Scoring Modell (Punktbewertungsverfahren)! nächste Seite (6.7)

Tipps und Anregungen

- Ein Kriterium kann jeder Aspekt, jedes Attribut, jeder Faktor oder jeder Wert sein, den Sie bewerten und vergleichen können.

- Führen Sie Ihre Evaluierung „Reihe-für-Reihe" durch, d. h., bestimmen Sie Ihren Wert („+/-") durch das Vergleichen von Option A mit B für jeweils das gleiche Kriterium, z. B. „Preis – welche Option ergibt einen besseren Preis?" (siehe Tabelle 31)

- Dieses Tool ist „nicht-mathematisch", machen Sie auch keine Mathematik daraus.

- Wird dieses Tool zum Vergleich von Firmen als Teil einer Wettbewerbsanalyse verwendet, so werden die Kriterien hier Erfolgsfaktoren genannt, da sie die kritischen Faktoren und Kriterien repräsentieren, die den Erfolg der Firma bestimmen.

Querverweis zu verwandten Tools in diesem Buch

Wettbewerber-Analyse (Abschnitt 5.3.6)

Bibliografie: Haberfellner.

6.7 Nutzwertanalyse +
Scoring Modell

Zweck und Absicht (Warum und wann anwendbar)

Benötigen Sie klare, messbare und vergleichbare quantitative Ergebnisse, dann ist die Nutzwertanalyse das Standardtool, sobald Sie mehrere Optionen und viele Kriterien haben, die die Entscheidung komplex und das Problem schwer handhabbar machen.

Die Nutzwertanalyse verwendet das Prinzip des Polaritäten-Tools und fügt ihm eine quantitative und kalkulierbare Seite hinzu. Die Ergebnisse sind konkrete Zahlen, welche miteinander verglichen werden können.

Funktion und Aufgabe (Wie funktioniert es)

- Die Nutzwertanalyse gewichtet und bewertet verschiedene Kriterien. Die gewichtete Kalkulation führt zu einem eindeutigen „Gewinner nach Punkten".

Anleitung (Wie gehe ich vor)

- Identifizieren Sie alle relevanten Kriterien, um eine Entscheidung treffen zu können. „Was ist wichtig für Sie?"

- Wenn gewünscht, gruppieren Sie die Evaluierungskriterien in Haupt- und Unterkategorien. Legen Sie dann eine Gewichtung der Kriterien per Gruppe fest. Die Kriterien in der Untergruppe können für das Beispiel in Tabelle 32, Kauf eines Hauses, sein: „Architekturstil", „Zustand" bzw. „Qualität des Baus", „Alter", „Ausstattung und Möblierung". Jedes Kriterium hat wahrscheinlich eine unterschiedliche Relevanz. Im Beispiel wurde keine Gruppierung vorgenommen.

- Vergeben Sie jedem Kriterium eine Gewichtung. Sie können dafür Prozentangaben oder numerische Werte verwenden. Prozente sind voraussichtlich einfacher zu vergeben (max. 100 %-Punkte können für alle Kriterien oder Kategorien vergeben werden), auch wenn die Vergabe von Zahlen das Scoring

Tabelle 32   Beispiel einer Nutzwertanalyse für den Erwerb eines Hauses

Nutzwertanalyse							
Kriterien oder Erfolgsfaktoren	**Gewich-tung**	**Option A**		**Option B**		**Option C**	
		Punkte	Bewer-tung	Punkte	Bewer-tung	Punkte	Bewer-tung
Endgültiger Preis	5	9	45	5	25	9	45
Preis pro m²	3	8	24	5	15	8	24
Wachstumspotenzial	4	9	36	5	20	1	4
Potenzial für Weiterentwicklung	1	5	5	5	5	1	1
Neu/Alt	3	4	12	6	18	3	9
Raumanzahl	4	5	20	8	32	2	8
Garage	1	3	3	1	1	4	4
Architektonischer Stil	3	1	3	5	15	3	9
Zustand/Qualität des Gebäudes	5	7	35	4	20	4	20
Alter	4	6	24	3	12	7	28
Möblierung und Ausstattung	1	7	7	4	4	1	1
Sicherheit	2	2	4	2	4	1	2
Stadtnähe	2	4	8	6	24	1	2
Freizeitwert	4	5	20	10	40	2	8
Summe	42	75		69		47	
Endgültiger Punktestand			246		235		165

(Punktevergabe) einfacher macht. Falls Sie Zahlen verwenden, dann setzen Sie sich eine Höchstgrenze, z. B.: Fünf ist die höchste Zahl zur Angabe des Gewichtes. Gewichten Sie dann, indem Sie sich selbst fragen: „Wie wichtig ist mir dieses Kriterium auf der Skala von 1-5?"

- Prüfen Sie, ob Sie die Gewichtung entsprechend Ihrer Anforderung von Wichtigkeit und Relevanz vergeben haben. Die Kriterien mit der für Sie höchsten Priorität sollten auch die höchste Gewichtung erhalten (Prozentpunkt oder Zahl). Beim Beispiel eines Hauskaufes könnte die Hauptkategorie „Bau" 30 % Gewichtung ausmachen, die „finanziellen Aspekte" vielleicht 50 %.

- Vergeben Sie jedem Kriterium für jede Option entsprechend Ihrer Evaluierung eine Punktzahl. Entscheiden Sie im Voraus die höchstmöglich zu vergebende Punktzahl. Ist z. B. 1-10 möglich, dann vergeben Sie jedem Kriterium, das die Anforderungen voll erfüllt, zehn Punkte.

- Multiplizieren Sie die Gewichtungen mit den von Ihnen zugewiesenen Punkten und berechnen Sie die endgültige Punktezahl für jedes Kriterium für jede Option.

- Die Summe aller Punkte ergibt den endgültigen Punktestand. Basierend auf den zugewiesenen Gewichtungen und der Punktevergabe für jedes Kriterium stellt der höchste Punktestand die beste Option dar (siehe auch Beispiel Autokauf in Tabelle 33).

Tabelle 33 Beispiel einer Nutzwertanalyse für den Kauf eines Autos

Nutzwertanalyse							
Kriterien oder Erfolgsfaktoren	Gewich-tung	Option A		Option B		Option C	
		Punkte	Bewer-tung	Punkte	Bewer-tung	Punkte	Bewer-tung
Preis	5	2	10	5	25	10	50
Verbrauch	4	3	12	5	20	1	4
Prestige	3	9	27	5	15	10	30
Umweltfreundlichkeit	1	8	8	5	5	4	4
Ausstattungsvarianten	3	8	24	6	18	4	12
Familienfreundlichkeit	2	8	16	6	12	2	4
Folgekosten (Versiche-rung, Steuer)	3	9	27	5	15	4	12
Wiederverkaufswert	4	3	12	6	24	3	12
Gesamtnutzwert		50	136	43	134	38	128

In Tabelle 32 ist das höchste Gewicht 5, ein Maximum von zehn Punkten kann über 14 Kriterien verteilt werden. Ergebnis ist, dass Option A die Optionen B und C übertrifft, wenn der endgültige Punktestand und das Betrachten der Punktzahl der zwei Top-Kriterien „Preis" und „Zustand des Gebäudes" einbezogen werden (höchste Gewichtung 5).

Die Option A in Tabelle 33 erbringt mit 136 Punkten den höchsten Nutzwert für den Autokauf. Wenn man jedoch die drei Bewertungskriterien mit den höchsten Gewichtungen (Preis, Verbrauch und Wiederverkaufswert) allein betrachtet, dann schneidet die Alternative B mit 69 besser ab, als die Alternative A mit 34 und C mit 66. Somit kompensiert die Alternative A mit höheren Punktzahlen bei anderen Kriterien den Verlust bei den wichtigeren Kriterien.

Tipps und Anregungen

- Variieren Sie Ihre Gewichtungen, um zu sehen, wie sich das Ergebnis verändert.

- Verwenden Sie Tabellenkalkulationssoftware mit automatischer Berechnung für Punkte, Summen und endgültige Punktestände, um den Prozess zu automatisieren.

Querverweis zu verwandten Tools in diesem Buch

Verwenden Sie das Polaritäten-Tool (Abschnitt 6.6) für eine einfachere grafische Darstellung.

Bibliografie: Haberfellner, Nagel.

6.8 Nominales Gruppen-Tool +

„Ich muss alle möglichen Ideen und Gedanken in kürzester Zeit ohne Einfluss von dominierenden Personen sammeln und Schwerpunkte setzen."

Zweck und Absicht (Warum und wann anwendbar)

Dieses Tool wird verwendet, um sicherzustellen, dass auch zurückhaltende Mitglieder einer Gruppe eine gleichberechtigte Chance haben, ihre Meinung auszudrücken und ihre Stimme abzugeben. Somit soll ein transparenter und gemeinschaftlicher Rankingprozess und Konsens erreicht werden.

Funktion und Aufgabe (Wie funktioniert es)

- Das nominale Gruppen-Tool ermöglicht einen Konsens durch die Verbindung von individuellen, quantitativen Rankingergebnissen in einem gemeinsamen Pool von Rankings, die in einer Tabelle (siehe Tabelle 34) dargestellt werden.

Tabelle 34   Beispiel einer nominalen Rankingtabelle

Vorschlag (Option)	Tom	Harald	Gerd	Caroline	Bernd	Total
A	1	5	5	5	5	21
B	2	1	1	1	3	8
C	5	2	3	2	1	13
D	4	3	4	4	4	19
E	3	4	2	3	2	14

Anleitung (Wie gehe ich vor)

- Bitten Sie alle Beteiligten, ihre Vorschläge (Optionen) aufzuschreiben.

- Fassen Sie alle Vorschläge (Optionen) aller Beteiligten auf einer Liste zusammen und stellen Sie sie auf einem Flipchart dar.

- Eliminieren Sie Dubletten und erläutern Sie die Vorschläge (Optionen) näher. Falls nötig, fragen Sie, wer den Vorschlag (Option) gemacht hat, und bitten Sie die Person, diesen in eigenen Worten nochmals darzustellen.

- Schreiben Sie die endgültige Liste aller Vorschläge (Optionen) für alle Beteiligten gut lesbar auf einem neuen Flipchart nieder.

- Schreiben Sie vor jeden Vorschlag einen Buchstaben auf das Flipchart.

- Jeder Teilnehmer notiert die Buchstaben auf einem Papier und vergibt jedem Vorschlag entsprechend der eigenen Priorität eine Zahl. Je höher die Zahl, je höher die Priorität. Im Beispiel der Tabelle 34 ordnet Tom dem Vorschlag C die höchste Zahl (5) zu. Die maximale Anzahl an Zahlen hängt von der zugeordneten Anzahl von Buchstaben ab, z. B. A-E => 5.

- Sammeln Sie die Abstimmungszettel ein und berechnen Sie das Gesamtergebnis, um das höchste Ranking zu ermitteln. Sie können den Vorgang anonymisieren, wenn Sie die Namen der Teilnehmer aus der Tabelle entfernen.

Tipps und Anregungen

- Sie können dieses Tool gut in Verbindung mit dem Brainstorming-Tool (Abschnitt 3.3.1) verwenden.

- Gibt es (zu) viele Optionen oder Statements, dann erlauben Sie den Teilnehmern, nur die Hälfte aller Optionen zu bewerten. Gibt es z. B. 20 Statements, so fordern Sie lediglich für die zehn Top-Statements ein Ranking. Dieser Vorgang kann mit den verbleibenden Optionen wiederholt werden.

Statement A erhielt das höchste Wahlergebnis, gefolgt von D.

Querverweis zu verwandten Tools in diesem Buch

Eine Variation zu diesem Evaluierungstool ist das 100-Punkte-Tool (Abschnitt 6.9).

Bibliografie: Bassard und Ritter, Butler.

6.9   100 Punkte +

„Worauf sollten wir uns konzentrieren? Was denkt die Gruppe?"

Zweck und Absicht (Warum und wann anwendbar)

Um Optionen und Lösungswege am Ende des Problemlösungsprozesses zu bewerten, zu messen und zu gewichten, verwenden Sie das 100-Punkte-Tool. Diese Gruppenübung ist einfach und macht Spaß.

Funktion und Aufgabe (Wie funktioniert es)

Das 100-Punkte-Tool ermöglicht einen transparenten, gemeinschaftlichen, spielerischen und unterhaltsamen Evaluierungs- und Priorisierungsprozess mit einem klaren messbaren Ergebnis.

Anleitung (Wie gehe ich vor)

- Bitten Sie alle Beteiligten, ihre Vorschläge (Optionen) aufzuschreiben.

- Fassen Sie alle Vorschläge (Optionen) aller Beteiligten in einer Liste zusammen und stellen Sie sie auf einem Flipchart dar.

- Eliminieren Sie Dubletten und erläutern Sie die Vorschläge (Optionen) näher.

- Schreiben Sie die endgültige Liste aller Vorschläge (Optionen) für alle Beteiligten klar lesbar auf einem Flipchart nieder.

- Geben Sie jedem Teilnehmer 100 Punkte, die er den Vorschlägen, entsprechend seiner Präferenzen, zuteilen kann. Bitten Sie alle Teilnehmer aufzustehen und ihre Punkte neben die Vorschläge (Optionen) ihrer Wahl zu setzen. Es obliegt jedem Einzelnen, wie er die vorhandene Anzahl an Punkten verteilt. *alternativ: anonym per Zettel*

- Ermitteln Sie die endgültige Gesamtpunktzahl per Buchstabe und schreiben Sie die Summe neben den Buchstaben. Der „Gewinner" ist der Vorschlag mit der höchsten Punktzahl.

- Nachdem Sie die Ergebnisse überprüft haben, fragen Sie die Teilnehmer nach Ihren Kommentaren und Gedanken.

- Falls erforderlich, entwickeln Sie einen Plan für das weitere Vorgehen unter Verwendung des Tools Next Steps in Abschnitt 7.7.

Tipps und Anregungen

Die Klebepunkte-Variante ist für jeden amüsanter, aktiver und transparenter: Händigen Sie dazu selbstklebende farbige Punkte (Durchmesser ca. 2 cm) aus. Die Anzahl der Punkte hängt von der Anzahl der Personen, dem Raum, der Anzahl der möglichen Optionen und Ihrer Einschätzung ab. Normalerweise sind 5-15 Punkte pro Person in einer Gruppe von 5-10 Personen ausreichend. Bitten Sie alle Teilnehmer ihre Punkte auf einen Flipchart zu den bevorzugten Optionen zu kleben. Bauen Sie es als amüsante und gemeinschaftliche Aktivität auf und stellen Sie sicher, dass jeder seine Punkte anbringt, ohne dass er wartet oder die anderen Teilnehmer beobachtet. Gibt es Manager im Team, so sollten darauf geachtet werden, dass diese weder beginnen noch die anderen beobachten.

Querverweis zu verwandten Tools in diesem Buch

Nominal Group Tool (Abschnitt 6.7).

Bibliografie: Bassard und Ritter, Butler.

6.10   Kartesische Koordinaten ⌐

Zweck und Absicht (Warum und wann anwendbar)

Dieses Tool basiert auf der Idee von René Descartes (1596–1650), Begründer der Kartesischen Koordinaten und der Kartesischen Kurven. Der französische Philosoph, Mathematiker und Naturwissenschaftler Descartes forschte ebenso weitreichend in den Bereichen Meditation, logisches Denken und Wahrheitsfindung. Das Konzept der Kartesischen Koordinaten wird heute auch im Verkauf, der Therapie und generell bei Problemlösungen verwendet.

Die Kartesischen Koordinaten sind ein fantastisches Tool, um positive und negative Optionen und Konsequenzen zu ermitteln. Es basiert auf einer einfachen konditionalen Kombination von zwei voneinander abhängigen Aussagen bzw. Einheiten, z. B. „Wenn A, dann B" oder „Wenn nicht A, dann B", usw.

Funktion und Aufgabe (Wie funktioniert es)

Das Tool hilft, positive und negative Ergebnisse und Konsequenzen zu identifizieren. Dies ist besonders in Entscheidungsfindungssituationen wichtig. Zwei Aussagen/Einheiten, die in einer Ursache-Wirkung-Beziehung zueinander stehen, ergeben verschiedene Ergebnisse, abhängig von den Bedingungen und Kombinationen.

Anleitung (Wie gehe ich vor)

- Finden Sie zwei Aspekte, die voneinander abhängen. Ein Aspekt stellt die Ursache (A), der andere die (Aus-)Wirkung (B) dar, z. B. die Einführung einer neuen Multimedia-Technologie (A) und das Konsumentenverhalten (B).

- Untersuchen Sie für jede der vier möglichen Kombinationen die positiven und negativen Ergebnisse:

  - I – Wenn A eintritt, was würde mit B passieren?
    Mögliches Ergebnis: „Würde eine neue Multimedia-Technologie eingeführt, würden Kunden mehr investieren (positives Ergebnis) oder die Kunden würden irritiert werden (negatives Ergebnis)".

  - II – Wenn A nicht eintritt, was würde mit B passieren?
    Mögliches Ergebnis: „Würde die neue Multimedia-Technologie nicht eingeführt, könnte dies ein gesteigertes Kundeninteresse in die aktuelle Technologie hervorrufen (positives Ergebnis)".

  - III – Wenn A eintritt, was würde nicht mit B passieren?
    Mögliches Ergebnis: „Würde eine neue Multimedia-Technologie eingeführt, würden sich die Kunden eventuell von der aktuellen Technologie abwenden und unter Umständen nicht weiter investieren (negatives Ergebnis). Es kann aber auch Unzufriedenheit mit der bestehenden Technologie abgebaut werden (positives Ergebnis)".

  - IV – Wenn A nicht eintritt, was würde nicht mit B passieren?
    Mögliches Ergebnis: „Würde eine neue Multimedia-Technologie nicht eingeführt, so könnte dies dazu führen, dass die Kunden nicht mit neuer, ungetesteter und unzuverlässiger Technologie konfrontiert würden (positives Ergebnis)".

- Stellen Sie sich diese Fragen auf unterschiedliche Art und Weise, um möglichst viele Aspekte und Sichtweisen für jede Kombination zu entdecken.

Kartesische-Koordinaten-Diagramm in Abbildung 92

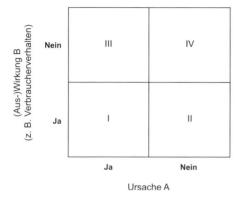

Abbildung 92
Die vier Kombinationen
des Kartesische-Koordina-
ten-Diagramms

Querverweis zu verwandten Tools in diesem Buch

Argumenten-Waage (Abschnitt 6.4), 6 De-Bono-(Abschnitt 7.13).

Bibliografie: Harris.

6.11   Vroom Yetton

zu aufwodeg/nicht praktikabel

Zweck und Absicht (Warum und wann anwendbar)

Nicht jede Entscheidung benötigt die Beteiligung von weiteren Personen. Die
Bandbreite jedes Managementstils, Entscheidungen zu fällen, kann von Autorität
über Beratung bis hin zu Gruppenbeteiligung variieren. Das Vroom-Yetton-Entscheidungsfindungstool sollte verwendet werden, wenn Sie herausfinden wollen,
inwieweit andere Personen in den Entscheidungsfindungsprozess miteinbezogen
werden sollten.

Funktion und Aufgabe (Wie funktioniert es)

Das Vroom-Yetton-Entscheidungsfindungstool hilft, den für die Entscheidungsfindung angemessenen Managementstil zu finden. In anderen Worten: „Wie viel
Beteiligung ist notwendig oder wird gewünscht, um eine konkrete Entscheidung
zu treffen". Das Ergebnis ist eine Angabe des erwünschten Managementstils zur
Entscheidungsfindung.

Anleitung (Wie gehe ich vor)

- Besprechen Sie die zu treffende Entscheidung in der Gruppe.

- Erläutern Sie der Gruppe das Vroom-Yetton-Tool und die verschiedenen Managementstile, die bei der Entscheidungsfindung zur Anwendung kommen: A = autoritär, C = beratend, G = Gruppenbeteiligung.

- Diskutieren Sie mit der Gruppe, welches Maß an Beteiligung (welcher Managementstil) für die ausstehende Entscheidung am angemessensten ist:

  - A 1 – Ein Manager trifft die Entscheidung allein, unter Verwendung der ihm momentan zur Verfügung stehenden Informationen.

  - A 2 – Ein Manager erhält Informationen von Mitarbeitern und trifft dann die Entscheidung allein. Die Mitarbeiter können über den Verwendungszweck der Informationen informiert werden, sie haben jedoch keinen Einfluss bei der Definition des Problems oder der Bewertung der Optionen.

  - C 1 – Ein Manager bespricht das Problem in Einzelgesprächen mit seinen Mitarbeitern und erhält dadurch Ideen und Vorschläge. Der Manager trifft die Entscheidung allein.

  - C 2 – Ein Manager bespricht das Problem mit seinen Mitarbeitern in einem Teammeeting und erhält Ideen oder Vorschläge. Der Manager trifft die Entscheidung dann allein.

  - G 2 – Ein Manager führt ein Teammeeting mit seinen Mitarbeitern durch, um das Problem zu diskutieren. Der Manager ist hier Vorsitzender und Vermittler, wirft Fragestellungen auf, hat aber keine „versteckten Absichten". Das Team trifft die Entscheidung und sie wird vom Manager akzeptiert.

- Bitten Sie die Teilnehmer abzustimmen, was der beste Managementstil für die zu treffende Entscheidung ist. Hierbei können Sie das nominale Gruppen-Tool (Abschnitt 6.8) oder das 100-Punkte-Tool (Abschnitt 6.9) verwenden. Sie können die Abstimmung vereinfachen, indem sie jeder Person eine Stimme mit einem vorgefertigten Stimmzettel anbieten.

- Informieren Sie die Gruppe über das Ergebnis der Wahl. Setzen Sie den Entscheidungsfindungsprozess dementsprechend um. Dies ist ein guter Weg, um Zustimmung zu erhalten und den weiteren Fortschritt zügig vorantreiben zu können.

**Eine Alternative – obwohl ähnlich – in einem Matrix-Format
in Abbildung 93**

Die Matrix stellt den Grad an Einfluss und Macht, Entscheidungen treffen zu
können dem Maß der gemeinsamen Ziele und Interessen gegenüber (Quelle: Russell-Jones).

- **A – Verhandlung**: Wenn es eine Instanz gibt, die die Macht und den Einfluss
  hat, Entscheidungen zu treffen, und wenn deren mit Ihren Zielen übereinstimmen, dann verhandeln Sie, um eine Entscheidung zu erreichen, z. B. Gehaltsverhandlungen.

- **B – Urteilsverfahren**: Besteht nur eine geringe Möglichkeit, Einfluss zu nehmen und wenig Interessen und Übereinstimmung in Bezug auf die Ziele, so
  kann von einer schwierigen Situation gesprochen werden. Welches Ergebnis
  auch erzielt wird, beide Parteien müssen im Vorfeld vereinbaren, dass die
  vorab getroffenen Regeln verbindlich sind und die Entscheidung meist durch
  eine dritte Partei vertreten wird. Beispiele dafür sind z. B. die Entscheidung
  eines Linienrichters beim Tennis, die frühere „Golden-Goal"-Regel im Fußball, oder eine Entscheidung durch das Amtsgericht.

- **C – Autorität**: Wenn Macht und Einflussposition bei der Entscheidungsfindung eine Rolle spielen, dann ist ein autoritärer Stil akzeptabel und angemessen, z. B. die Verkehrspolizei gibt Anweisungen.

- **D – Zusammenarbeit**: Ein hohes Maß an geteilten Interessen und ein niedriges Niveau an Macht erfordern gemeinsame Anstrengungen und die Zusammenarbeit beider Parteien, z. B. freundliche Firmenübernahme, Ferienplanung.

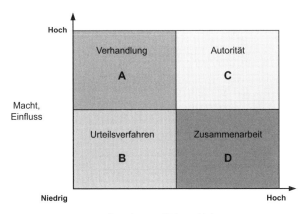

Abbildung 93   Macht/Einflussposition versus gemeinsame Ziele und Interessen

Querverweis zu verwandten Tools in diesem Buch

Nominales Gruppen-Tool (Abschnitt 6.8), 100 Punkte (Abschnitt 6.9).

Bibliografie: Vroom und Yetton, Butler.

6.12 Risikoanalyse +

Zweck und Absicht (Warum und wann anwendbar)

Ein wichtiger Aspekt bei der Einschätzung von Konsequenzen einer Entscheidung ist das Risiko, das in Kauf genommen werden muss. Es sollte deshalb von vornherein mit in Betracht gezogen werden. Wovor wir normalerweise Angst haben, ist nicht die Entscheidung, sondern oft sind es die Konsequenzen und Auswirkungen unserer Entscheidungen. Eine Risikoanalyse wird idealerweise verwendet, wenn die Auswirkungen und deren Eintrittswahrscheinlichkeiten für eine zu treffende Entscheidung eingeschätzt werden sollen.

Eine Risikoanalyse besteht typischerweise aus den folgenden vier Schritten:

- Identifizieren des Risikos

- Analyse der Risikofaktoren

- Reaktion auf Risiko – Risikovermeidungsstrategien und Maßnahmen

- Überwachung und Kontrolle des Risikos.

Haben Sie einmal die verschiedenen Risiken identifiziert, bewertet, verstanden und verglichen, so können Sie auf diese reagieren, sie weiter eindämmen und kontrollieren. Dieses Verständnis ermöglicht Ihnen ein gutes Risikomanagement.

Funktion und Aufgabe (Wie funktioniert es)

- Das Risikoanalyse-Tool hilft, Risiken zu identifizieren, zu evaluieren und zu managen. Risiken werden entsprechend der Stärke ihrer Auswirkungen (hoch, mittel, niedrig) und deren Eintrittswahrscheinlichkeit (hoch, mittel, niedrig) eingestuft. Abhängig von den geschätzten Ausmaßen der Auswirkungen und den Eintrittswahrscheinlichkeiten werden verschiedene Risikovermeidungsstrategien und Handlungsschritte vorgeschlagen.

Anleitung (Wie gehe ich vor)

- Identifizieren Sie Risiken und gruppieren Sie diese in Risiko-Kategorien (Umwelt, Prozess, Technologie, Menschen). Verwenden Sie die Tabelle 35 als Vorlage (Risikoanalyse-Tabelle).

- Vergleichen Sie die Risiken auch mit den Kommentaren einer Stakeholder-Analyse (Erwartungen, Fallen, Vorbehalte). Sind Ihre Auffassung und Interpretation realistisch? Haben Sie andere Risikoaspekte übersehen?

Tabelle 35   Vorlage für eine Risikoanalyse

(Projekt) Risikoanalyse				
Risiko-Kategorie	Risiken	Auswir-kung (N/M/H)	Wahr-schein-lichkeit (N/M/H)	Schritte zur Risiko-kontrolle
Menschen (Kunden, Endverbraucher, Sponsoren, Stakeholder, Ange-stellte, Politik, Wertesystem)	•			•
Prozess (Ziele, Entscheidungen, Pro-jekt, Budget, Kosten, Ablauf, Anforderungen, Zeit, Entwick-lung, Test)	•			•
Technologie (Sicherheit, Personalaufwand, operative Bedingungen, Ver-fügbarkeit)	•			•
Umwelt (Politik, Wirtschaft, Legisla-tive, Exekutive, Wettbewerb, Technologie, Natur, soziale Umwelt)	•			•

- Ermitteln Sie Auswirkungen und Konsequenzen, falls das Risiko auftreten würde.

- Definieren Sie was „hoch", „mittel" und „niedrig" in Ihrer Umgebung bedeuten. Typischerweise führt eine „hohe" Auswirkung für eine längere Zeit zu einem Stillstand des Betriebs oder verursacht unwiederbringlichen Schaden und fatale Konsequenzen. Eine Definition könnte wie folgt aussehen:

  - Hoch: Der Verlust der Systeme oder von Daten wird einen weitreichen-den Schaden für das Unternehmen verursachen und dessen Existenz ge-fährden. Das Ausmaß ist nicht zu kontrollieren und das Unternehmen benötigt mehrere Monate zur Erholung.

  - Mittel: Der Verlust der Systeme oder von Daten wird einen oder mehrere Bereiche des Geschäftsbetriebes behindern. Der Schaden ist handhabbar, könnte jedoch irreparabel sein. Die Zeit, die benötigt wird, um den alten Zustand wieder herzustellen, beträgt ca. 72 Stunden bis eine Woche.

  - Niedrig: Der Verlust der Systeme oder von Daten wird einen oder meh-rere Bereiche des Unternehmens negativ beeinflussen. Der Schaden ist generell auf eine Unannehmlichkeit oder schlechteres Arbeitsklima be-grenzt und bringt Zeitverzögerungen mit sich. Die Zeit, die benötigt wird um in den alten Zustand zu gelangen, beträgt ca. 24 Stunden.

- Schätzen Sie die Eintrittswahrscheinlichkeit ein: „Mit welcher Wahrscheinlichkeit kann dies passieren?": hohe Wahrscheinlichkeit, mittlere oder niedrige?

- Zeichnen Sie die Risiken in das Risikoanalyse-Diagramm (Abbildung 94) und folgen Sie der empfohlenen Risikovermeidungsstrategie.

- Nachdem Sie eine der empfohlenen Risikovermeidungsstrategien ausgewählt haben, definieren Sie Ihre Gegenmaßnahmen und Schritte zur Risikokontrolle und verfolgen Sie Ihre Schritte, die ein Risiko abwenden. Verwenden Sie das Fischgräten-Ursachenanalyse-Tool (Abschnitt 3.3.13), um die Ursprünge des Risikos zu identifizieren. Wenn Sie an den Ursprüngen ansetzen und nicht nur die Symptome betrachten, werden die präventiven Gegenmaßnahmen effektiv und das Auftreten dieses Risikos kann vermieden werden.

- Stimmen Sie sich mit Ihren Stakeholdern ab und stellen Sie sicher, dass die Schritte zur Risikovermeidung umgesetzt werden. Verwenden Sie das Next-Steps-Tool (Abschnitt 7.7).

Tipps und Anregungen

„Disaster recovery and contingency planning" (Präventiv- und Schadensbegrenzungs-Maßnahmenplan) sind Teil einer umfassenderen Risikobetrachtung. Sie befassen sich mit den Maßnahmen, wenn ein Unglück passiert ist und mit Präventivmaßnahmen.

Abbildung 94 zeigt ein Risikoanalyse-Diagramm.

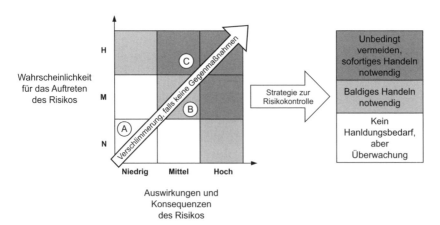

Abbildung 94   Das Risikoanalyse-Diagramm zeigt Vorschläge zur Risikovermeidung und Handlungsschritte

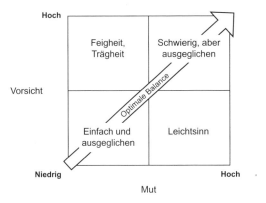

Abbildung 95 Vorsicht-Mut-Balance wird benötigt

Eine andere Sichtweise für Risiken ist die Balance zwischen Vorsicht und Mut. Die Abbildung 95 stellt den Balanceakt dieser zwei gegensätzlichen Kräfte dar. Mut veranlasst dazu, eine Entscheidung zu treffen. Die Vorsicht ist die Motivation, die Sie von der Entscheidungsfindung abhält. Es ist wichtig, dass Sie sich über Ihre eigenen Veranlagungen beim Treffen von Entscheidungen bewusst sind. Die richtige Balance hilft Ihnen, falsche Entscheidungen zu vermeiden.

**Exkurs zu Projektrisiken: Risikobereitschaft –
Wie vergleichen Sie sich mit anderen?**

Haben Sie sich jemals gefragt, wie risikobereit Sie sind? Zusätzlich zu den Risikokategorien in der Tabelle 35 zeigt Ihnen die nachfolgende Aufzählung weitere Risiko-Kategorien auf, die mehr auf eine natürliche Person ausgerichtet sind. Machen Sie den Test und vergeben Sie Punkte für Ihr Risikoprofil von 1 bis 10 (1 ist sehr risikovermeidend).

- Physikalische Risiken – Aktivitäten, die ein Verletzungsrisiko beinhalten. Fahren eines Motorrads, Wildwasser-Rafting, Bergsteigen oder Fallschirmspringen sind einige Beispiele.

- Karriere-Risiken – z. B. Jobwechsel, die Aufnahme neuer Verantwortung oder ein Streben nach Beförderung.

- Finanzielle Risiken – Sie riskieren Ihren finanziellen Spielraum für Investitionen, Kreditaufnahmen oder Kreditgewährung.

- Soziale Risiken – z. B. sich einer fremden Person in einer unbekannten sozialen Situation selbst vorzustellen, auch mit dem Risiko, sich zu blamieren.

- Intellektuelle Risiken – der Wille, eine schwierige Thematik zu erlernen oder zu studieren, Informationen nachzugehen, die Ihre Urteile in Frage stellen oder das Lesen eines intellektuell herausfordernden Buches.

- Kreative Risiken – z. B. Malen, Zeichnen, Teilnehmen an einem Schreibwettbewerb oder das Verfolgen eines unkonventionellen Designs.

- Beziehungsrisiken – der Wille, eine neue Beziehung einzugehen, Zeit mit jemandem zu verbringen trotz unsicheren Ausgangs oder sich fest zu einer Beziehung zu bekennen.

- Emotionale Risiken – der Wille, emotional verwundbar zu sein.

- Spirituelle Risiken – der Wille, Konzepten zu vertrauen, welche nicht überprüfbar sind oder die nicht vollständig verstanden werden.

Auch wenn es interessant ist zu wissen, wie Ihre Risikobereitschaft mit der von anderen vergleichbar ist: Lassen Sie sich nicht zu sehr beeinflussen. Wie Sie mit anderen vergleichbar sind, ist nicht entscheidend, da Ihre Auffassung zählt und Sie die Konsequenzen tragen werden.

Wir können durch Beobachten von anderen lernen; der Vergleich mit anderen ist in diesem Fall nicht hilfreich. Ihre natürliche Risikobereitschaft ist das Ergebnis einer Vielzahl an Faktoren und Einflüssen, die Sie während Ihres Lebens erfahren haben; sie ist daher einzigartig und nicht vergleichbar.

Zehn typische Projektrisiken

Denken Sie zurück an Projekte, die gut oder nicht so gut verliefen. Von allen können Sie nützliche Anhaltspunkte über potenzielle Risiken erhalten. Ziehen Sie die folgenden zehn typischen Projektrisiken für Ihr nächstes Projekt in Betracht.

1. Unbekannte Stakeholder sind Personen, welche Einfluss auf die Richtung, das Ergebnis, die Ressourcen oder die zeitliche Abfolge des Projekts nehmen können, ohne dass das Projektteam davon Kenntnis hat.

2. Unerwarteter Widerstand geht meist über das normale Maß an Widerstand hinaus. Wie Sie sich vorstellen können, sind unbekannte Stakeholder oft die Quelle unerwarteten Widerstands.

3. Externe Ereignisse können jedes Projekt tiefgreifend beeinflussen. Eine Fusion oder ein Aufkauf zum Beispiel können ein Projekt schnell beenden.

4. Von der „Chemie" wird gesprochen, wenn es darum geht, wie gut ein Team miteinander arbeitet. Schlechte Chemie im Team kann zu höchst negativem Verhalten führen und den Erfolg jedes Projekts aufs Spiel setzen.

5. Verspätungen verursachen generell Chaos im Projektplan und führen zu Zeitdruck in den Projektaktivitäten.

6. Unklare Projekt- und Zieldefinitionen führen zu einem unklaren Verständnis, was das Projekt erreichen soll. Ohne dieses Verständnis und die klare Marschrichtung werden Sie Ihr Ziel auch nicht erreichen.

7. Ein Fehlen von vorzeigbaren Fortschritten kann den Anschein erwecken, dass das Projekt nicht ernsthaft geführt wird, selbst wenn dies nicht der Fall ist. Projektteams sollten ihre Leistungen nicht zurückhalten. Planen Sie insbesondere bei großen Projekten wenigstens nach je 100 Tagen einen Meilenstein ein und stellen Sie sicher, dass alle wichtigen Personen vom Erreichen der Ziele wissen.

8. Die Änderung der Geschäftsführung kann eine Richtungsänderung des Projekts oder sogar dessen Abbruch bedeuten.

9. Engpässe treten oft bei großen und langen Projekten auf. Der Verlust eines Teammitglieds für einen bestimmten Zeitraum kann die Dynamik und Produktivität des Teams verschlechtern.

10. Ineffektive Kommunikation führt immer zu Problemen und macht möglicherweise die Ergebnisse des Projekts unvorhersehbar. Stellen Sie sicher, dass die Kommunikation in alle Richtungen verläuft. Damit können noch unbekannte Stakeholder gefunden und unerwarteter Widerstand identifiziert werden, das Projektteam kann sich auf das Unerwartete vorbereiten.

Bibliografie: McCormick, Russell-Jones.

6.13 Schwerpunkt-Matrix +

vgl. Eisenhower Prinzip

Zweck und Absicht (Warum und wann anwendbar)

Die Schwerpunkt-Matrix soll den Prozess des Findens der „besten Option" oder von „besten Prioritäten" vereinfachen. Das Tool wird idealerweise zum Vergleich oder zur Priorisierung einer unüberschaubaren Anzahl von Zahlen verwendet. Eine 2×2-Matrix wird typischerweise zur Entscheidungsfindung in Projekten oder innerhalb des Strategiekontexts verwendet.

Funktion und Aufgabe (Wie funktioniert es)

Die Schwerpunkt-Matrix bietet eine visuelle Leitlinie zur Priorisierung oder Entscheidungsfindung. Es ist wichtig zu verstehen, dass eine Matrix eine vereinfachte Sicht der Realität darstellt und daher nicht vollständig und nicht perfekt ist. Zwei gegensätzliche, unterschiedliche Kriterien werden auf der X- und Y-Achse gegenübergestellt und die verschiedenen Optionen dann innerhalb der 2×2-Matrix positioniert und dargestellt.

Anleitung (Wie gehe ich vor)

Entscheiden Sie sich für eine angemessene Bezeichnung der Achsen. Es ist schwierig, die „beste Kombination" im Voraus zu definieren. Verwenden Sie hierfür verschiedene Kombinationen von Bezeichnungen und prüfen Sie, wie sich die Position der Option und die abzuleitende Aussage verändern. Typische Kategorien sind:

- Wichtigkeit (Auswirkungen, Konsequenzen)

- Dringlichkeit (Zeit)

- Risiko

- Gewinn, Umsatz, ROI

- Durchführbarkeit/Machbarkeit

- Priorität

- Attraktivität (Kosten vs. Nutzen)

- Umsetzbarkeit, Schwierigkeitsgrad der Implementierung (Zeit, Risiko, Komplexität usw.)

- Nachhaltigkeit

- Effektivität/Wirksamkeit

- Sicherheit, Gewissheit

- Auswirkung (€, % usw.)

- Komplexität der Entscheidung

- Entscheiden Sie, wo sich „hoch" und „niedrig" auf der Achse befinden. Bleiben Sie konsistent in der Bezeichnung. Es hat sich als hilfreich erwiesen, jeden Quadranten mit z. B. „A-D" oder „1-4" zu kennzeichnen.

- Klären Sie die Bedeutung jedes Quadranten in der Matrix.

- Listen Sie alle Optionen auf und entscheiden Sie für sich, welche Option in welchen der vier Quadranten gehört. Dies ist die wirkliche Herausforderung und Schwierigkeit des Tools. Lassen Sie die Gruppe entscheiden, wo die Optionen platziert werden sollen (falls die Mitglieder der Gruppe in der Lage und Position sind, Entscheidungen zu treffen). Die Diskussionen und Argumentationen für das Positionieren der Option innerhalb der Matrix machen dieses Tool so wertvoll.

Tipps und Anregungen

- Optionen, die zur Entscheidung oder Auswahl stehen, können sein: Projekte, Software-Pakete, Personalentscheidungen, Investitionen, Maschinen, Service-Provider usw., eigentlich alles, was eine Entscheidung benötigt.

- Verwenden Sie dieses Tool in Kombination mit Tools wie Risikoanalyse, Entscheidungsbaum oder Argumenten-Waage, um eine solide Basis für Entscheidungen zu erhalten.

- Nutzen Sie im Anschluss das Next-Steps-Tool (Abschnitt 7.7).

Mehrere Beispiele und Vorlagen für Schwerpunkt-Matrices

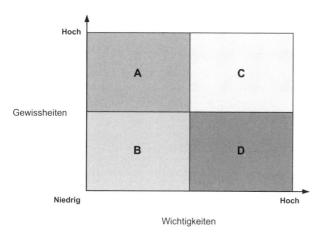

Abbildung 96 Gewissheiten – Wichtigkeiten

Die Gewissheiten-Wichtigkeiten-Matrix, abgeleitet von Mitroff und Linstone, kann verwendet werden, um Gewissheit und Wichtigkeit gegenüberzustellen. Was ist wichtig und unwichtig, was wissen Sie mit Gewissheit (oder einer gewissen Sicherheit)? Stellen Sie sicher, dass Sie unsichere, aber sehr wichtige Vermutungen nicht übersehen.

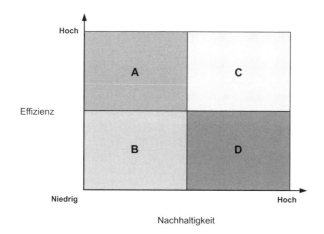

Abbildung 97 Effizienz – Nachhaltigkeit

Die Abbildung 97 zeigt die Kombination von Effizienz und Nachhaltigkeit. Effizient – Ist dies das beste Input/Output Verhältnis? Nachhaltigkeit (tragbar/Möglichkeit der Erhaltung) – Wird es andauern und wie lange können Sie es erhalten?

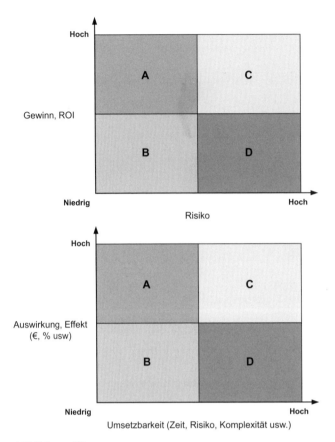

Abbildung 98
Gewinn – Risiko, Auswirkung – Umsetzbarkeit sind typische Matrices
für Projekt- oder Investitionsentscheidungen

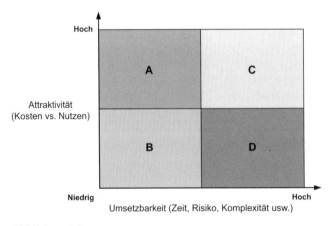

Abbildung 99
Attraktivität – Umsetzbarkeit. Jede Bezeichnung auf der Achse kann
nach verschiedenen Kriterien bewertet werden.

Eine Option könnte zwar effizient sein, aber nicht nachhaltig. Eine andere Option könnte dagegen ein effizientes Input-Output-Verhältnis haben, aber nicht lange „überleben".

Gibt es Kapazitätseinschränkungen (z. B. verfügbares Budget), dann schafft nicht jede Option die „nächste Runde" (siehe Abbildung 100).

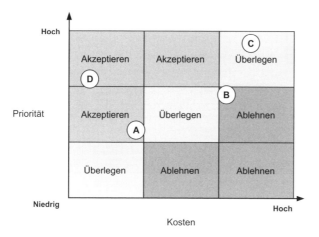

Abbildung 100
Optionen A und D erhalten die Zustimmung, B wird abgelehnt,
C muss nochmals überdacht werden

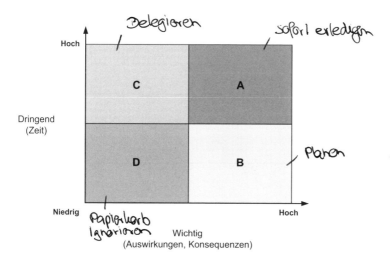

Abbildung 101
Das Eisenhower-Prinzip (wichtig – dringend) ist ein bedeutendes Tool
für das Zeitmanagement

Nachdem Sie alle Aufgaben (und Optionen) in den vier Quadranten (A-D) in Abbildung 101 kategorisiert haben, folgen Sie den Empfehlungen:

- **A-Frage:** „Was muss umgehend erledigt werden?" Handeln Sie umgehend selbst, denn dies sind Aktivitäten, die Ihren persönlichen Einsatz erfordern.

- **B-Frage:** „Worauf sollte ich besonderen Wert legen und wie gehe ich es am besten an?" Planen Sie in mittleren bis langen Zeitabständen und stellen Sie sicher, dass Sie Ihren Plan in die Realität umsetzen.

- **C-Frage:** „Was sollte ich nicht tun, oder was muss eher durch jemand anderen getan werden?" Geben Sie dieser Frage Ihre Aufmerksamkeit, jedoch lediglich für einen kurzen Zeitraum, da sie dringend, aber nicht wichtig sind. Überprüfen Sie nach gewisser Zeit und weisen Sie eventuell neu zu. Dies sind „Delegieren-, Standardisieren-, Rationalisieren-, Reduzieren- oder Stopp"-Aktivitäten.

- **D-Frage:** „Wo verschwenden Sie Zeit? Was ist trivial, unwichtig, unnötig und nicht dringend?" Es handelt sich um „Dies sollte ich ignorieren"-Aktivitäten. Haben Sie Mut zum Risiko – verwenden Sie den Papierkorb!

Querverweis zu Tools in diesem Buch

Next Steps (Abschnitt 7.7), Risikoanalyse (Abschnitt 6.12), Entscheidungsbaum (Abschnitt 6.2), Argumenten-Waage (Abschnitt 6.4).

Bibliografie: Russell-Jones, Nagel, Glass, Elkin, Grundy, Mitroff/Linstone.

7 Projektmanagement-Tools

Das Kapitel „Projektmanagement-Tools" ist eine Zusammenstellung von Tools, um ein Projekt zu steuern, zu kontrollieren und zu managen.

Der Grund für das Projektmanagement-Kapitel in diesem „Problemlösungsbuch" liegt darin, dass die Mehrzahl von Problemen in einer projektbasierten Umgebung stattfindet. Projektmanagement hat sich darüber hinaus zu einer eigenständigen Disziplin entwickelt.

Nicht jedes Tool und jede Technik, die im Projektmanagement-Kontext verwendet werden kann, ist in diesem Kapitel zu finden. Die Mehrzahl der auf Projektmanagement bezogenen Tools erscheinen auch in anderen Kapiteln dieses Buches, da sie nicht allein im Projektmanagement angewandt werden.

Die Tools und Techniken in diesem Kapitel repräsentieren jedoch einige der Basis-Projektmanagement-Tools. Verwenden Sie diese als Ausgangspunkt für Ihre Projektmanagement-Aktivitäten.

Projektmanagement besteht typischerweise aus den zehn folgenden Aktivitäten:

1. Projekt- und Aufgabendefinition (siehe auch Anhang A und B für Kontrollfragen und Szenarien). Scope Management

2. Planung von Arbeit, Struktur, Aktivitäten, Sequenz und Dauer der Aktivitäten usw. Time Management

3. Management der täglichen Projektarbeit. Integration Management

4. Management potenzieller Risiken und Notfallpläne, damit Risiken nicht zu wirklichen Problemen werden. Risk Management

5. Eskalationsmanagement (von Risiken und Problemen).

6. Management der Anpassungen der Aufgabenstellung während der Laufzeit des Projektes. Change Management

7. Management der internen und externen Kommunikation. Communication Management

8. Management der Dokumentation.

9. Qualitätsmanagement. Quality Management

10. Management der Controllingzahlen, Budgets, Kosten und Leistungsindikatoren. Cost Management

⋙⋙⋙

Zweck der Kategorie	Name des Tools oder der Technik	Seite	Benutzer-freund-lichkeit	Aufwand/ Nütz-lichkeit
Projekt-management	Fähigkeiten-Radar (PM)	263	☺☺	☺☺
	Revision der Erwartungen	265	☺☺☺	☺☺☺
	Programm-Plan	266	☺☺	☺☺☺
	Gantt-Chart	268	☺☺☺	☺☺☺
	Arbeitsstrukturplan (WBS)	270	☺☺	☺☺☺
	Next Steps	273	☺☺☺	☺☺☺
	Projektmanagement: Rollen und Verantwortlichkeiten	274	☺☺	☺☺
	Verantwortlichkeiten-Matrix (CIDA)	277	☺☺	☺☺
	Projektstruktur	280	☺	☺☺
	Projekt-Kommunikationsplan	282	☺	☺☺
	Workshop	286	☺☺	☺☺
	6 De-Bono-Hüte	288	☺☺	☺☺
	Booz-Ball	289	☺☺☺	☺☺☺

7.1 Projektablauf

Jedes Projekt folgt einer Ablaufstruktur mit Phasen und Stufen, die zwar für jeden Projekttyp variieren, jedoch im Prinzip alle sehr ähnlich sind. Ein Projektsponsor definiert gemeinsam mit dem Lenkungsausschuss eine übergeordnete Projekt-struktur (Programm) und bevollmächtigt einen Projektmanager, das Programm mit den verschiedenen Projekten zu leiten. Der Projektmanager entwickelt einen Projektplan, um das Projekt steuern, überwachen und kontrollieren zu können. Die grau hinterlegten Kästen in Abbildung 102 zeigen, welche Tools in diesem

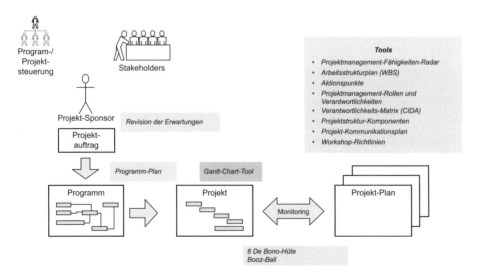

Abbildung 102 Tools (grau hinterlegt) und ihr Einsatz innerhalb des Projektablaufs

Kapitel des Buches detailliert beschrieben werden und ferner, wann diese am besten verwendet werden sollten.

7.2   Fähigkeiten-Radar (PM)

Zweck und Absicht (Warum und wann anwendbar)

Projektmanagement (PM) ist eine Disziplin, die sich in den letzten Jahrzehnten etabliert hat und die lange Zeit nicht als eigenständiges Fach gelehrt wurde. Viele Personen haben Projektmanagement „nebenbei" gelernt, was zu Lücken geführt hat. Das Fähigkeiten-Radar ist ein Projektmanagement-Tool, das dabei hilft, die Stärken und Schwächen einer Person im Bezug auf seine Projektmanagement-Kompetenzen festzustellen. Die PM-Komponenten bilden das Fundament und das Gerüst für erfolgreiches Projektmanagement und für die Weiterentwicklung Ihrer persönlichen Methodenkompetenz.

Dieses Tool kann auch im Trainingsbereich, bei Einstellungsgesprächen und Mitarbeitergesprächen zur Anwendung kommen.

Funktion und Aufgabe (Wie funktioniert es)

Das Fähigkeiten-Radar stellt die verschiedenen Kompetenzbereiche der wichtigsten Projektmanagementkomponenten dar und hilft, die Projektmanagementlücken zu identifizieren.

Anleitung (Wie gehe ich vor)

- Gehen Sie die PM-Komponenten und Kompetenzbereiche, die zuvor aufgelistet sind, nochmals durch und passen Sie sie Ihren Anforderungen an. Falls erwünscht, vergleichen Sie die Kompetenzen und PM-Komponenten mit denen der zahlreichen Projektmanagement-Vereinigungen, z. B. dem Institute of Projectmanagement, der Prince-Methode, der International Projectmanagement Association, dem Project Management Institute (PMI) usw.

- Legen Sie eine Skala zur Bewertung fest (z. B. von 1-5) und definieren Sie, wie das Verhalten für jedes Niveau aussehen soll. Das Niveau 5 könnte z. B folgendermaßen definiert sein: Die Person arbeitet permanent auf höchstem Niveau, ist zu 95 % fehlerfrei und kann andere in dieser Kompetenz unterrichten.

- Definieren Sie das Anforderungsniveau für Ihr Umfeld für jede der Projektmanagement-Kompetenzen:

  - Rollen, Verantwortlichkeiten, Kompetenzpläne
  - Zeitplan, Ressourcen- und Kapazitäten-Management
  - Berichtswesen

- Projektbüro
- Programm-Management (siehe Programm-Plan-Tool)
- Tools, Dokumentation, Vorlagen
- Projektmanagement-Methodik
- Datenbanken für Projektmanagement, Wissensmanagement usw.
- Risiko- und Problem-/Notfallmanagement
- Projektsteuerung und Priorisierung
- Soziales, Zusammenarbeit in der Organisation, Struktur
- Finanzen, Budget
- Projektplanung, Steuerung, Kontrolle und Führung
- Qualitätssicherung
- PM-Software

• Bewerten Sie Einzelpersonen (und/oder das Team als Gesamtes). Verwenden Sie ein Radar-Diagramm in einer Software-Anwendung wie z. B. Microsoft Excel, um die Ergebnisse darzustellen.

Beispiel eines Radar-Diagramms

Abbildung 103 zeigt exemplarisch die verschiedenen Kompetenzniveaus für die Projektmanagement-Komponenten vor und nach einem Training.

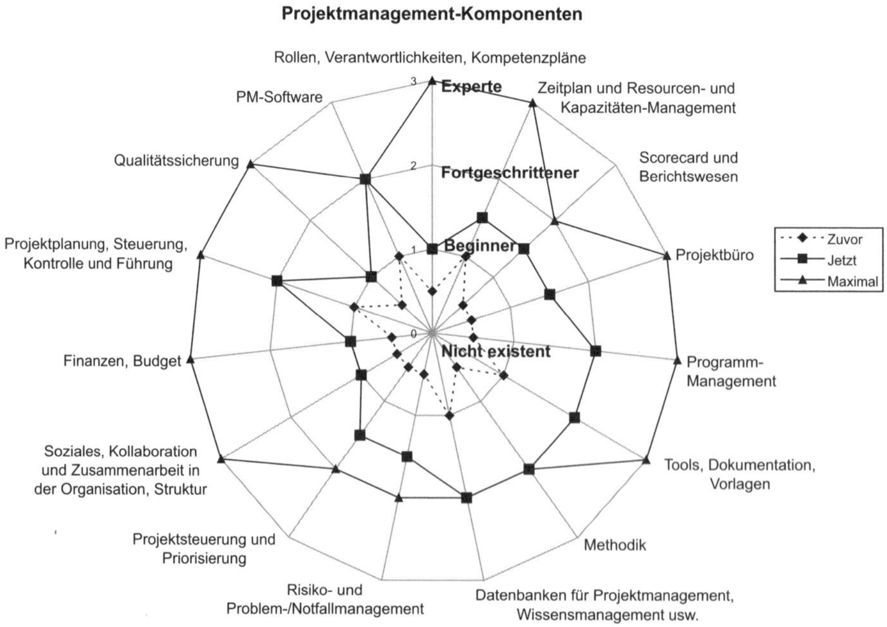

Abbildung 103   Kompetenzniveaus für die Projektmanagement-Komponenten

7.3   Revision der Erwartungen

Zweck und Absicht (Warum und wann anwendbar)

Teilnehmer der meisten Veranstaltungen wie z. B. Workshops, Forums-Diskussionen usw. wissen nicht, was sie erwarten können. Dieses Tool erlaubt Ihnen auf eine proaktive Weise, die potenziell unrealistischen Wünsche, Erwartungen und Einschätzungen zu diskutieren, zu managen und zu relativieren. Darüber hinaus verdeutlicht das Tool dem Moderator und allen Teilnehmern die Erwartungen der einzelnen Personen im Bezug auf die Workshop- oder Projektinhalte.

Funktion und Aufgabe (Wie funktioniert es)

Die schriftliche Dokumentation von Erwartungen zu Beginn einer Veranstaltung oder eines Projektes ist wichtig, damit alle Beteiligten verstehen, was vermutet, voneinander erwartet und verlangt wird. Es hilft auch dem Projektmanager oder Workshop-Moderator zu verstehen, wo er die Schwerpunkte legen muss, um den Workshop oder das Projekt erfolgreich durchzuführen.

Das Nachprüfen und Bewerten der Erwartungen am Ende der Veranstaltung oder des Projektes macht allen Beteiligten die gemeinsam bewältigte Arbeit sowie Erreichtes (und Lücken) bewusst.

Anleitung (Wie gehe ich vor)

- Erläutern Sie zu Beginn jeder Art von Veranstaltung/Projekt den Zweck des Tools. Fragen Sie jeden Teilnehmer nach seinen Erwartungen bzgl. der persönlichen Ergebnisse von dieser Veranstaltung (oder Projekt). Schreiben Sie diese auf ein Flipchart, damit sie für jeden sichtbar sind. Nachdem Sie die Aussagen zusammengefasst haben, prüfen Sie, ob die Personen mit Ihrer Zusammenfassung zufrieden sind. In einem Projektzusammenhang empfiehlt sich auch das Stakeholder-Erwartungsmanagement-Tool (Abschnitt 3.1.6).

- Nachdem Sie alle Erwartungen dokumentiert haben (siehe Tabelle 36), überprüfen Sie die Realisierbarkeit und Machbarkeit der geäußerten Erwartungen. Geben Sie den betroffenen Personen eine klare Rückmeldung, wenn Sie sicher sind, dass deren Erwartungen unrealistisch und unerreichbar sind.

- Bitten Sie am Ende jeder Art von Veranstaltung, z. B. Workshop, Projektphase usw. um Feedback und eine Bewertung. Fragen Sie: „Haben wir das Thema erfasst und haben wir erreicht, was Sie erwartet haben? Wie würden Sie dies in Prozenten bewerten?" Hier bietet sich auch die Verwendung des Booz-Ball-Bewertungs-Tools an (Abschnitt 7.14).

Tipps und Anregungen

Managen Sie auch während der Workshop-Veranstaltung die Erwartungen der Teilnehmer. Dies hilft Ihnen und den Teilnehmern, sich auf die tatsächlichen Ziele der Veranstaltung zu konzentrieren. Unerfüllte Erwartungen können am Ende eines Meetings wieder auftauchen. Fragen Sie: „Gibt es irgendwelche Bedenken oder noch offene Fragen?" Diese Bedenken sollten durch entsprechende Handlungsschritte angemessen angegangen werden. Verwenden Sie hierfür das Next-Steps-Tool (Abschnitt 7.7).

Tabelle 36   Vorlage für eine Revision der Erwartungen

Überprüfen der Erfüllung vorheriger Erwartungen	
Erwartungen	Evaluierung
	(25 %)

Querverweis zu verwandten Tools in diesem Buch

Booz-Ball-Bewertungs-Tool (Abschnitt 7.14), Stakeholder-Erwartungsmanagement (Abschnitt 3.1.6), Next Steps (Abschnitt 7.7).

7.4   Programm-Plan

wichtig zu wissen und zu verstehen wird man aber selbst wahrscheinlich nie selbst erstellen

Zweck und Absicht (Warum und wann anwendbar)

Die Zielgruppe eines Gantt-Charts (Abschnitt 7.5) umfasst typischerweise Projektsponsoren, Projektmanager und Personen, die direkt vom spezifischen Projekt betroffen sind. Die Zielgruppe eines Programm-Plans beinhaltet auch Personen außerhalb des Projekts. Das mittlere- und das Top-Management sind typischerweise in Budgetentscheidungen, strategische Ausrichtungen, Koordinierung mit anderen Projekten und die Ressourcenplanung involviert. Synonyme Begriffe für Programm-Plan wären Portfolio-Management, strategisches Programm-Management oder Roadmaps.

Funktion und Aufgabe (Wie funktioniert es)

Ein Programm-Plan hilft, das Gesamtbild eines komplexen Programms oder einer Serie von Projekten über einen ausgedehnten Zeitraum zu verstehen und zu kommunizieren. Es zeigt parallele Projekte und Initiativen auf einem strategischen

1 Programm enthält n Projekte → Programm = Projektgruppe

Niveau. Ein Programm-Plan stellt eine konsolidierte Version der voneinander abhängigen Projekte und Initiativen dar und hilft, die Balance zwischen Kosten, Wertschöpfung und Risiko zu gewährleisten.

Anleitung (Wie gehe ich vor)

- Konsolidieren Sie die zusammengefassten Projektphasen in Kategorien und Gruppen. Abbildung 104 stellt ein Beispiel für eine Gruppierung von Projekten entsprechend einer bestimmten Kategorisierungslogik dar – z. B. nach Prozess, Daten, Technologie, Personal usw. Die Kategorien können auch den angebotenen Produkten oder Dienstleistungen entsprechen, den Regionen, wo die Projekte stattfinden, dem Projektlebenszyklus oder welche Logik Sie auch immer als sinnvoll erachten. Wenn nötig, fügen Sie eine Zeitachse ein.

- Beziehen Sie unbedingt verwandte und relevante Projekte und Initiativen in das Diagramm ein.

- Ein Programm-Plan ist die anschaulichste Form einer strategischen Übersicht über alle Projekte und Initiativen des Unternehmens und zeigt, wie alles miteinander verknüpft ist.

Tipps und Anregungen

- Eine Erweiterung des Programm-Plan-Tools wäre, wenn Sie Projekte von einer Investitions-Perspektive betrachten. Eine entsprechende Gruppierung aller Projekte in „Run-, Grow-, Transform-" Kategorien erlaubt es, das Programm-Plan-Tool als „Investitions-Portfolio"-Tool zu verwenden. Um eine wert- und investitionsorientierte Perspektive zu erhalten (Investitions-Portfolio-Tool), verwenden Sie die folgenden drei Kategorien zur Gruppierung von Projekten:

    - RTB = **Run t**he Business (Instandhaltungprojekte – niedriger Mehrwert, Kostenfalle)

    - GTB = **Grow t**he Business (wachstumsorientiert – essenziell wichtig für Wachstum und Stabilität)

    - TTB = **Transform t**he Business (Innovation, Transformation – hohes Risiko, hohes Potenzial – höchster Mehrwert).

- Nehmen Sie sich Zeit für diese Anwendung, da hier viel nachgedacht und geplant werden muss. Dies ist besonders wichtig, wenn Sie die nächste unbekannte Projektphase planen und noch keine detaillierten Projektpläne als Basis vorhanden sind.

- Es bleibt natürlich Ihnen überlassen, wo und wie sie die Schwerpunkte und Grenzen Ihres Programm-Plans setzen. Soll der Programm-Plan das gesamte Unternehmen abbilden oder nur einzelne Bereiche? Entsprechend können sich der Detaillierungsgrad und die Kategorisierung ändern.

Beispiel für einen Programm-Plan in Abbildung 104

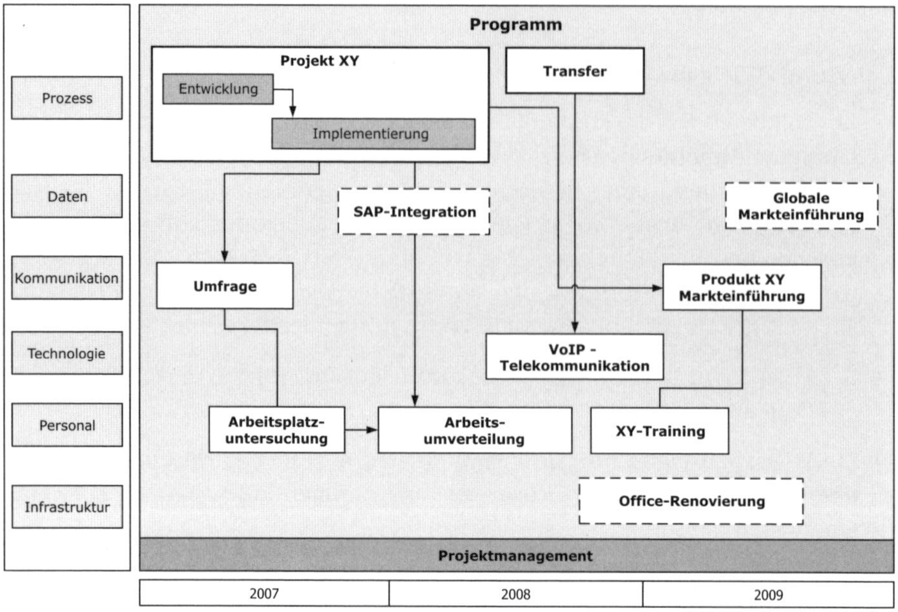

Abbildung 104 Programm-Plan

In diesem Beispiel ist der Programm-Plan in sechs Bereiche unterteilt: Prozess, Daten, Technologie, Personal, Kommunikation und Infrastruktur und zeigt die Projekte des Programms, die in einer Beziehung zueinander stehen.

Querverweis zu verwandten Tools in diesem Buch

Gantt-Chart (Abschnitt 7.5).

7.5 Gantt-Chart +

„Das wahrscheinlich einfachste und meist verwendete Diagramm in der Geschäftswelt, um das gesamte, sequenzielle Bild eines Projekts zu illustrieren."

Zweck und Absicht (Warum und wann anwendbar)

Ein Gantt-Chart zeigt einen vereinfachten Überblick über den Verlauf eines Projektes. Es ist besonders während der Projektplanungsphase als auch zur Kontrolle und Steuerung sehr nützlich. Es ermöglicht, einen Überblick über die Projektaktivitäten, Bereiche, die Sequenz, Zeit, und Dauer zu bekommen, zu planen und andere darüber informieren zu können.

Funktion und Aufgabe (Wie funktioniert es)

Ein typisches Gantt-Chart fasst die Projektaktivitäten auf höchsten Ebenen zusammen und stellt diese im zeitlichen Verlauf dar.

Aktivitäten werden auf der linken Seite des Charts dargestellt, der zeitliche Verlauf in horizontalen Balkendiagrammen auf der rechten Seite.

Anleitung (Wie gehe ich vor)

- Stellen Sie eine Liste der erforderlichen und bisher nicht erledigten Aktivitäten zusammen.
- Verwenden Sie das Arbeitsstrukturplan-(WBS)-Tool (Abschnitt 7.6), um ein besseres Verständnis für die Gruppierung und Hierarchie der Aktivitäten zu bekommen.
- Fassen Sie Aktivitäten auf höchsten Ebenen zusammen. Sie sollten zwischen sechs und 14 Gruppen von Aktivitäten haben. Wenn Sie Software-Programme wie z. B. MS Project verwenden, so entspricht dies der Gliederungsebene 1 und 2.
- Machen Sie sich über die Abhängigkeiten und Sequenzen der Aktivitäten Gedanken. Hilfreich dafür ist die Beantwortung der Frage: „Welche Aktivität kann nicht beginnen, bevor eine andere beendet wurde?"
- Legen Sie Meilensteine fest, d. h. Zeitpunkte, bis wann entscheidende Leistungen erbracht werden müssen.
- Die meisten Software-Anwendungen wie MS Project haben eine Gantt-Chart oder Balkendiagramm-Ansicht. Sie können auch Grafikanwendungen wie MS Visio verwenden, um das Diagramm grafisch darzustellen.

Beispiel für ein Gantt Chart in Abbildung 105

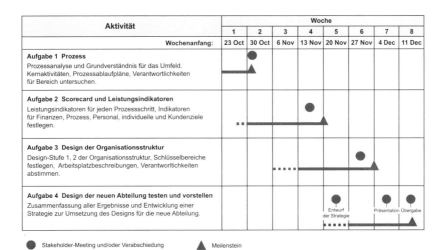

Abbildung 105 Gantt-Chart-Diagramm

Querverweis zu verwandten Tools in diesem Buch

Programm-Plan (Abschnitt 7.4), Arbeitsstrukturplan (WBS) (Abschnitt 7.6).

7.6 Arbeitsstrukturplan (WBS) ✝

Zweck und Absicht (Warum und wann anwendbar)

Der Arbeitsstrukturplan (WBS, Work Breakdown Structure) ist eine Gliederungsstruktur, die alle relevanten Projektmanagement-, technische und Problemlösungsaktivitäten, die während des Projekts stattfinden, abbildet. Darüber hinaus ist es ein einfaches Tool, um zu überprüfen, ob Sie an alle notwendigen Aktivitäten gedacht haben. Es eignet sich auch als Ergänzung für das Charta-Tool in Abschnitt 4.8.

Funktion und Aufgabe (Wie funktioniert es)

Ein Arbeitsstrukturplan (WBS) ist eine ergebnis- oder aufgabenorientierte Gruppierung von Projektelementen, die den Rahmen für ein Projekt festlegt und gleichzeitig eine Gliederung darstellt. Jede tieferliegende Hierarchiestufe ist zunehmend detaillierter dargestellt.

Vergessen Sie nicht, dass es drei Arten von Aktivitäten in einem Projekt gibt. Das Charta-Tool (Abschnitt 4.8) beschreibt nur die technischen- und Problemlösungsaktivitäten. Die drei Arten von Aktivitäten in einem Projektplan sind:

- Spezielle technische Aktivitäten, die gezielte technische Fähigkeiten benötigen und somit den Charakter des Projekts definieren, z. B. ein Architekturprojekt oder eine Systementwicklung.

- Allgemeine Problemlösungsaktivitäten, die ein breites Spektrum an Fähigkeiten voraussetzen wie z. B. analytische Fähigkeiten. Das gesamte Spektrum an Tools und Techniken, die in diesem Buch beschrieben werden, kann zur Anwendung kommen.

- Projektmanagementaktivitäten, die sicherstellen, dass das Projekt selbst reibungslos läuft. Diese Projektmanagement- und Projektführungsaktivitäten sind Teil einer Projektmanagement-Methodik und dienen der Qualitätssicherung und Kontrolle.

Anleitung (Wie gehe ich vor)

- Verwenden Sie ein Charta-Tool (Abschnitt 4.8) zusammen mit anderen Techniken aus dem Abschnitt 3.1, die Ihnen helfen, den Zweck und die Rahmenbedingungen des Projektes besser zu verstehen. Der Arbeitsstrukturplan (WBS) definiert die zu Grunde liegenden Aktivitäten.

- Strukturieren Sie den Arbeitsstrukturplan (WBS) in Anlehnung an den Lebenszyklus der Projektphase. Jede Aktivität des WBS muss zu den entsprechenden Phasen des Projektlebenszyklus passen. Alternative Möglichkeiten, den Strukturplan zu gliedern, sind u. a.:

  - nach Produkt,

  - nach Aktivität,

  - Pflichtenheft- oder Lastenheft-Kategorien,

  - nach Abteilung,

  - nach Funktion,

  - nach Ort usw.

- Identifizieren und definieren Sie alle Leistungen und Aufgaben, die erbracht werden müssen, um jede Projektphase zu komplettieren. Starten Sie mit Aktivitäten auf höchster Ebene und arbeiten Sie sich Top-Down weiter nach unten. Verwenden Sie das Charta-Tool (Abschnitt 4.8) zur Überprüfung der Leistungen und Aktivitäten, die eventuell bereits festgelegt wurden.

- Unterteilen Sie diese Hauptaktivitäten in kleinere Unteraktivitäten, bis Sie den gewünschten Detaillierungsgrad erreicht haben. Nach erfolgreicher Untergliederung, prüfen Sie Ihre Arbeit mit den folgenden drei Fragen:

  - Wenn ich alle diese Leistungen erbracht habe, kann ich
    das geplante Projektziel erreichen?

  - Wenn ich alle diese Aktivitäten ausführe, werde ich
    die geplanten Ergebnisse erreichen?

  - Wenn ich alle diese Unteraktivitäten umsetze, werde ich
    die Hauptaufgaben erfüllen?

- Ist eine Antwort „nein", so wiederholen Sie Ihr Vorgehen und ergänzen Sie die fehlenden Puzzlestücke.

- Verwenden Sie ein Arbeitsstrukturplan-Diagramm in Form eines Baumdiagramms, um die Struktur grafisch darzustellen. Die Struktur zeigt keine Abhängigkeiten, sondern nur eine Aufgabengruppierung. Sie ist nicht zeitorientiert, daher gibt es keine Zeitskala auf dem Diagramm.

Tipps und Anregungen

- Erfinden Sie das Rad nicht neu. Für die meisten Projekttypen gibt es bereits Vorlagen, die lediglich eine Anpassung erfordern.

- Vergessen Sie nicht, Überschriften zu definieren und ähnliche Aktivitäten zu gruppieren. Die Logik dieses Gruppierens und Kategorisierens ist oft durch die Art des Projekts vorbestimmt. Hier wird die o. g. Lebenszyklus-Perspektive relevant. So wird z. B. der WBS zur Konstruktion eines Flughafens die typischen Phasen hinsichtlich Architektur, Bauingenieurwesen und Konstruktion beinhalten, die sich grundlegend unterscheiden zu denen bei der Entwicklung eines IT-Systems.

- Seien Sie clever bei der Bezeichnung – benennen Sie alle Leistungen mit Hauptwörtern wie z. B. „Pflichtenheft" oder „funktionale Spezifikation". Ver-

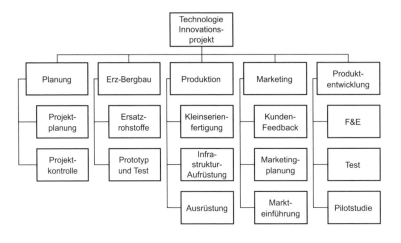

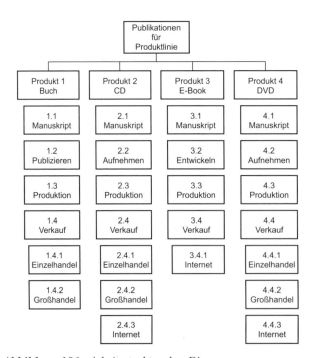

Abbildung 106   Arbeitsstrukturplan-Diagramm

wenden Sie aktive Verben für Aktivitäten wie z. B. „Prüfen des Pflichtenheftes" oder „Aktualisieren der funktionalen Spezifikation". Verwenden Sie keine Verben, wie „tun, sicherstellen, ausführen", sie sind zu vage.

- Wie detailliert sollte der Plan sein? Dafür gibt es keine pauschale Regel. Alles hängt von der Komplexität des Projekts, vom Risikoniveau, von den Fähigkeiten Ihres Teams und der Anzahl der benötigten Einzelheiten ab, um die notwendige Kontrolle zu haben. Eine Richtlinie ist, dass es möglich sein muss, jede Aktivität auf der untersten Ebene einer Einzelperson zuordnen zu können und diese Person die Aktivität in ein bis zehn Tagen ausführen kann.

Beispiel eines Arbeitsstrukturplans (WBS)-Diagramms in Abbildung 106

Querverweis zu verwandten Tools in diesem Buch

Charta (Abschnitt 4.8), Verwandtschaftsdiagramm (Abschnitt 3.3.11), Gantt-Chart (Abschnitt 7.5).

7.7 Next Steps +

müssen festgehalten werden nach Besprechungen und Meetings

Zweck und Absicht (Warum und wann anwendbar)

Dies ist ein einfaches Tool, um sicherzustellen, dass Meetings und Besprechungen konkrete Ergebnisse haben und Vereinbarungen bindend umgesetzt werden. Es ist auch hilfreich, um Dinge und Aktivitäten, die vereinbart wurden, nicht aus den Augen zu verlieren.

Funktion und Aufgabe (Wie funktioniert es)

Das Next-Steps-Tool hält alle vereinbarten und zu erledigenden Aktivitäten schriftlich fest. Es dokumentiert, wer wofür verantwortlich ist und bis wann etwas zu erledigen ist.

Anleitung (Wie gehe ich vor)

- Ergeben sich während eines Meetings oder während einer Besprechung Punkte, die erledigt werden müssen, dann halten Sie die dazu notwendigen Arbeitsschritte auf einem Flipchart fest. Verwenden Sie dafür Tabelle 37 als Vorlage.

- Verwenden Sie eine aktive Formulierung und starten Sie mit einer „aktiven Handlung" und einem ergebnisorientierten Verb, wie z. B. „Holen Sie die Unterschrift für den Vertrag XY ein", „Entwerfen Sie neue Visitenkarten", „Richten Sie einen Strategie-Workshop aus".

Tabelle 37 Beispiel einer Next-Steps-Tabelle

Next Steps		
Aufgaben	Wer	Bis wann
• Verteilen Sie innerhalb der nächsten 24 Stunden das Protokoll dieses Meetings.	Tom	Mittwoch vor 12 Uhr
• Holen Sie die Unterschrift für den Leasingvertrag ein.	Harald	30. Juni

- Sammeln Sie kontinuierlich während Meetings oder Workshops alle relevanten Next Steps. Stellen Sie sicher, dass Sie Zeit haben, die Liste mit Ihren Next Steps am Ende der Veranstaltung nochmals durchzugehen und daraufhin zu überprüfen, wer für die einzelnen Next Steps zuständig ist und wann die Umsetzung fällig ist.

- Der Schlüssel zum Erfolg ist die Überprüfung der Next Steps des vorherigen Treffens zu Beginn des nächsten Treffens. Ein gewisser Gruppenzwang bei der Verteilung und Bewertung der erledigten Aufgaben kann motivierend wirken.

Tipps und Anregungen

Dieses Tool lässt sich gut mit einem anderen Tool verbinden, das zur Dokumentation von positiven und negativen Kommentaren verwendet wird. Befragen Sie am Ende eines Meetings oder Workshops die Teilnehmer nach deren positiven sowie negativen Eindrücken und Bedenken. Schreiben Sie beides in eine Tabelle auf ein Flipchart. Erarbeiten Sie dann zusammen mit der Gruppe alle notwendigen Next Steps, um alle genannten Bedenken auszuräumen.

Querverweis zu verwandten Tools in diesem Buch

Workshop (Abschnitt 7.12), Revision der Erwartungen (Abschnitt 7.3).

7.8 Projektmanagement: Rollen und Verantwortlichkeiten

Pflichte, Aufgaben und Verantwortung

Zweck und Absicht (Warum und wann anwendbar)

In jeder Projektmanagementumgebung ist die Definition von Projektmanagementrollen und -verantwortlichkeiten essenziell wichtig, damit alle Beteiligten eindeutig verstehen, wofür sie verantwortlich sind.

Funktion und Aufgabe (Wie funktioniert es)

Die unten aufgelisteten Verantwortlichkeiten geben einen Überblick über alle Verpflichtungen für jede einzelne Projektrolle.

Anleitung (Wie gehe ich vor)

Überprüfen und vergleichen Sie für jede Rolle alle vorgeschlagenen Verantwortlichkeiten und passen Sie diese Ihren Projektanforderungen an.

Verantwortlichkeiten eines Projektsponsors

Ein Projektsponsor ist die Person, die die letztendliche Amtsgewalt und Weisungsbefugnis über ein Projekt hat. Der Sponsor ermöglicht die Projektfinanzierung, entscheidet über Streitfragen und Veränderungen der Rahmenbedingungen. Er bewilligt Budget- und Pflichtenheftänderungen und gibt die strategische Richtung vor. Er repräsentiert das Projekt innerhalb der Organisation. Abhängig vom Projekt und der hierarchischen Position des Sponsors wird er typischerweise das tägliche taktische Management an einen Projektmanager übertragen. Weitere Verantwortlichkeiten sind:

- Projektziele setzen und die Projektdurchführung anhand dieser Ziele überprüfen

- Definition eines groben Zeit- und Kostenrahmens für das Projekt und bezüglich der strategischen Projektziele

- Kontrolle und Auswertung der Projektscorecard und Projektberichte.

Verantwortlichkeiten eines Projektmanagers (hier ≙ Projektleiter)

- Beaufsichtigen und Überwachen der täglichen Projektaktivitäten bzgl. Zeit, Budget, Aufgaben und Qualität. Dies kann mehrere Projekte umfassen.

- Führen der Teammitglieder und Leistungsbewertung.

- Gewährleistung, dass genügend Zeit im Projektplan für Ausbildung und Training der Projektteammitglieder bereitgestellt wird.

- Verwendung des Projektplans und des Arbeitsstrukturplans (WBS) (Abschnitt 7.6), um die Mitglieder des Teams bei der Durchführung des Projekts zu leiten.

- Management des Projektrahmens.

- Selektion und Auswahl eines effektiven Teams.

- Zuteilen und Koordinieren von Projektaufgaben an die Teammitglieder.

- Berichterstattung an die oberen Führungsebenen und den Projektsponsor.

- Vermitteln bei Problemen unter Teammitgliedern.

Verantwortlichkeiten eines Projekt-Office-Managers (PMO)

- Bereitstellen von Tools zum Management aller Ressourcen und zur Berichterstattung.

- Berichterstattung über den jeweiligen Projektstatus, das Erreichen von Meilensteinen und die Erfüllung von Projektergebnissen sowie der projektweiten Konsolidierung.

- Veranlassen von regelmäßigen Status-Meetings zur Überwachung des Projektrisikos und Problemfragen-Protokolls.

- Koordinieren von strategischen Projektaspekten (ohne jedoch dafür verantwortlich zu sein).

- Unterstützung von Kommunikation und Abstimmung von Aktivitäten, die sich über mehrere Projekte erstrecken.

- Pflegen der Projektdokumentation.

- Veranlassen, dass Projektergebnisse/Meilensteine „abgezeichnet" werden.

- Veranlassen von Prüfungen zur Qualitätssicherung und Risikobewertungen.

Projektüberwachung und Qualitätssicherungsteam

- Durchführen von Prüfungen zur Qualitätssicherung und Risikobewertungen in einer neutralen, jedoch inhaltlich kritischen Funktion.

- Das Team wird entsprechend der Art des Projekts aus Mitgliedern unterschiedlicher Disziplinen und Funktionen zusammengesetzt.

Verantwortlichkeiten eines Projektteammitgliedes

- Unterstützung des Projektmanagers

- Projektverwaltung

- Durchführen und Umsetzen aller zugeteilten Aufgaben

- Regelmäßige Berichterstattung über Fortschritt, Status, Probleme und identifizierte Risiken.

- Entwickeln eines Verständnisses, wie sich gegenwärtige und zukünftige Anforderungen (des Pflichtenheftes) auf die anvisierte Lösung auswirken.

- Dokumentieren aller geschäftlichen, technischen, sowie Produkt- und Prozessanforderungen

- Dokumentation, Unterstützung und Training.

7.9 Verantwortlichkeiten-Matrix (CIDA) +

Zweck und Absicht (Warum und wann anwendbar)

Die CIDA-Matrix ist ein Tool, das dazu dient, Verantwortlichkeiten für bestimmte Aufgaben zu bestimmten Rollen und Personen zuzuordnen. Es hilft, Teammitglieder an die Erbringung von Leistungen zu binden, besonders, wenn der zeitliche Rahmen eng und es unklar ist, wer für bestimmte Leistungen verantwortlich ist.

Das Tool ermöglicht zu Beginn eines Projekts die erwarteten Ergebnisse und Zuständigkeiten festzulegen und abzustimmen. Dadurch ergibt sich eine einfachere und gemeinschaftliche Projektmanagement- und Aufgabenkontrolle.

Funktion und Aufgabe (Wie funktioniert es)

- Die Verantwortlichkeiten-Matrix (CIDA) ist eine einfache Tabelle, die auf drei Komponenten basiert. Jede Zeile enthält Hauptaktivitäten, die zu erbringenden Leistungen und die Verantwortungsbereiche des Projekts. Die Spalten enthalten die verschiedenen Rollen oder Namen der Stakeholder. Die Aktivitäten in den Reihen kreuzen sich mit den Spalten der Stakeholder – jede diese Überschneidungen enthält einen von vier Buchstaben (A, C, D, I), die die Art der Verantwortlichkeit für die Aktivität in dieser Reihe näher festlegt. Die komplette Matrix ermöglicht verschiedene Betrachtungen:

  - Die Reihen zeigen, wer für eine bestimmte Aktivität oder einen Bereich verantwortlich ist, sowie die Art der Koordinierung und Umsetzung dieser Aktivität.

  - Die Spalten zeigen, wer in bestimmte Aktivitäten involviert ist und welche Rolle er spielt (Verantwortung).

  - Koordinationsprobleme und unklare Verantwortlichkeiten.

  - Arbeitsüberlastung – wer arbeitet sehr viel?

Anleitung (Wie gehe ich vor)

- Definieren Sie die Hauptaktivitäten, die zu erbringenden Leistungen und Verantwortungsbereiche und listen Sie diese in den Zeilen einer Tabelle auf (siehe Tabelle 38), z. B.: Lagerkontrolle, Zahlung von Rechnungen, Lohnzahlungen, Kundendienst, Vertragsmanagement, Lieferantenbeziehungen usw. Sie können entscheiden, wie detailliert Sie die Aktivitäten aufnehmen, abhängig davon, ob Sie das Team „mikromanagen" wollen.

- Identifizieren Sie alle relevanten Rollen und/oder Stakeholder (Namen) und platzieren Sie diese in den Spalten der Tabelle.

- Entscheiden Sie über die verschiedenen Verantwortlichkeiten für jeden Stakeholder und weisen Sie jeder *relevanten* Kreuzung von Zeile und Spalte einen Buchstaben zu. Die einzelnen Kreuzungspunkte repräsentieren dabei:

  - **D** (Doer): Hier steht die Person, die die tatsächliche Arbeit verrichtet.

  - **A** (Accountable): Diese Person trifft die endgültige Entscheidung und hat letztendliche Verantwortung und Haftung. Es ist wichtig zu verstehen, dass dies nicht bedeutet, dass diese Person die Organisation führt oder über eine typische organisationelle Machtposition verfügt. Dieser Person wird die Autorität übergeben, Entscheidungen zu treffen und für diese Entscheidungen haftbar zu sein, man spricht von „Empowerment" (Ermächtigung). Es ist im Interesse der Person, die eine A-Rolle besitzt, dass sie die Autorisierung und Zustimmung des Lenkungsausschusses und der C-Stakeholder bekommt.

  - **C** (Consult): Diese Person muss konsultiert werden, bevor eine Entscheidung oder Handlung beschlossen wird. C-Personen zeichnen manchmal auch Dokumente gegen, obwohl Konsultation nicht unbedingt Übereinstimmung bedeuten muss. Die Person, die eine A-Rolle besitzt, trifft immer noch die Entscheidung, es sei denn, der Lenkungsausschuss oder Projektsponsor nutzen sein Veto-Stimmrecht.

  - **I** (Inform): Diese Person wird informiert, nachdem die Entscheidung getroffen oder eine Handlung durchgeführt wurde. I ist typischerweise vom Ergebnis der Entscheidung betroffen, hat aber kein Mitbestimmungsrecht bei der Entscheidungsfindung.

- Prüfen Sie horizontal die Zeilen und wenn Sie auf das Folgende stoßen, stellen Sie sich die folgenden Fragen:

  - Viele D – Sind zu viele Personen involviert und arbeiten an derselben Sache?

  - Kein D – Wer erledigt die Arbeit?

  - Kein A – Alarmglocke!! Niemand ist für die zu erbringende Leistung verantwortlich.

  - Mehr als ein A – Verwirrung, Unentschlossenheit, keine klare Haftung, führt zu Vorwürfen, wenn etwas schief geht. Dies ist schlimmer als überhaupt kein A.

  - Viele C – Ist es notwendig, so viele Personen zu involvieren und zu konsultieren – besteht ein Mangel an Vertrauen und Bevollmächtigung?

  - Viele I – Müssen alle davon wissen?

- Prüfen Sie vertikal (jede Stakeholder-Spalte), ob die folgenden Punkte auftreten und stellen Sie sich dazu die folgenden Fragen:

  – Viele D – zu viel Arbeit für die Rolle oder Person?

  – Kein Leerraum – zu viel Arbeit? Zu viele Konsultationen? Ist die Person „Superman"?

  – Kein D oder A – könnte diese Funktion potenziell eliminiert werden?

  – Zu viele A – Ist die Rechenschaft und Verantwortlichkeit an der richtigen Stelle angesiedelt? Ist die Organisation zu hierarchisch aufgebaut? Könnten diese A statt dessen C werden und eine Person auf einem niedrigeren Niveau mit einer A-Tätigkeit bevollmächtigt werden?

Tabelle 38
Beispiel einer Verantwortlichkeiten-Matrix (CIDA) für eine Produkteinführung in einen neuen Markt

Aufgabenbereich	Name oder Rolle des Stakeholders								
	Tom	Harald	Peter	Hans	Lisa	Erwin	Bernd	Tina	Jan
Verkauf	C	D	C	A		C			I
Vertragsmanagement	A	D	I	C					
Kostenüberwachung	A	D			I	D		I	
TV-Kampagne	C							D	A
Veranstaltungen	C	A			D	D			C
Technologie	C	A	C	C	D		C	C	I
Lieferantenbeziehung			A/D	D		C		I	

Tipps und Anregungen

- Andere Begriffe, die für dieses Tool verwendet werden, sind: RASCI, RACI (Responsibility, Accountability, Support, Consult, Inform) oder RAM (Accountability Assignment Matrix).

- Es ist wichtig festzuhalten, dass das CIDA-Tool nicht das benötigte Niveau an Fähigkeiten hinterfragt, um einen Job zu erledigen und eine bestimmte Haftung zu übernehmen. Das CIDA-Tool geht davon aus, dass die benötigten Fähigkeiten an der richtigen Stelle vorhanden sind. Es könnte sinnvoll sein, diese Vermutungen zu überprüfen, um das fehlerhafte Einsetzen einer Person zu vermeiden.

7.10   Projektstruktur-Komponenten

Zweck und Absicht (Warum und wann anwendbar)

Wenn Sie dabei sind, ein Projekt zu etablieren, ist es notwendig, zu wissen, wie Sie das Projekt am besten mit den verfügbaren „Puzzleteilen" der existierenden Organisation zusammensetzen.

Funktion und Aufgabe (Wie funktioniert es)

Dieses Tool erklärt die verschiedenen organisatorischen Projektkomponenten und deren spezifische Funktionen für ein Projekt. Nicht jede Organisation verfügt über eine ideale Umgebung mit allen erwähnten Projektstruktur-Komponenten. Es liegt an Ihnen, diese Komponenten, falls notwendig, zu etablieren, auch wenn die Organisation formal keine entsprechende Struktur bietet. Ein formales Projektbüro existiert zum Beispiel nicht immer in Organisationen.

Anleitung (Wie gehe ich vor)

Überprüfen Sie die relevanten Komponenten für Ihre Projektstruktur und entscheiden Sie, wo, wann und wie diese Komponenten in Ihrer Projektstruktur genutzt werden sollen. Nicht jedes Projekt benötigt ein komplettes Team aus den folgenden Komponenten und den damit verbundenen bürokratischen Aufwand:

- Lenkungsausschuss – besteht typischerweise aus Mitgliedern des Top-Managements, die ein erhöhtes Interesse und Verantwortung bzgl. des Projektes haben. Sie sind für Genehmigungen, Engpassentscheidungen, Budgetfragen und andere strategische Entscheidungen zuständig.

- Projektsponsor – typischerweise die Person, welche das Projekt „besitzt" und es vor dem Lenkungsausschuss und innerhalb der Organisation repräsentiert und vertritt. Die organisationelle Position des Projektsponsors ist normalerweise auf Direktorenebene oder der des mittleren Managements angesiedelt.

- Projektüberwachung und Qualitätssicherungsteam (Projekt-TÜV) – ein Team, das sich aus Experten mehrerer Fachdisziplinen zusammensetzt, die zusammen für die Qualitäts- und Inhaltsüberwachung zuständig sind. Die Personen sollten erfahrene Führungspersonen des mittleren Managements sein, die den Lenkungsausschuss fachlich und inhaltlich beraten können.

- Projektmanager – ist der entscheidende Leiter eines Projekts, welcher gewöhnlich dem mittleren Management angehört. Einige Organisationen haben einen Pool von erfahrenen und ausgebildeten Vollzeit-Projektmanagern aufgebaut, die nur Projekte leiten.

- Projektbüro – Eine professionelle Support-Struktur umfasst gewöhnlich einen Projektbüro-Manager und Projektbüro-Angestellte, die unter Umständen in

Teilzeit am Projekt als Projektverwalter oder Assistenten des Projektmanagers mitarbeiten.

- Projektteammitglieder – die „Zugpferde" und Kern eines jeden Projekts.

Tipps und Anregungen

- Verwenden Sie dieses Tool in Kombination mit den Projektmanagement Rollen und Verantwortlichkeiten (Abschnitt 7.8). Es wird Ihnen detaillierte Verantwortlichkeiten hinter jeder Funktion vermitteln.

- Verwenden Sie auch das Verantwortlichkeiten-Matrix-(CIDA)-Tool (Abschnitt 7.9). Es gibt Ihnen eine Struktur, wie die verschiedenen Funktionsträger miteinander arbeiten können.

- Es ist wichtig zu verstehen, dass sich in einer projektbasierten Organisation eine merkliche, separate „Sub-Struktur" entwickelt, die sich manchmal formal als Matrixstruktur, manchmal als virtuelle Projektstruktur etablieren kann. Es können sich verschiedene Berichterstattungsstrukturen herausbilden, die oft verwirrend wirken. Stellen Sie sich die Situation eines Mitarbeiters der Finanzabteilung vor, der einem Projektteam als Mitglied zugeordnet wurde. Es könnten drei Berichterstattungsstrukturen entstehen: eine zum Projektmanager, eine zum Finanzdirektor und eine zum operationellen direkten Vorgesetzten! Beim Aufbau des Projektteams ist es wichtig, die Situation jeder einzelnen Person zu beachten.

Projekt-Struktur vs. Unternehmens-Struktur in Abbildung 107

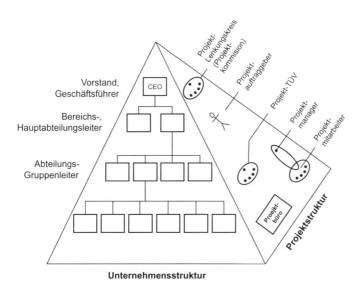

Abbildung 107
Eine Projektstruktur kann sich über eine gesamte Organisation spannen

Querverweis zu verwandten Tools in diesem Buch

Projektmanagement: Rollen und Verantwortlichkeiten (Abschnitt 7.8), Verantwortlichkeiten-Matrix (CIDA) (Abschnitt 7.9), Organisationsstruktur (Abschnitt
5.1.1).

7.11 Projekt-Kommunikationsplan +

Für den Erfolg eines jeden Projekts ist klare und konsistente Kommunikation un-
abdingbar. Eine Vielzahl von Tools können zur Kommunikation mit den Stakeholdern verwendet werden. Typische Tools sind z. B. Status-Reports, Korrespon-
denz, Meetings und formelle Präsentationen.

Um effektiv mit allen Stakeholdern zu kommunizieren, muss ein Projektmanager
ein Verständnis für die Bedürfnisse jeder Stakeholder-Gruppe entwickeln. Dies
wird mit Tools wie z. B. dem Stakeholder-Erwartungsmanagement-Tool (Abschnitt 3.1.6) oder der Stakeholdereinfluss-Matrix (Abschnitt 3.1.7) erreicht, die
im Kommunikationsplan enthalten sind. Diese Tools befassen sich mit allen
Stakeholdern eines Projekts und ermöglichen ein klares Verständnis von deren
spezifischen Interessen und Erwartungen.

Zweck und Absicht (Warum und wann anwendbar)

Der Kommunikationsplan beschreibt gezielte Aktivitäten, die zur Kommunikation mit den Stakeholdern verwendet werden sollten. Des Weiteren definiert der
Kommunikationsplan den Kanal, die Medien und die Häufigkeit der Interaktion
mit Stakeholdern. Alle im Kommunikationsplan genannten Kommunikations-
tools stehen in einer direkten Beziehung zu den spezifischen Bedürfnissen jeder
Stakeholder-Gruppe. Bestimmten Personen wird die Verantwortung für die im
Kommunikationsplan dargestellte Interaktion übertragen.

Funktion und Aufgabe (Wie funktioniert es)

- Der Kommunikationsplan identifiziert und beschreibt alle Projekt-
  Stakeholder.

- Er beschreibt die Kommunikationsbedürfnisse der verschiedenen
  Stakeholder.

- Er definiert, wie die Projekt-Stakeholder über das Projekt informiert werden.

- Er identifiziert die Kommunikationswege innerhalb des Projekts.

- Er stellt auch sicher, dass die Informationen konsistent, akkurat und
  zeitgerecht sind.

Anleitung (Wie gehe ich vor)

- Verwenden Sie die Stakeholder-Übersicht (Abschnitt 3.1.5), um alle relevanten Stakeholder zu identifizieren.

- Verwenden Sie dann den Ziel-Katalog (Abschnitt 4.2), das Stakeholder-Erwartungsmanagement-Tool (Abschnitt 3.1.6) und die Verantwortlichkeiten-Matrix (CIDA) (Abschnitt 7.9), um die Stakeholder und deren Erwartungen, Ziele und Positionen besser zu verstehen. Dies beeinflusst den Informations- und Kommunikationsbedarf, den Sie dann dementsprechend im Projekt-Kommunikationsplan dokumentieren sollten.

- Verwenden Sie die Tabelle 39 und entscheiden Sie, welche Kommunikationsmittel Sie einsetzen wollen, um die Stakeholder zu erreichen.

- Der Projektmanager ist der einzige Verantwortliche, der den Kommunikationsplan aktualisiert und an das Projektteam und die für die Kommunikation verantwortlichen Personen weiterleitet. Der Projektmanager ist ebenfalls für die Überprüfung des Kommunikationsplans zuständig, wann immer ein Meilenstein im Projekt erreicht wurde oder es markante Veränderungen im Projekt gibt.

Tabelle 39 Beispiel eines Projekt-Kommunikationsplans

Stakeholder	Verantwortlichkeiten der Stakeholder (Abschnitt 7.9)	Ziele	Erwartungen (siehe Abschnitt 3.1.6)
Software-entwick-lungs-manager	• Wöchentliche Kommunikation mit dem IT-Lenkungsausschuss. • Sicherstellen der Einhaltung von IT-Vorschriften und -Vorgängen. • Effektive Nutzung von Ressourcen. • Schwerpunkt auf den Kundendienst legen.	• Kundenerwartungen werden getroffen. • Projekt erreicht die Ziele von Agenturen und Webservices.	• Kunden sind zufrieden. • IT-Ressourcen werden effektiv eingesetzt, regelmäßige Übermittlung von Projektstatus-Berichten. • Rechtzeitige Bekanntgabe von Problemen. • Projekt wird pünktlich und innerhalb des Kostenrahmens beendet.
Projektbüro-Manager	• Kommunikation mit dem Projektmanager hinsichtlich Projektmanagement-Tools und deren Verwendung. • Überprüfung aller Leistungen durch das Projektbüro, um die Qualität zu gewährleisten.	• Projektleistungen sind von hoher Qualität. • Projekte des Projektbüros sind erfolgreich.	• Einhalten von PM-Methodiken. • Rechtzeitige Bekanntgabe bei Problemen.
Assistent des Projekt-managers	• Kommunikation mit dem Projektmanager hinsichtlich Projektmanagement-Tools und Einsatz.	• Projekte des Projektbüros sind erfolgreich.	• Zeitgerechte Bekanntgabe bei Problemen.

Tabelle 39 Beispiel eines Projekt-Kommunikationsplans *(Fortsetzung)*

Stakeholder	Verantwortlichkeiten der Stakeholder (Abschnitt 7.9)	Ziele	Erwartungen (siehe Abschnitt 3.1.6)
Projekt-manager	• Managen des gesamten Projekts. • Sicherstellen der pünktlichen Beendigung der Arbeit. • Koordinieren und Anweisen von Projektaktivitäten. • Effektives Management der Projektressourcen. • Sicherstellen, dass Projekt-Stakeholder gut informiert bleiben. • Schwerpunkt auf den Kunden-service legen.	• Das Projekt ist gut gemanagt. • Alle Anforderun-gen der Kunden sind kommuni-ziert und werden effizient erledigt. • Unkomplizierter Informations-fluss zwischen den Stakehol-dern. • Kundenerwartun-gen werden gut erfüllt.	• Adäquate Finanzierung ist erhältlich. • Adäquate Projektressour-cen stehen zur Verfügung. • Kunden sind zufrieden. • Projektteammitglieder arbeiten am Informations-fluss mit.
Technischer Support	• Technische Beratung und Support für Infrastruktur. • Hilfe bei Produktinstallation. • Kommunikation mit Projekt-manager, wenn nötig.	• Produktentwick-lung entspricht Standards und ist kompatibel mit WPS-Syste-men und Infra-struktur. • Das Produkt und die Infrastruktur sind korrekt installiert.	• Hardware und Software sind konform mit Standards. • Produkt arbeitet fehlerfrei in der geplanten Infra-strukturumgebung.

Die Tabelle 40 identifiziert alle Kommunikationsmittel und die jeweiligen Stake-holder, die damit erreicht werden müssen.

Querverweis zu verwandten Tools in diesem Buch

Stakeholder-Übersicht (Abschnitt 3.1.5), Ziel-Katalog (Abschnitt 4.2), Stakehol-der-Erwartungsmanagement (Abschnitt 3.1.6), Verantwortlichkeiten-Matrix (CIDA) (Abschnitt 7.9).

Bibliografie: www.techrepublic.com.

Tabelle 40   Übersicht aller Kommunikationsmittel

Name des Kommunikationsmittels	Stakeholder-Rolle												
	IT-Lenkungsausschuss	Vorstand, Sponsor	Account-Management	Geschäftsbereichsleiter	Teamleiter	Team-Mitarbeiter	Projektbüro-Manager	Projekt-Manager	Projekt Associate	Projekt-Assistenz	Technischer Teamleiter	Technischer Mitarbeiter	Kundendienst
Kommunikationsplan				n	N	n	N	N	N				
Newsletter	n	n	n	N	N	n	n	n	n	n	n	n	n
E-Mail	n	n	n	n	N	n	n	n	n	n	n	n	n
Implementierungsplan			N	N	N	N	N	N	N		N	N	
Spezifische Briefe und Protokolle	n	n	n	n	N	n	n	n	n	n	n	n	n
Projektbericht	W	w	W				W	W	W	W			
Meetings	N	n	N	N	N	N	N	N	N	n	N	N	
Präsentationen	n	N	n	n	N	n							
Projektaufträge/Charta	N	N	N	N	N	N	N	N	N		N	N	
Projektplan	M	M	ZW	ZW	ZW	ZW	ZW	ZW	ZW		ZW	ZW	
Projektstatus-Berichte	M	M	W	W	W	W	W	W	W	W			
Risikomanagement-Plan			N	n	N	n	N	N	N		n	n	
Meilenstein-Berichte	W		W	M	W	w	W	W	W	W			
Test-Plan			n	n	N	N	N	N	N		N	N	n
Trainings-Plan			n	n	N	N	N	N	N		N	N	n

Legende

Häufigkeit	Obligatorisch	Optional
Wöchentlich	W	w
Zweiwöchentlich	ZW	zw
Monatlich	M	m
Zweimonatlich	ZM	zm
Quartalsweise	Q	q
Wenn nötig	N	n

7.12 Workshop-Richtlinien

Zweck und Absicht (Warum und wann anwendbar)

Die Workshop-Richtlinien helfen, beim Vorbereiten und der Durchführung von Meetings und Workshops Zeit und Aufwand zu sparen.

Funktion und Aufgabe (Wie funktioniert es)

Die Workshop-Richtlinien ermöglichen eine konsistente Herangehensweise an Meetings und Workshops. Die vorgeschlagene Struktur und Hinweise ermöglichen es Ihnen, sich auf den Inhalt konzentrieren zu können, ohne sich Gedanken zu administrativen Tätigkeiten machen zu müssen.

Anleitung (Wie gehe ich vor)

- Vor der Veranstaltung:
  - Überprüfen Sie die Punkte der Tagesordnung und die Ziele des Meetings. Vorlage für eine typische Tagesordnung könnte sein:
    1. Einführung
    2. Durchsicht der Tagesordnungspunkte
    3. Zweck und Ziele
    4. Erwartungsaustausch
    5. Überblick über vorangegangene Aktionspunkte (wenn anwendbar)
    6. Geplantes Vorgehen
    7. Tagesordnungpunkte 1, 2, 3
    8. Überprüfung der Erwartungen (wenn anwendbar)
    9. Pro und Contra – „Was war gut, was hätte besser sein können?"
    10. Aktionspunkte (siehe Abschnitt 7.7)
- Laden Sie die Teilnehmer rechtzeitig ein und überprüfen Sie Logistik, Tagungsort, Zeitpunkt, Ausrüstung usw.
- Während der Veranstaltung:
  - Seien Sie spätestens 15 Minuten eher am Tagungsort, prüfen Sie die Ausrüstung und begrüßen Sie die eintreffenden Teilnehmer.
  - Workshop-Aktivitäten:
    1. Stellen Sie sich und die Teilnehmer gegenseitig vor. Hier haben Sie die Möglichkeit, ein „Gefühl" für die Teilnehmer und ihre Einstellungen zu bekommen.
    2. Testen Sie Ihr geplantes Vorgehen mit den Teilnehmern und überprüfen Sie die Tagesordnungspunkte. Legen Sie die „Grundregeln" in

Hinblick auf Unterbrechungen, Mobiltelefone usw. zusammen mit der Gruppe fest.

3. Stellen Sie Zweck und Ziel des Meetings klar. („Warum treffen wir uns und was sind die gewünschten Ergebnisse? Welches Endergebnis beabsichtigen wir zu erreichen?")

4. Erwartung – Prüfen Sie die Erwartungen aller Teilnehmer (verwenden Sie das Tool in Abschnitt 7.3). Erfragen und dokumentieren Sie Bedürfnisse und Erwartungen: „Gibt es irgendetwas, was jemand sagen möchte, bevor wir fortfahren? Gibt es irgendetwas, was Sie noch benötigen?"

5. Überprüfen Sie die vorangegangenen „Next Steps" – falls anwendbar. Beachten Sie das Next-Steps-Tool (Abschnitt 7.7).

6. Tagesordnungspunkte – Arbeiten Sie jeden Punkt auf der Tagesordnung ab und moderieren Sie die Diskussion.

7. Beenden Sie das Zusammentreffen und fassen Sie alle Entscheidungen für die Teilnehmer nochmals zusammen. Überprüfen Sie, ob Sie und das Meeting/Workshop die Erwartungen aller Teilnehmer erfüllt haben. Verwenden Sie das Revision-der-Erwartungen-Tool (Abschnitt 7.3).

8. Pro und Contra. Dokumentieren Sie alles Negative und Positive.

9. Aktionsschritte – Überprüfen Sie die Aktionspunkte und stellen Sie sicher, dass alle wissen, was zu tun ist.

10. Fragen Sie nach Feedback „Was sind Ihre Gedanken zur heutigen Veranstaltung?" Verwenden Sie das Booz-Ball-Tool (Abschnitt 7.14), um das Meeting/den Workshop zu bewerten.

- Nach der Veranstaltung:

  – Verteilen Sie die Liste mit den „Next Steps" zusammen mit dem Ergebnis-Protokoll, in dem die getroffenen Entscheidungen und Ergebnisse dokumentiert sind.

Tipps und Anregungen

- Überlegen Sie, wo und wie Sie die Informationen, die Sie erhalten wollen, dokumentieren. Dies wird Ihnen helfen, zu verstehen, was Sie noch erfragen müssen, um ein besseres Gesamtbild zu erhalten.

- Prüfen Sie die Logistik für das Meeting sorgfältig (Raumbuchung, Projektor, Flipchart, genügend Platz usw.) ein paar Tage im Voraus und erscheinen Sie spätestens 15 Minuten vor dem Meeting, um die Teilnehmer zu begrüßen, sich mit Ihnen zu unterhalten und Notfälle zu klären. Denken Sie an einen Notfallplan.

Querverweis zu verwandten Tools in diesem Buch

Informationsbeschaffung (Abschnitt 3.2), Next Steps (Abschnitt 7.7), Revision der Erwartungen (Abschnitt 7.3), Booz-Ball (Abschnitt 7.14).

7.13   6 De-Bono-Hüte

Zweck und Absicht (Warum und wann anwendbar)

Die 6 De-Bono-Hüte sollen helfen, die vielfältigen und unterschiedlichen Ansichten von Personen darzustellen, wenn Sie in der Gruppe z. B. ein Projekt diskutieren, prüfen und bewerten. Das Tool kann auch verwendet werden, um Informationen für die Leistungsbewertungsgespräche mit den Mitarbeitern zu erhalten oder um aus Fehlern zu lernen.

Dieses (Prüf-)Tool verlangt eine offene Gruppendiskussion, in der die Personen zu verschiedenen Aspekten ihren Input, Feedback und ihre Ansichten äußern.

Funktion und Aufgabe (Wie funktioniert es)

Das zu Grunde liegende Prinzip von De Bono's Hüten ist, dass alle Teammitglieder (an)erkennen müssen, dass es unterschiedliche, widersprüchliche Meinungen und Ansichten innerhalb eines Teams gibt. Diese Einsicht ist die Voraussetzung für effektive Zusammenarbeit im Team.

Jede Ansicht wird als „Hut" bezeichnet, da eine Person sich einen Hut aufsetzen und die Rolle spielen kann. Dies bedeutet, dass die Person das zur Diskussion stehende Thema in der für diese Hutfarbe typischen Sichtweise sieht. Jeder Hut hat eine von sechs möglichen Farben.

Anleitung (Wie gehe ich vor)

- Verwenden Sie die sechs verschiedenen Hüte (Ansichten), um die Situation oder das Problem zu erkunden oder beim Überprüfen eines Projekts Feedback zu geben. Starten Sie von oben mit dem weißen Hut und arbeiten Sie sich durch bis zum blauen Hut.

- Finden Sie alle Ansichten heraus, aber verwenden Sie immer dieselbe Farbe, es sei denn, Sie sagen z. B. explizit: „Würde ich für einen Moment den roten Hut aufsetzen, dann würde ich sagen, dass ...". Die einzelnen Farben bedeuten:

- **Weißer Hut** – Fakten, Zahlen und neutrale Ansichten: „Welche Daten sollen betrachtet werden? Was wissen wir über die Situation?"

- **Gelber Hut** – positive, optimistische Ansicht: „Was lief gut?" (z. B. für den Projektinhaber, mit unserer Interaktion und intern als Team).

- **Schwarzer Hut** – logische, aber pessimistische Ansicht. „Was lief nicht gut oder was könnte falsch laufen?"

- **Grüner Hut** – kreativ, Querdenken, neue Ideen, andere Möglichkeiten: „Was würden wir anders machen, wenn wir es alles nochmal machen können?"

- **Roter Hut** – Instinkte, Gefühle, Intuition: „Was sagt Ihr Bauch (Ihr Instinkt)?"

- **Blauer Hut** – Kontrolle über das Denken, den Problemlösungsprozess, den Weg nach vorn: „Wie werden wir handeln und das Problem lösen? Was sind die nächsten Schritte?"

Tipps und Anregungen

Führen Sie eine Feedback-Umfrage nur durch, wenn ein Feedback explizit verlangt wird oder wenn Sie wissen, dass das Feedback für das weitere Lernen tatsächlich verwendet wird. Andernfalls steigert diese Übung nur die Erwartungen der Teilnehmer und sie werden enttäuscht, wenn die Meinungen und Vorschläge nicht umgesetzt werden.

Querverweis zu verwandten Tools in diesem Buch

Übersicht zu alternativen Kreativitätstools (Abschnitt 3.3.10).

Bibliografie: de Bono, Markham.

7.14 Booz-Ball-Bewertung ✝

Zweck und Absicht (Warum und wann anwendbar)

Dieses Tool ist hilfreich, wenn Sie weiche, undefinierbare Bewertungsergebnisse greifbar und quantifizierbar machen und in einer einfachen und bildhaften Art darstellen wollen.

Funktion und Aufgabe (Wie funktioniert es)

- Das Booz-Ball-Tool interpretiert eine qualitative und schwer greifbare Rückmeldung oder Bewertung wie z. B.: „Wir mögen die Projektarbeit und sind mit dem Ergebnis zufrieden". Es übersetzt dieses in eine quantitative Version und macht die Leistung messbar, z. B. als 75 % Projektzufriedenheit.

Anleitung (Wie gehe ich vor)

- Bitten Sie die Teilnehmer, die einzelnen Ergebnisse zu bewerten und Angaben von 0 %, 25 %, 50 %, 75 % oder 100 % Erreichungsgrad nach ihrer persönlichen Meinung zu vergeben.

- Schreiben Sie die Prozentzahl neben die Aussage und ersetzen Sie diese mit dem entsprechenden Booz Ball, der in vier schwarze Viertel eines Kreises unterteilt ist (siehe Abbildung 108). Jeder Teil repräsentiert einen Zielerreichungsgrad von 25 Prozent. Sind drei von vier Teilen schwarz, entspricht dies 75 Prozent.

- Jetzt haben Sie die Möglichkeit, die qualitativen Aussagen zu übersetzen und in Zahlen auszudrücken.

Tipps und Anregungen

- Dies ist eine wichtige Aktivität, durch die Sie die Aufmerksamkeit und Anerkennung für Ihre erfolgreiche Arbeit erhalten. Geben Sie jeder Person Zeit und erklären Sie, welche/r Punkt, welche Aktivität oder welches Ziel bewertet werden soll.

- Fragen Sie auch nach Kommentaren wie „Was hätten wir besser machen sollen, um 100 % zu erreichen?". Stellen Sie sicher, dass die Person weiß, dass ihre Meinung wichtig ist. Dokumentieren Sie die Ergebnisse und verwenden Sie dies, um daraus eine Lehre zu ziehen.

- Der Name stammt von der Unternehmensberatung Booz, Allan & Hamilton, die das Tool entwickelt hat.

Vorlagen für die vier möglichen Booz Balls

Abbildung 108 zeigt Zielerreichungsgrad anhand von Booz Balls.

0%   25%   50%   75%   100%

Abbildung 108 Zielerreichungsgrad anhand von Booz Balls

Querverweise zu verwandten Links in diesem Buch

100 Punkte (Abschnitt 6.9) Revision der Erwartungen (Abschnitt 7.3).

Bibliografie: Booz Allan & Hamilton Consultancy.

8   Anhang A – Kontrollfragen

8.1   Kontrollfragen für den Projektbeginn

- Ist das Problem klar und bekannt?
- Wissen Sie, welches Problem Sie beabsichtigen zu lösen?
- Ist das Problem klar und differenziert definiert?
- Verstehen Sie den Kontext und alle Verbindungen mit dem Umfeld?
- Verstehen Sie, was die Ziele und Absichten sind?
- Besteht Einverständnis, insbesondere mit dem Projekt-Sponsor?
- Verstehen Sie die Anforderungen und hohen Ansprüche für die beabsichtigte Lösung?
- Welche Anforderungen müssen erreicht werden?
- Welche sind die finanziellen und welche die Unternehmensziele?
- Welche sind die organisationellen, sozialen Ziele?
- Welche sind die umwelt- und ökologischen Ziele und Absichten?
- Welche sind die Einschränkungen und widersprüchlichen Ziele?
- Haben Sie genügend Überblick und Verständnis bzgl. aller möglichen Optionen für die Lösung?
- Können Sie überprüfen, ob die verschiedenen Optionen für die Lösung des Problems geeignet sind?
- Können Sie objektiv alle Optionen vergleichen, einschätzen und bewerten?
- Haben Sie alle Ihre Annahmen und Vermutungen getestet?
- Verstehen Sie alle Risiken?
- Ist das vorgeschlagene Konzept überzeugend, schlüssig und realistisch?
- Wo und wie passt das vorgeschlagene Konzept (und die Lösung) in das Gesamtbild?
- Welche sind die Auswirkungen des Konzeptes im Bezug auf Funktion, Operation, Finanzen, Organisation, Personal, Ökonomie und Strategie?
- Welche sind die Alternativen und verstehen Sie die Unterschiede und Auswirkungen?
- Welche sind die entscheidenden Elemente und Komponenten für die Lösung?

- Was für Risiken gibt es?
- Haben Sie einen Plan, um die hohen Risiken zu minimieren?
- Sind Sie bereits in der Lage, eine Entscheidung bzgl. der Lösung zu treffen?
- Können Sie die Entscheidung intern und extern rechtfertigen?
- Verstehen Sie die Prioritäten für das weitere Vorgehen des Projektes?
- Verstehen Sie die unterschiedlichen Prioritäten der Anforderungen?

8.2   Kontrollfragen für die Definition der Situation – Diagnose

- Was läuft bzw. lief bereits falsch? Was funktioniert nicht richtig? Was funktioniert?
- Warum ist es notwendig, das Problem zu lösen?
- Was sollte passieren, aber es passiert nicht?
- Was sollte nicht passieren, aber es passiert?
- Was ist nicht bekannt?
- Was verstehen Sie bisher noch nicht?
- Was sind die Symptome?
- Treten die Probleme nur an einer Stelle auf oder an mehreren?
- Wann tritt ein Problem auf? Wann noch?
- Was ist Teil des Problems, was ist nicht Teil des Problems?
- Was und wer ist von diesem Problem betroffen?
- Was und wo sind die Grenzen des Problems?
- Wie groß ist es? Wie schlimm ist es?
- Was kostet es? Lohnt es sich, korrigiert zu werden?
- Wie dringend ist es, kann es vorerst warten?
- Wird es von allein verschwinden?
- Was würde/wird passieren, falls Sie nichts unternehmen würden?
- Was würde/wird passieren, falls Sie das Falsche tun würden?
- Sollten Sie nach der Ursache forschen? Gab es diese Probleme früher schon?
- Wurden Sie von diesem Problem überrascht?
- Haben Sie dieses Problem vorher schon einmal gehabt?
- Haben Sie schon einmal eine Variation dieses Problems erlebt?
- Kennen Sie ein ähnliches Problem?
- Wann fing das Problem an und wie?

- Was hat sich verändert und ist dies der Grund für das Auftreten des Problems?
- Könnten Sie das Geschehene wieder rückgängig machen? Falls nicht, gibt es eine kurzfristige „Lösung"?
- Welche Rückschlüsse können Sie aus den vorgeschlagenen Lösungen für die Ursache schließen?
- Welche Hypothesen haben Sie bzgl. der Ursache des Problems?

8.3   Kontrollfragen für die Zielformulierung

- Was wollen Sie und was nicht?
- Welche sind die Ziele (was, wie, wie viel, wann, wer)?
- Welche sind die alternativen Ziele?
- Wie würden die Dinge aussehen, falls alles gut geht?
- Was sollte nicht passieren, aber es passiert?
- Was wollen Sie, das Sie nicht haben? Was versuchen Sie zu erreichen?
- Was haben Sie, das Sie nicht wollen? Was versuchen Sie zu eliminieren?
- Was haben Sie nicht, das Sie auch nicht wollen? Was versuchen Sie zu vermeiden?
- Was haben Sie, das Sie weiterhin erhalten wollen? Was wollen Sie behalten?
- Was wären Nachweise für Erfolg bzw. Misserfolg?
- Woran würden Sie erkennen, dass das Problem gelöst ist?

8.4   Kontrollfragen für die Analyse

- Wie hoch sind die Kosten?
- Worin bestehen die Risiken und Nebeneffekte?
- Wie entscheiden Sie und was ist der Entscheidungshorizont?
- Was ist ein angemessener Bezugsrahmen?
- Was für eine Art von Problem ist es?
- Wie nennen Sie es?
- Was ist die Struktur dieses Problems?
- Aus welchen Faktoren oder Elementen besteht es?
- Wie stehen die Faktoren oder Elemente miteinander in Bezug?
- Welche Ziel-Mittel-Beziehungen existieren?

- Handelt es sich um ein mathematisch strukturiertes oder um ein produktionsorientiertes Problem?
- Ist das Problem psychologischer oder sozialer Natur? Sind Menschen und/oder Politik involviert?
- Ist Teil der Struktur eine Reihe von Events über einen gewissen Zeitraum?
- Haben Sie ein Modell für die Abbildung dieser Struktur und Logik?
- Wie könnten Sie all dies in einem Diagramm abbilden?
- Wo in der Struktur des Problems befinden sich die Aspekte und Faktoren, die Sie beeinflussen wollen? Welche anderen Faktoren beeinflussen diese?
- Welche Faktoren beeinflussen wirklich das Problem?
- Sollten Sie das Verhalten von Menschen oder das Verfahren oder das System oder etwas anderes verändern?
- Welche Mittel stehen Ihnen zur Verfügung, um die Faktoren, die Sie anvisiert haben, zu beeinflussen?
- Sind Veränderungen von Prozessen, Verfahren, Methoden notwendig?
- Ist eine andere Ausrüstung notwendig?
- Ist ein anderes System notwendig?
- Sind personelle Veränderungen notwendig?
- Konnten Sie Ihre vorherigen Hypothesen bestätigen?
- Was könnten potenzielle Konzepte und Lösungen sein?
- Was wären Alternativen?
- Was sind die Vor- und Nachteile jeder Option?

8.5   Kontrollfragen für die Entscheidungsfindung

- Haben Sie formale Bewertungskriterien für den Vergleich der Optionen?
- Haben sich die ursprünglichen Ziele seit der Festlegung geändert?
- Haben Sie den Zielen eine Rangfolge zugeordnet und Prioritäten gesetzt, damit Sie die Optionen entsprechend vergleichen können?
- Was sind die Einschränkungen und Beschränkungen?
- Was sind all die Dinge, die Sie erledigen müssen?
- Was sind all die Dinge, die Sie nicht erledigen können? Wer legt das fest? Ist es realistisch?
- Was sind Ihre Annahmen und was übersehen Sie womöglich dabei?
- Wer muss Ressourcen Zeit, Geld, Ergebnisse o. a. abgeben?
- Wer muss in welcher Form etwas beitragen?
- Wie ist der zeitliche Rahmen?

- Wer macht was und wann?
- Was könnte schieflaufen?
- Was sind die Risiken, Folgen und Auswirkungen?
- Wie würden Sie wissen, ob sich die Dinge gut entwickelt haben oder nicht?
- Was ist Ihre Absicherung und ein Alternativenplan?
- Benötigen Sie einen Alternativenplan?
- Überwachen Sie das Vorankommen?

9 Anhang B – Szenarien (Einkaufsliste der Tools)

Dieses Kapitel gibt einen exemplarischen Überblick über eine Auswahl von typischen Aktivitäten und die Tools, die für diese sechs Szenarien empfohlenen werden.

9.1 Machbarkeitsstudie

Machbarkeitsstudie	
Typische Aktivitäten	**Zusammenstellung von typischen Tools (Kapitel im Buch)**
Definieren Sie den Zweck und die Ziele der Machbarkeitsstudie.	Ziel-Katalog (Abschnitt 4.2) Definierte Ergebnisse (Abschnitt 4.4)
Definieren Sie Ihre Aufgabenstellung und Mandate.	Chart (Abschnitt 4.8)
Untersuchen Sie den anfänglichen Kontext.	Stakeholder-Übersicht (Abschnitt 3.1.5) Mind Map (Abschnitt 3.1.12) Black Box (Abschnitt 3.1.1)
Detaillierte Untersuchung: • Technische und physikalische Untersuchung („Sind wir in der Lage, dies zu tun?") • Soziale und politische Untersuchung („Wollen wir dies tun und können wir es rechtfertigen?") • Rechtliche und steuerliche Situation • Umweltaspekte • Ökonomische Machbarkeit („Können wir uns das leisten?")	Kontext-Tool (Abschnitt 3.1.10) Umfeld-Analyse (PEST) (Abschnitt 5.3.7)
Weitere Untersuchung: • Kapitalkosten und Finanzierung • Produktionskosten • Verkaufs-/Umsatzplanung • Kosten und Gewinnanalyse • Auswirkung auf/von Ökonomie und Arbeitsmarkt • Marktanalyse • Zielmarktanalyse • Marktmachbarkeitsanalyse • Endverbraucherumfrage	

Machbarkeitsstudie	
Typische Aktivitäten	**Zusammenstellung von typischen Tools (Kapitel im Buch)**
Risikoanalyse und Auswirkungen	Risikoanalyse (Abschnitt 6.12)
Ergebnisse	Argumenten-Waage (Abschnitt 6.4)
Schlussfolgerungen und Empfehlung	Polaritäten-Tool (Abschnitt 6.6)
Vorteile und Bedenken	Kartesische Koordinaten (Abschnitt 6.10)
Zusammenfassung für das Management	Programm-Plan (Abschnitt 7.4)

9.2   Systementwicklung

Entwicklung eines Software- oder Kommunikationssystems	
Typische Aktivitäten	**Zusammenstellung von typischen Tools (Kapitel im Buch)**
Festlegung des Untersuchungsbereiches und der Ziele des Projektes (scope).	Ziel-Katalog (Abschnitt 4.2) Charta (Abschnitt 4.8) Black Box (Abschnitt 3.1.1)
Identifizieren Sie alle relevanten Stakeholder.	Stakeholder-Übersicht (Abschnitt 3.1.5)
Informationsbeschaffung	Interview (Abschnitt 3.2.1) Dreigestirn (Abschnitt 3.2.3) Direkte Beobachtung (DILO) (Abschnitt 3.2.8)
Technische Analyse	Architektur-Analyse (Abschnitt 5.2.1) Logische und funktionale System- modellierung (Abschnitt 5.2.8) Funktionale Analyse (Abschnitt 5.2.2) Relationales Datenmodell (Abschnitt 5.2.4) Prozess-Analyse (Abschnitt 5.2.3) Logisches Datenmodell (Abschnitt 5.2.5) Technologie-Infrastruktur (Abschnitt 5.2.6) Anforderungskatalog (Abschnitt 5.2.7)
Design der technischen Umsetzung oder Lösung	
Testen	
Prototyp	
Schulung und Training	
Implementierung und Einführung	
Weiterführende Verbesserungen und Instandhaltung	

9.3   Organisationelle Restrukturierung

Organisationelle Restrukturierung	
Typische Aktivitäten	**Zusammenstellung von typischen Tools (Kapitel im Buch)**
Festlegung des Untersuchungsbereiches und der Ziele des Projektes (scope)	Ziel-Katalog (Abschnitt 4.2) Charta (Abschnitt 4.8) Black Box (Abschnitt 3.1.1)
Revision mit Stakeholdern zur Überprüfung des Projektrahmens	Stakeholder-Übersicht (Abschnitt 3.1.5) Stakeholder-Erwartungsmanagement (Abschnitt 3.1.6) Stakeholdereinfluss-Matrix (Abschnitt 3.1.7) Stakeholder (Abschnitt 3.1.9) Kontext (Abschnitt 3.1.10) Silo (Abschnitt 3.1.11)
Informationsbeschaffung und Definition des Kontextes	Klima-Test (Abschnitt 3.2.2) Achteck (Abschnitt 3.2.4) Umfrage/Feldstudie (Abschnitt 3.2.7) Kräftefeld (Force Field) (Abschnitt 3.3.9) Fischgräten-Ursachenanalyse (Abschnitt 3.3.13)
Organisationsanalyse	Organisationsstruktur (Abschnitt 5.1.1) Organisations-Beurteilung (Abschnitt 5.1.4) Kontrollspanne (Abschnitt 5.1.2) Prozess-Analyse (Abschnitt 5.2.3) Struktur und Prozess (Abschnitt 5.1.3)

9.4   Strategie-Workshop

Strategie-Workshop	
Typische Aktivitäten	**Zusammenstellung von typischen Tools (Kapitel im Buch)**
Einführung und Vorstellung aller Teilnehmer und Erklärung ihrer Rolle für den Workshop. Spielregeln festlegen, Pausen, Handy-aus!, Parkplatzliste usw.). (Er)klärung der Ziele des Workshops. Durchsicht der Tagesordnungspunkte. Erwartungsmanagement (Revision und Klärung der Erwartungen der Teilnehmer).	Next Steps (Abschnitt 7.7) Revision der Erwartungen (Abschnitt 7.3) Stakeholder-Erwartungsmanagement (Abschnitt 3.1.6)
Einschätzung der Situation: • Was ist Teil des Problems, was nicht? • Brainstorming zur Identifizierung der möglichen Ursachen des Problems. • Diskussion der Ergebnisse und Gruppierung.	Brainstorming (Abschnitt 3.3.1) Verwandtschaftsdiagramm (Abschnitt 3.3.11) Fischgräten-Ursachenanalyse (Abschnitt 3.3.13)

Strategie-Workshop	
Typische Aktivitäten	**Zusammenstellung von typischen Tools (Kapitel im Buch)**
Diskussion zur strategischen Analyse: Untersuchung der kritischen internen Faktoren.	Kritische Erfolgsfaktoren (Abschnitt 5.3.2) SWOT und TOWS (Abschnitt 5.3.3)
Untersuchung der kritischen externen Faktoren.	Umfeld-Analyse (PEST) (Abschnitt 5.3.7) 5 Marktkräfte (Abschnitt 5.3.5)
Diskussion über die möglichen strategischen Optionen.	Strategieentwicklung (Abschnitt 5.3.10) Produkt-/Markt-Mix (Abschnitt 5.3.12) Strategieentwicklungsoptionen (Abschnitt 5.3.13)
Diskussion bzgl. Erfolgsfaktoren, treibender Faktoren, Risiken, Bedrohungen und strategischen Optionen.	SWOT und TOWS (Abschnitt 5.3.3) 5 W (Abschnitt 3.2.11) Nyaka (Defekt-Analyse) (Abschnitt 3.3.4) Merlin-Technik (Abschnitt 3.3.8) Fischgräten-Ursachenanalyse (Abschnitt 3.3.13) Risikoanalyse (Abschnitt 6.12)
Vergleich aller Optionen und Alternativen.	Argumenten-Waage (Abschnitt 6.4) Polaritäten-Tool (Abschnitt 6.6) Kartesische Koordinaten (Abschnitt 6.10)
Bewertung, Priorisierung, Evaluation.	Schwerpunkt-Matrix (Abschnitt 6.13) Entscheidungsbaum (Abschnitt 6.2) Perspektiven[3] (Abschnitt 6.3)
Festlegung des weiteren Vorgehens.	Programm-Plan (Abschnitt 7.4)
Ende des Workshops: Durchsicht aller Aktionspunkte Revision der Erwartungen Feedback und Bewertung des Workshops	Next Steps (Abschnitt 7.7) Revision der Erwartungen (Abschnitt 7.3) Booz-Ball (Abschnitt 7.14)

9.5   Verbesserung der Geschäftsprozesse

Verbesserung der Geschäftsprozesse	
Typische Aktivitäten	**Zusammenstellung von typischen Tools (Kapitel im Buch)**
Durchsicht des Business Case	
Definieren der Aufgabenstellung, der Mandate und des Untersuchungsbereichs	Chart (Abschnitt 4.8)
Erwartungsmanagement und Stakholdermanagement	Stakeholder-Erwartungsmanagement (Abschnitt 3.1.6) Stakeholder (Abschnitt 3.1.8) Silo (Abschnitt 3.1.11)

Verbesserung der Geschäftsprozesse	
Typische Aktivitäten	**Zusammenstellung von typischen Tools (Kapitel im Buch)**
Informationsbeschaffung	Interview (Abschnitt 3.2.1) Dreigestirn (Abschnitt 3.2.3) Direkte Beobachtung (DILO) (Abschnitt 3.2.8) Fischgräten-Ursachenanalyse (Abschnitt 3.3.13)
Prozessanalyse	Organisationsstruktur (Abschnitt 5.1.1) Kontrollspanne (Abschnitt 5.1.2) Prozess-Analyse (Abschnitt 5.2.3) Struktur und Prozess (Abschnitt 5.1.3)
Prozessverbesserung	Nyaka (Defekt-Analyse) (Abschnitt 3.3.4) Merlin-Technik (Abschnitt 3.3.8) Pareto – 80:20-Regel (Abschnitt 3.3.14)

9.6   Projekt-Definition (Start up)

Projekt-Definition (Start up)	
Typische Aktivitäten	**Zusammenstellung von typischen Tools (Kapitel im Buch)**
Festlegung und Einigung über den Vorgang und Ansatz für das Projekt.	
Befragen des Projekt-Sponsors bzgl. der Projekt- und Geschäftsziele. Definition der Projektstruktur, der geplanten Aktivitäten und dessen, was geliefert werden muss.	Ziel-Katalog (Abschnitt 4.2) Chart (Abschnitt 4.8) Programm-Plan (Abschnitt 7.4)
Festlegung der Projekt- und Berichtsstrukturen.	Projektmanagement: Rollen und Verantwortlichkeiten (Abschnitt 7.8) Projektstruktur-Komponenten (Abschnitt 7.10) Projekt-Kommunikationsplan (Abschnitt 7.11)
Erwartungsmanagement mit den wichtigen Stakeholdern.	Revision der Erwartungen (Abschnitt 7.3) Stakeholder-Erwartungsmanagement (Abschnitt 3.1.6) Stakeholder-Übersicht (Abschnitt 3.1.5)
Festlegung des Untersuchungsbereiches des Projekts (scope). Kontextanalyse	Black Box (Abschnitt 3.1.1)
Prüfung der Hierarchie der Ziele und deren Verbindungen zu den strategischen Zielen.	Hypothesen (Abschnitt 3.1.4) Ziel-Mittel-Hierarchie (Abschnitt 4.6)
Was sind die Annahmen, Vermutungen, Eingrenzungen, Ausgrenzungen, Ausschlüsse?	

Projekt-Definition (Start up)	
Typische Aktivitäten	**Zusammenstellung von typischen Tools (Kapitel im Buch)**
Identifizieren aller anderen kritischen und relevanten Initiativen und Projekte.	Programm-Plan (Abschnitt 7.4)
Analyse aller Kernfunktionen.	Funktionale Analyse (Abschnitt 5.2.2)
Prozessanalyse (Ebene 1).	Prozess-Analyse (Abschnitt 5.2.3)
Untersuchung der Infrastruktur, Technologie und der Systeme.	Technologie-Infrastruktur (Abschnitt 5.2.6)
Definition des Business Case und des Budgets.	
Projekt- und Geschäftsrisiken.	Risikoanalyse (Abschnitt 6.12)

Bibliografie

Andrews K. R.: *The concept of corporate strategy*, 1971

Ansoff, I.: *Strategies for diversification*, Fellows of Harvard College, 1957

Arnold, John: *The Art of Decision Making*, ExecuTrak Systems, 1978

Bassard, Michael; Ritter, Diane: *The Bassard and Ritter* ™ *II*, GOAL/QPC (www.goalqpc.com), 1994

Bill, Peter; Worth, Richard: *The four levers of corporate change*, Amacom, New York, 1997

Block, Peter: *Flawless consulting – a guide to getting your expertise used*, 2nd edition, Jossey-Bass Pfeiffer, San Francisco, 2002

Chen, Peter P.: *The Entity-Relationship Model*, 1976

Ciolli, Catherine von: *Spiral-in Coaching*, Johannesburg, South Africa,

Conflict resolution network, Chatswood, Australia, www.crnhq.org

Crum Thomas: *The magic of conflict*, Touchstone, 1998

Daenzer, W. F. (Hrsg.); Huber, F. (Hrsg.): *Systems Engineering: Methodik und Praxis*, 8. verb. Aufl., Verlag Industrielle Organisation, Zürich, 1994

De Bono, Edward: *Serious Creativity*, Harper Collins, New York, 1992

De Bono, Edward: *Serious Creativity. Die Entwicklung neuer Ideen durch die Kraft lateralen Denkens*, Schäffer-Poeschel, 1996

Butler, Ava: *Team Think*, McGraw-Hill, 1996

Elkin, Paul: *Mastering Business Planning and Strategy: The power of and application of strategic thinking*, Thorogood, London, 1998

Fleischer, Craig S; Bensoussan, Babette E.: *Strategic and competitive analysis – Methods and techniques for analyzing business competition*, Prentice Hall, New Jersey, 2003

Glass, Neil: *Management Masterclass – a practical guide to the new realities of business*, Nicholas Brealey Publishing, London, 1996

Grant, R.M.: „*The resources-based theory of competitive advantage: Implications for strategic formulation*", California Management Review, California, 1991

Grundy, Tony; Brown, Laura: *The ultimate book of business skills*, Capestone Publishing, Wiley Group, 2004

Harris, Carol: *Consult Yourself – The NLP Guide to being a management consultant*, Crown House Publishing (www.crownhouse.co.uk), 2001

Hax, Arnoldo C; Majluf, Nicolas S.: *Strategisches Management – Ein integratives Konzept aus dem MIT*, Campus Verlag Frankfurt, 1991

Hax, Arnoldo C; Majluf, Nicolas S.: *The strategy concept and process – a pragmatic approach*, Prentice Hall, New Jersey, 1996

Hofmann, Markus: *Customer-Lifetime-Value-Management*, Gabler, Wiesbaden, 2000

Kremer, Alfred J.: *Reich durch Beziehungen*, Verlag Moderne Industrie, Lansberg/Lech, 2001

Markham, Calvert: *How to be your own management consultant*, Kogan Page, London, 2000

McCormick, Jim: *Seize Opportunity – A Practical Guide to Taking Advantage of Opportunities*, (2005)

Mehrmann, Elisabeth: *Schnell zum Ziel. Kreativitäts- und Problemlösetechniken*, Econ TB, 2001

Mitroff I.: *Stakeholder of the Organizational Mind,* San Francisco; Jossey-Bass, 1983

Mitroff, I; Linstone, H.: *The Unbounded Mind*, Oxford University Press, Oxford, 1993

Nagel, Kurt: *200 Strategien, Prinzipien und Systeme für den persönlichen und unternehmerischen Erfolg*, Landsberg/Lech, 4.Auflage, Verlag Moderne Industrie, 1991

Nickols, F. W.: *Reengineering the Problem Solving Process: Finding Better Solutions Faster.* Performance Improvement Quarterly. (Vol. 7, No. 4,) Learning Systems Institute, Florida State University: Tallahassee, 1994

Nickols, F. W.: *Objectives, Systems, Patterns, Politics, and Conflict* Performance and Instruction, NSPI, Washington, D.C., 1992

Ohmae, Kenichi: *Mind of the Strategist: – The Art of Japanese Business*, McGraw-Hill, New York, 1982

Osborn, A. F.: *Applied imagination,* Old Tappan, New York, 1963

Porter, M. E.: *Competitive Strategy*, 1980, pp. 159–161 – for the life cycle tool, 1980

Projektmanagement Institute (PMI): *A guide to the Projektmanagement body of knowledge.* PMBOK guide, 130 South State Road, Upper Darby, PA 19082 USA, (www.pmi.org)

Recklies, Dagmar; Recklies, Oliver: Autoren und Miteigentümer des Portals für Management-Informationen; www.themanager.org

Rowe, R.; Mason, R.; Dickel, K.: *Strategic Management,* Addison-Wesley, 1986

Russell-Jones, Neil: *The Decision-Making Pocket Book*, Management Pocketbook Ltd, Hants (UK), 2000

Senge, P., Doubleday/Currency: *The Fifth Discipline. The Art and Practice of the Learning Organization*, New York, 1990

Senge, P.; Kleiner, A.; Roberts, C.; Roos, R.B. and Smith, B.J.: *The Fifth Discipline Fieldbook. Strategies and Tools for Building a Learning Organization,* Nicholas Brailey Publishing, London, 1994

Silberman, Mel: *The consultant's tool kit – high-impact questionnaires, activities, and how-to guides for diagnosing and solving client problems*, McGraw-Hill, New York, 2001

Sommerlatte, T.; Mirow, M.; Niedereichholz, C.; von Windau, P. G.: *Handbuch der Unternehmensberatung*, Erich Schmidt Verlag, 2006

Swanepoel, Attie: *RadicalTraining – systems development workshop manual*, Swanepoel Training, P O Box 35227, Northway 4065, (www.radtrain.co.za), 2003

Townsend, J.; Favier J.: *The creative manager's pocketbook*, The management pocketbook, Hampshire, 1991

Ulfers, Heike August: *Der Consultance-Berater*, Publicis, Erlangen (www.publicis-erlangen.de/books), 2004

Vroom, Victor; Yetton, Philip: *Leadership and Decision-making*, University of Pittsburgh Press, Pittsburgh;, 1976

Wheelen, Thomas L.; Hunger, David J.: *Strategic management and business policy – entering the 21th century global society*, Addison-Wesley Longman, 1998

Ziegenfuss, James T. Jr.: *Organisation & Management Problem Solving – a systems and consulting approach*, Sage Publications, 2002